Exploration and Practice of College Teaching

高校教师教学论丛

北京外国语大学教学探索与实践

Pedagogical Exploration and Practice at Beijing Foreign Studies University

总主编　李莉文

主　编　王云炜

副主编　孙　静

中国大百科全书出版社

图书在版编目（CIP）数据

北京外国语大学教学探索与实践 / 李莉文总主编 .
北京 : 中国大百科全书出版社 , 2024. 12. -- (高校教
师教学论丛). -- ISBN 978-7-5202-1778-1

Ⅰ . G642.0-53

中国国家版本馆 CIP 数据核字第 2024RD9454 号

责任编辑 范紫云
责任印制 李宝丰
出版发行 中国大百科全书出版社
地　　址 北京市西城区阜成门北大街 17 号
邮政编码 100037
电　　话 010-88390701
网　　址 http: //www.ecph.com.cn
印　　刷 北京建宏印刷有限公司
开　　本 710 毫米 ×1000 毫米　1/16
印　　张 18.375
字　　数 290 千字
版　　次 2024 年 12 月第 1 版
印　　次 2024 年 12 月第 1 次印刷
书　　号 ISBN 978-7-5202-1778-1
定　　价 88.00 元

本书如有印装质量问题，可与出版社联系调换

前　言

习近平总书记在全国教育大会上的重要讲话，为大力弘扬教育家精神，加强高素质专业化教师队伍建设，巩固好教育强国建设的重要根基提供了根本遵循。青年教师作为高校学术事业的有生力量和后起之秀，具有较强的可塑性和创造力。他们根据本学科的认识论探究自己教学过程中产生的教与学问题，熟悉掌握教育领域的人工智能关键技术及典型应用场景，对教学上下求索、精耕细作，激发了教学新活力。

本论丛主要展现北京外国语大学青年教师在传承既有教学模式有益经验的基础上主动革新，对自身教学活动的反思与研究。论丛还包括教学创新成果报告，展示优秀参赛教师对教学的深刻感知与精巧设计，如何在探索和反思中逐渐形成智慧教学。论丛集中反映青年教师在教学能力、教学水平等方面的成长，为提高人才培养质量发挥积极作用。

推动青年教师教学能力发展，需要凝聚共识。我们要鼓励青年教师积极探索教学的创意，变革固有思维，与时俱进增强教学的感知力和创造力，逐渐涵养为一种教学品味。高校需要精通教学的人才，学生期待擅长教学的师长，教师自身更需要将教学能力提升视为全面发展的"炼金石"。教学是一种教学相长的过程，既是培养学生，又是造就学者，更是涵养气质。

强国必先强教，强教必先强师。培养德智体美劳全面发展的社会主义建设者和接班人，迫切需要我们的教师努力做精于"传道授业解惑"的"经师"和"人师"的统一者。

李莉文

2024 年 11 月

目 录

教学研究编

教学实践编

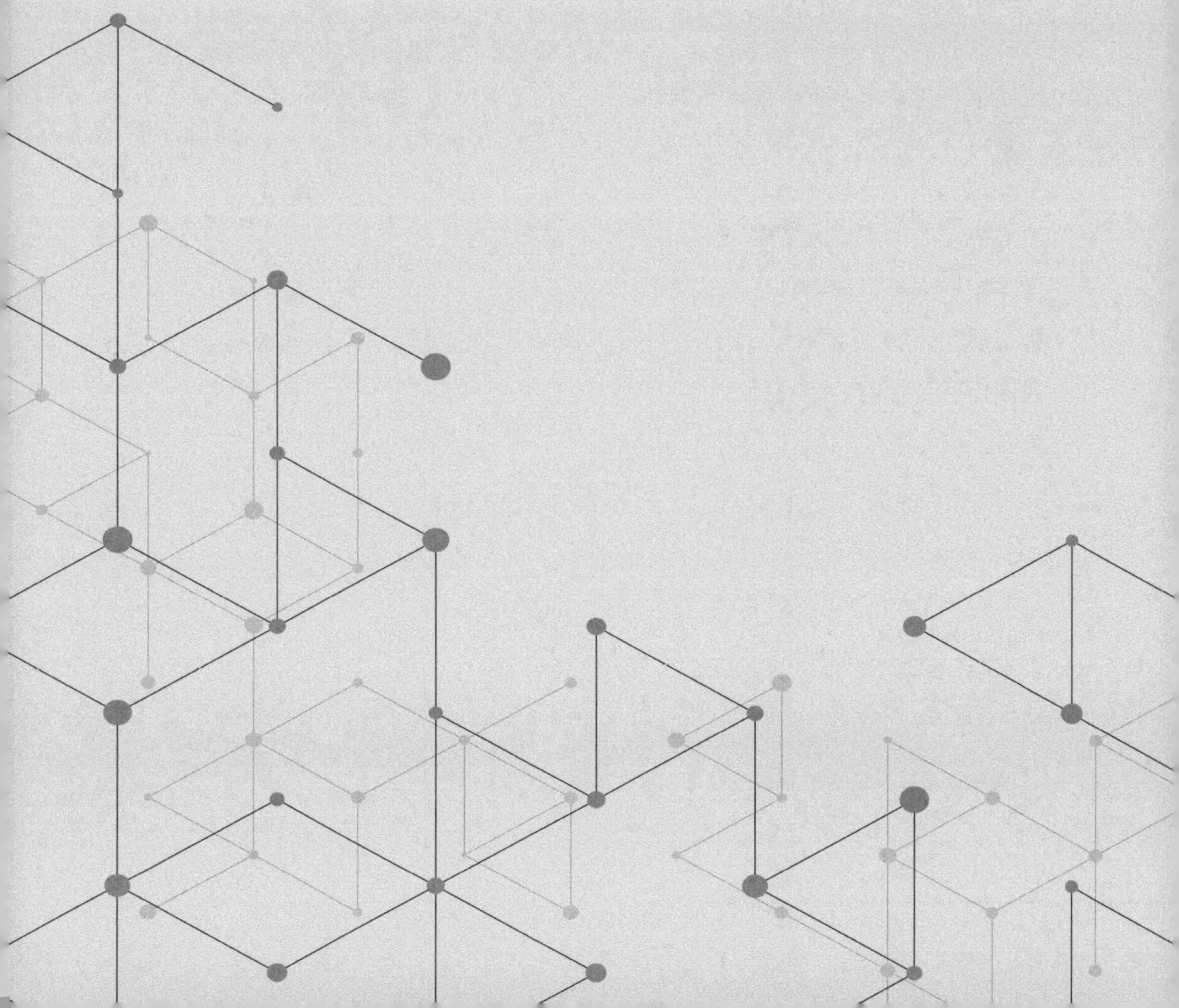

教学研究编

运用大数据分析增强学生学习投入：英语教育个性化学习路径的设计与实施[1]

解　村　任千卉[2]

摘要：随着教育技术的不断进步，大数据分析已成为提升教育质量和学生学习体验的关键工具。本文聚焦于"学习投入"这一核心概念，特别是其在英语教育中的应用，探讨了大数据技术如何助力个性化学习路径的设计与实施，以增强学生的行为、认知和情感投入，进而提升学习效果。通过深入分析学习投入的多维度特征，并结合英语教育的特点，本文提出了基于大数据的个性化学习路径实施方案。此方案不仅为教育工作者提供了新的视角和策略，还展望了未来大数据技术在教育领域发展的潜力，旨在通过精准教学和动态反馈机制，全面促进学生的学习投入与学业成就，最终实现教育质量的整体提升。

关键词：学习投入；大数据技术；个性化路径；英语教育

1. 引言

　　信息技术的革新为教育领域注入了活力，特别是随着大数据分析、生成式人工智能等技术手段的发展，更是为教育带来了前所未有的机遇与挑战。传统的教育模式受限于教师的观察与定性判断，难以精准反馈学生学习情况。如今，通过大数据分析，教育工作者能深度挖掘学生的学习行为数据，揭示学习

1　北京市教育科学"十四五"规划课题"职业教育数字化生态建设和个性化教学创新研究"的阶段性研究成果（项目编号 AHGA24077）。
2　解村，北京外国语大学专用英语学院讲师，研究方向为翻译理论与实践。任千卉，北京财贸职业学院立信会计学院讲师，研究方向为财经数字化教学。

瓶颈，并据此提供个性化建议，从而更好地推动学生投入学习。

学习投入作为衡量学生学业参与的关键指标，涵盖了行为、认知和情感等多个维度。研究证实，学生的学习投入对学业成绩和学习效果具有显著的影响。因此，如何运用大数据技术与个性化路径设计提升学生的学习投入，成了目前教育研究的焦点。具体而言，即是通过深入的分析和创新实践，帮助学生在多终端、多场景、多样化的学习环境中全面参与、积极思考，进而增进学习效果。

本文深入探索了学习投入在英语教育中的核心价值，详细论述了大数据技术如何助力解析学习行为数据，进而设计出个性化学习路径，促进学生学习投入与学习效果的提升。此外，本文还提出了个性化学习路径设计的实施方案，并展望了大数据在教育领域未来的发展方向。

2. 学习投入：概念与应用

学习投入，作为教育学的重要理念，体现了学生在学习过程中的积极参与和努力程度。弗雷德里克斯等学者（Fredricks，2004）从行为、认知和情感三个维度对学习投入进行了深入剖析，为教育实践提供了有益参考。

行为投入指学生在课堂上的积极参与和与同学、老师的互动，包括但不限于出勤、课堂讨论、完成作业等。这种直观的行为表现直接映射出学生的学习态度和努力程度，进而影响其学业成果。

认知投入代表着学生在学习过程中投入的思考和智慧，它体现了学生对知识的深入探究和理解程度。在课堂上，学生通过提问和批判性思考，主动挖掘知识的深层内涵。

情感投入涵盖了学生的学习兴趣、动机和情感反馈，与学习态度、学习动机及对学习环境的满意度紧密相连。高情感投入的学生对学习充满热情和动力，愿意投入更多时间和精力，从而取得更好的学习效果。

在语言学习，尤其是英语教育中，学习投入是提升学生语言掌握与应用能力的核心。从基础知识到实践运用，需长期的投入与持续的练习。学习投入的高低直接决定了学生在英语学习中的进步速度与成效，为其未来语言应用奠定坚实基础。

英语教育注重实践与互动，相比其他学科，英语学习更多依赖于学生在课堂之外的实践应用，要求他们通过听、说、读、写、译等活动，不断加深对语言的理解与运用。高水平的学习投入在这个过程中起到重要影响，表现为对语言规则的掌握、积极参与课堂互动、主动扩展学习资源以及在日常学习中持续的努力。

行为投入虽然是学习的最基础部分，却需要持之以恒付出努力。学生通过词汇语法学习、听说读写分项训练以及英语辩论演讲等活动来加深对英语的理解，尤其是听力和口语练习，这两项技能的提升需要长时间的坚持和反复练习。通过不断的实践积累，学生才能够真正提升他们的英语运用能力。这与郭继东（2016）关于外语学习的研究一致，他指出外语学习的行为投入不仅体现为课堂内外的集体参与，更要求学习者对自主学习有高度专注。

认知投入则超越了简单的知识记忆，要求学生在理解语言的基础上深入挖掘其背后的文化和思维方式。高水平的认知投入能够帮助学生在语言学习过程中解决复杂问题，使他们在实际交际中灵活运用语言知识。朱红灿（2014）也强调了认知投入的重要性，指出认知投入能够有效提升学生的自我效能感和学习策略的使用，从而帮助学生取得更好的学习效果。

情感投入在语言学习中尤为重要。学习一门外语往往伴随着大量的挫折与挑战，特别是在语言学习的早期阶段，学生可能会因理解困难或表达障碍而产生负面情绪。然而，高水平的情感投入能够帮助学生保持对学习的热情和动力，使他们能够持续克服困难。研究表明，积极的情感投入能够显著提升学生的自信心，并帮助其在实际语言应用中表现得更加自如。

在英语课堂的教学中，学习投入是衡量教学质量的重要指标。对于教师而言，不仅要传递语言知识，更要设计富有创意的实践活动，点燃学生的参与热情与好奇心。角色扮演、课堂辩论、演讲训练等互动式教学方法，均能有效激发学生的学习投入，助力他们在实践中深化语言理解、锤炼表达技巧。同时，教师需要敏锐观察学生的学习反馈，灵活调整教学策略。针对行为投入较高的学生，可以设计更具挑战性的语言实践任务；对于认知投入稍显欠缺的学生，则可通过详细的语法解析和引导性练习，帮助他们逐步巩固语言基础。通过这样的个性化教学，教师能够更有效地促进学生的学习投入，使他们在充满活力的课堂中取得更好的学习成果。

随着信息技术的革新，线上英语学习正逐渐成为极其重要的学习模式。在这一模式下，学生的学习投入显得尤为关键。因为线上学习少了面对面的交流与监管，更加依赖于学生的自我管理能力和内在动力。因此，教师和学习平台需要运用大数据分析这一利器，精准捕捉学生的学习投入情况。通过分析在线学习时长、视频观看频率和互动情况等多项行为数据，教师可以掌握学生的学习投入水平，并据此提供个性化的学习建议。这样的智能化教学，不仅能够针对性地帮助学生突破学习难题，更能够提升他们的学习效果和持续投入的热情。

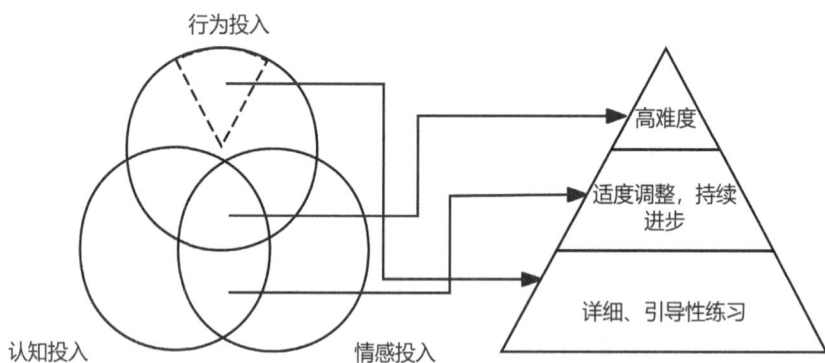

图 1 学习投入与个性化教学关系图

个性化教学的核心在于识别并应对学生的多样化需求和能力，通过灵活调整教学方法和内容，以达到学习效果的最大化。在这一理念中，学习投入占据着至关重要的地位。借助大数据技术，教师能够深入了解每位学生的学习投入状态，涵盖行为、认知和情感等各个维度。针对行为投入稍显欠缺的学生，教师可以巧妙设计互动任务，或提供引人入胜的学习材料，以激发他们的参与热情。而对于情感投入不足的学生，则可构建激励机制，如设定明确的学习目标和提供适当的奖励，以调动他们的学习动力。如此，个性化教学策略得以精准施展，每位学生的潜能得以充分释放，学习效果得到自然的提高。

学习投入不仅是影响英语学习效果的核心要素，更是实施个性化教学的前提。在英语教育中，深入剖析学生的学习投入情况，可以让教师和学习系统能够精准地定制教学策略；还可以帮助学生扫除学习障碍，激发学习动机，实现语言能力的提升。

3. 大数据技术与学习投入

大数据技术在教育领域的应用可以追溯至21世纪初，伴随着信息技术的迅猛发展，教育机构开始逐步收集和分析学生的学习数据（Siemens，2013）。然而，早期的技术受限于数据量和分析方法，仅能提供有限的反馈和优化方案。随着计算能力的不断提升和数据存储成本的显著降低，教育领域逐渐能够应用更复杂的算法和数据挖掘技术，深入分析学生的学习行为和表现（Baker et al.，2014）。特别是在2010年前后，随着学习管理系统（LMS）的广泛应用，教育领域的数据收集规模实现了质的飞跃，为个性化教学、学习行为分析以及学习路径的动态调整提供了强大的技术支持（Viberg et al.，2018）。如今，大数据技术的应用已从简单的数据积累，转向更深层次的数据分析与精准反馈。通过实时收集和分析学生的学习行为数据，教师能够为学生提供个性化的学习干预，进一步优化教学效果，推动教育领域的持续创新（Holmes et al.，2019）。

自2010年以来，随着在线教育平台的快速发展和数据存储技术的持续精进，教育领域的大数据应用实现了显著提升。学习管理系统（LMS）与诸如Coursera、EdX、Khan Academy等全球在线学习平台的普及，使教育机构能够系统化采集、存储并分析学生的学习数据，包括学习时长、课程参与度、作业提交情况以及测验成绩（Siemens，2013）。这一时期，教育界逐步探索如何基于这些数据设计个性化教学策略，并进一步预测学生的学习成果（Luckin et al.，2016）。与此同时，随着全球大数据技术在教育中的广泛应用，中国的在线教育平台也迅速崛起。国内平台如学堂在线、腾讯课堂、网易云课堂、沪江网校等，借助大数据为数以千万计的学生提供丰富且灵活的学习资源，推动了教育创新与教学改革（杨雪，2016）。

大数据技术的核心价值在于通过分析海量学习数据，揭示出传统教学方法难以发现的学习模式、学习障碍和潜在的需求（Viberg et al.，2018）。教师可以借助此技术精准识别学生在特定知识点上的困难，并为其提供有针对性的资源与支持，确保其学习进度不落后。此外，学习分析工具的广泛应用使得大规模的教育评估与实时反馈成为可能，从而帮助教师和管理者更精准地评估教学效果，并据此调整和优化教学策略，提升教学的针对性与实效性（Holmes et al.，2019）。

随着机器学习、人工智能和深度学习技术的融合，大数据在教育中的应用日益深入。通过人工智能算法对大数据进行深度学习，教育机构不仅能够预测学生的未来学习表现，还可以提前识别可能遇到的学习障碍，从而为教育者提供及时干预的机会（Luckin et al.，2016）。这种前瞻性的数据分析极大地推动了个性化教学的实践，确保每个学生都能在其能力范围内取得最佳的学习成果。

2020年，受新冠疫情的影响，在线教育需求激增，推动了大数据技术在教育中的更广泛应用。远程教学的普及使得教育机构能够更加广泛、精细地收集学生学习行为数据，如登录行为、视频观看时长、互动答疑频率等（Viberg et al.，2018）。这为教师提供了前所未有的机会，可以实时监控学生的学习进展，并在学生的学习投入出现下降时迅速做出调整。这种基于数据反馈的机制，确保了教学效果的持续优化，使教育更加贴合每个学生的需求和能力（Holmes et al.，2019）。

近年来，大数据技术在学习投入中的应用日臻成熟。伴随着诸如"雨课堂"等大数据工具的诞生，使个性化教学和学习投入的融合成为可能。通过实时数据分析和智能反馈机制，教师们能够针对学生的个体行为和学习轨迹，进行精确而细致的指导。王帅国（2019）指出，"雨课堂"以其强大的数据采集能力，实现了对学生学习行为从课前准备到课后复习的全程记录。这种全景式的学习方式，使得教学更加具有针对性和实效性。而姚洁等人（2017）在他们的研究中，进一步探讨了"雨课堂"在高校教学中的应用，他们认为，借助移动即时通信工具，不仅能够显著增强学生的学习投入，而且在大班教学中，教师还可以通过个性化的资源推荐和学习路径调整，激发学生的学习热情，从而提升他们的学习参与度。这些研究成果都为我们展示了大数据技术在英语教育中的巨大潜力和广阔前景。

贾振霞（2018）的研究指出混合式教学中有效教学行为对学生学习投入的关键作用。通过大数据技术的运用，教师可以实时把握学生的学习动态和疑惑点，进而实施个性化的教学，这不仅能够极大地调动学生的积极性，更能精准地解决学生在学习过程中的难题，降低学习障碍。同时，李鹏等人（2020）在关于"雨课堂"的研究中也强调了基于大数据的智慧教学工具的重要性，这类工具能够详细记录并分析学生的学习数据，进而对学习路径进行动态的、个性化的调整，确保每位学生都能得到最适合自己的学习资源和路径。

4．英语教育个性化学习路径：实施与优化

个性化学习路径是针对学生的个体差异进行定制化教学的方法。它考虑了学生的学习风格、兴趣和能力等因素，灵活地调整教学内容和任务，确保提供的学习资源与学生的需求完美契合。这种路径让每个学生都能在最适合自己的节奏和方式下进行学习，从而最大限度地激发学习投入，实现高效学习。

研究强调个性化学习路径的设计应以精准的学生学习行为分析为基石（Luckin et al.，2016）。大数据技术为此提供了坚实支持，即深度挖掘学生的学习行为，个性化学习路径来实时调整学习内容，以满足学生的凭借个性化需求和能力。

个性化学习路径的设计和实施，需要通过收集学生多种维度的数据，包括行为、认知与情感全面的学习投入数据加以分析，从而识别学生的学习需求和瓶颈。根据此类数据，系统可以为每位学生推荐适合他们能力水平的、他们感兴趣的或者其符合学习习惯的学习资源，包括视频课程、在线练习和阅读材料等。同时，因为可以实时监控学习进度，动态调整个性化学习的路径，教师和学生可以根据反馈随时调整学习内容，保证个性化和灵活性。此外，系统还可以根据学生最新学习行为数据，不断优化学习路径，确保学生依照适当的节奏学习，以此来最大化提高学习投入，实现学习效果。基于数据分析和动态反馈的个性化学习路径设计为学生提供了私人定制的学习体验，也让教师的分层教学得以实施。在这个过程中，因为推送的学习内容更贴近学生的学习需求和兴趣，所以教师可以更好地了解学生的学习状态，及时给予帮助和指导，共同营造积极高效的学习氛围。因此，个性化学习路径的设计和实施，有助于贴合学生的具体特点，实现其个人的发展目标，从而令其在学习过程中取得更好的成绩和效果。

在当代英语教育中，个性化学习路径的实施受到大数据和网络技术的推动，其目标是通过为每个学生提供量身定制的学习内容和反馈，来提升学习效率和效果。结合胡壮麟（2004）、陈坚林（2004）和邓笛（2016）的研究成果，个性化学习路径的设计与实施需要从以下几个层面来展开，以实现精确的教学支持和学习效果的持续优化。

英语教育个性化学习路径的核心是基于大数据技术的学习需求分析与实时反馈机制。陈坚林（2004）指出，网络化自主学习模式依托大数据技术，可以通过分析学生的学习行为数据，如学习频率、时长、注意力水平等，来生成个性化的学习计划。这些数据为教师和智能学习平台提供了深入了解学生个体需求的基础。例如，通过分析个人档案中的具体学习目标、英语技能结构与水平等基础数据，系统可以自动推送符合相应水平和兴趣的英语学习材料，决定听、说、读、写、译各项的推送比例，生词熟词比例，以及文字、视频、音频等不同媒介英语材料的推送比例，满足学生个性化学习需求。

由于语言习得的交互特点，在个性化学习路径的实施中，学习的互动性和灵活性显得尤为重要。胡壮麟（2004）强调，学习不仅仅是学生的个体活动，还需要依托协作学习和多媒体互动工具来增强学习效果。通过现代学习平台，学生可以利用各类电子设备，如个人电脑、移动终端、智慧黑板等进行学习，根据自身条件和学习习惯，从相同或相异的空间，以个性化方式参与其中，展现出较强的便捷性和灵活性。与此配合，系统通过音频、视频、智能语音助手等多媒体资源，为学生提供更加多样化的英语学习材料。这种超文本化学习资源使得学生能够根据自己的学习进度和兴趣，灵活选择和调整学习内容，在满足不同学习需求的同时，也增强了学生的自主学习能力。

此外，个性化学习路径的动态反馈与调整机制是提升英语学习效果的重要因素。系统通过实时分析学生的学习行为数据，可以为学生提供个性化的反馈和调整建议。例如，系统会在学生语言习得过程中根据其听、说、读、写、译等不同技能以及不同类型语言材料中的综合表现，提供阶段性的反馈和评估报告，对于学习进展较快的学生，系统会推荐更具挑战性的学习任务，如提高词汇、句法难度，提高思辨难度或触及罕见文本类型。而对于表现较差的学生，则提供更多基础练习和辅导资源，如基础语音、词汇和语法等方面的强化学习。这种个性化反馈机制帮助学生及时调整学习策略，从而更加有效地掌握英语知识和技能。

个性化学习路径的另一个关键是教师的参与与管理支持。以个性化学习路径中颇具代表性的模式——翻转课堂为例，邓笛（2016）指出，翻转课堂模式将传统的课堂教学任务前置，学生在课前通过网络资源进行自主学习，课堂时间则用于教师的引导与学生间的互动讨论。这种模式下，教师的角色发生了显著变化，不再是单纯的知识传授者，而是学习过程的指导者与支持者。在大数据技术的加持下，英语翻转课堂模式得以更好地实现，教师可以通过系统数据监控工具，随时掌握学生的学习进度和任务完成情况。此外，在该模式中，教师不仅验收学生通过自主学习获取的语言知识与技能，通过互动加以夯实、强化和拓展，还可以根据学习成果给出比传统课堂更具针对性的个性化指导建议，帮助学生调整学习内容和方法，从而实现更好的教学支持。

通过大数据分析和智能反馈系统，个性化学习路径能够提供精确的学习数据展示，使英语学习进度和语言难度调整可视化。学生和教师都可以通过学习平台查看学习进度图表、任务调整报告等，从而实时掌握学习状态，并根据学习反馈进行动态调整。这一机制不仅提高了英语学习过程的透明度，还帮助教师更好地进行个性化教学设计，确保学生始终处于最佳学习状态。

个性化学习路径的有效实施紧密依赖于大数据技术、人工智能以及学习分析系统的综合运用。具体而言，大数据技术通过全面收集和分析学生在学习平台上的行为数据，如点击记录、视频观看时长、作业完成情况及测验成绩等，为描绘学生学习行为画像和提供个性化学习建议奠定了坚实基础。同时，人工智能技术利用机器学习算法深入分析和预测学生学习行为，自动生成与学生学习进度相匹配的学习路径，并能根据学生表现进行自我优化，及时推荐补充材料。此外，学习分析系统通过解析大量学习数据，协助教师和学生洞察学习行为，提供实时反馈，确保个性化学习的精准性和有效性。而自适应学习系统则根据学生实时表现灵活调整学习内容的难度和类型，不仅支持教师进行个性化教学干预，还能通过预测分析为早期干预提供建议，从而全面提升学生的学习效率和学习投入。这些技术工具和方法共同构成了个性化学习路径设计和实施的核心支撑体系。

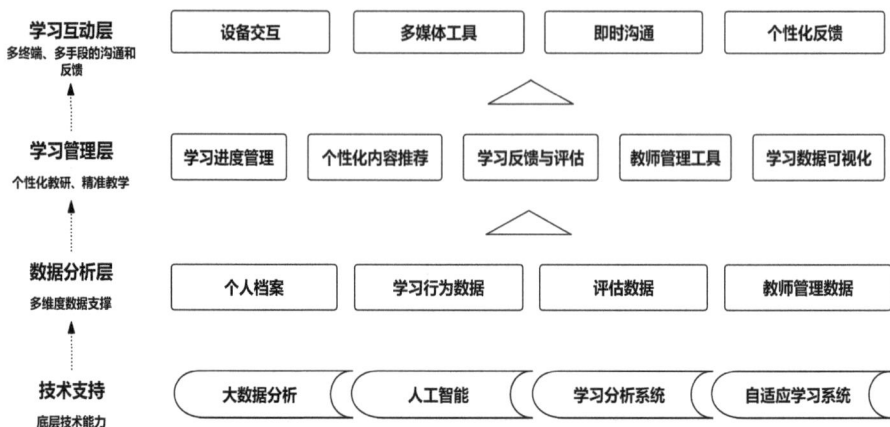

图 2 英语教育个性化学习实施路径图

总之，英语个性化学习路径的实施在大数据时代得到了技术与理论的双重支持，通过需求分析、动态反馈、多媒体互动和教师支持的有机结合，学生能够在自主学习中获得更加精准的指导和反馈。随着学习平台和技术工具的进一步发展，个性化学习路径的实施将更加全面和深入，从而为现代英语教育带来持续的创新与优化。

5. 结语：挑战与愿景

个性化学习路径的设计和实施为教育带来了许多优势，但在实践中仍面临一系列挑战。这些挑战涉及技术、教育政策、教学方法以及教师和学生的接受程度等方面。

首先需要关注的是数据质量与隐私问题。个性化学习路径的设计关键在于大数据技术，数据质量的高低将直接影响实施效果。如果数据不完整或质量低，个性化推荐的准确性可能受到影响。此外，随着大数据技术在教育中的广泛应用，保护学生隐私和避免数据滥用成为迫切问题。根据霍姆斯等人（Holmes et al.，2019）的研究，教育领域的隐私保护需要明确的政策和标准，以确保学生数据的安全和隐私。教育从业者和技术开发者需要在技术创新与隐私保护之间取得平衡，以保障个性化学习路径的有效实施。除此之外，机器但也面临"片面化"智能诊断、"程式化"教育干预、"投喂式"服务供给及"机器主导"教育决策等现实困境。为突破这些障碍，需要从技术应用、个体发展和人机关系三个视角重新审视个性化学习，强化智能技术的赋能作用，确保技术应用回归教育本质，并找到学生自主学习与机器智能干预之间的平衡点（王一岩，2023）。

第二个挑战是教师的角色转变。在个性化学习路径的实施过程中，教师的角色已经逐渐演变为学习指导者而非传统的知识传授者。教师不仅需要理解学生的学习数据，还需根据这些数据调整教学策略，这对教师的技能提出了新要求。有些教师可能对大数据技术和学习分析系统了解不足，进而影响个性化学习路径的实施效果。因此，教育机构需要提供相关培训和指导，帮助教师适应新技术并有效运用这些工具于教学实践中。未来教师培训应涵盖大数据技术基础应用、学习行为分析与应用，以及利用数据反馈优化教学内容等内容。

第三个挑战是学生的自我管理能力。个性化学习路径强调学生的学习主动性和自我管理能力，但是并非所有学生都在这方面有良好的基础。特别是面对繁复的学习任务时，部分学生可能会感到困惑和不知所措。如果学生缺乏主动性，即使提供个性化学习路径，学习效果也将大打折扣。因此，教师在设计个性化学习路径时，应帮助学生培养自我管理能力，指导他们有效利用学习资源并完成任务。此外，学习分析系统能通过数据分析及时发现学习投入较低的学生，协助他们调整学习策略。通过这种方式，教师和学习系统将共同促进学生的自我发展，帮助他们更有效地利用个性化学习路径，将学习效果最大化。

自 2022 年底以来，生成式人工智能如 ChatGPT 以其流畅的多轮对话、准确的需求理解和高效的文本生成能力，受到了广泛关注。斯克拉布特（Skrabut，2023）提出了其课堂应用的 80 种方法，分为辅助备课、提供教学辅助、创建评价材料、开展课堂活动、辅助学生自主学习等类别。但是目前的生成式人工智能仍然存在一些基本错误，对于判断力尚且不足的学生有一定程度的误导风险。"所给出的错误且荒谬的答案体现了该技术并不能像人类一样完整理解知识体系及其内在联系。这种事实性的错误也容易误导不具备专业知识或相关常识的学习者，引起学习迷航与认知障碍"（卢宇，等，2022）。

个性化学习路径的设计和实施为教育领域带来了全新的可能，在学生的学习投入方面产生了正向的推动。特别是对知识习得与技能训练并重，听、说、读、写、译多项技能并举的英语教育而言，其综合性、动态性、可量化性和可监测性等方面的优势不言而喻。大数据技术、人工智能和学习分析系统为英语教育的个性化学习路径提供了有力加持，帮助教师和学生更好地了解英语学习的规律，实现个性化的教与学。然而，个性化学习路径的推行仍面临一系列挑战，包括数据隐私、资源分配、教师培训、学生习惯等。因此，在解决技术发展与应用问题的同时，还需要特别关注"社会"与"人"的变量，为技术的落地培育良好的现实土壤。为了达成这一点，教育者和政策制定者需携手合作，确保个性化学习路径在各种教育环境中公平实施。随着技术不断发展，未来的个性化学习路径将变得更加智能和精准，实现真正以人为本、尊重个体差异的"个性化"教育理念，这在以往是高远的教育理想，而在大数据技术的加持之下将成为可期的现实，而英语教育或将成为技术创新在教育领域最早的受益者之一。

参考文献

BAKER R S, SIEMENS G, 2014. Educational data mining and learning analytics[C]//Cambridge Handbook of the Learning Sciences (2nd ed.). Cambridge: Cambridge University Press.

FREDRICKS J A, BLUMENFELD P C, PARIS A H, 2004. School engagement: potential of the concept, state of the evidence[J]. Review of Educational Research, 74(1): 59-109.

GARDNER H, 1983. Frames of mind: the theory of multiple intelligences[M]. New York: Basic Books.

HOLMES W, BIALIK M, FADEL C, 2019. Artificial intelligence in education: promises and implications for teaching and learning[M]. Boston, MA: Center for Curriculum Redesign.

LUCKIN R, HOLMES W, GRIFFITHS M, FORCIER L B, 2016. Intelligence unleashed: an argument for AI in education[M]. London: Pearson.

SIEMENS G, 2013. Learning analytics: the emergence of a discipline[J]. American Behavioral Scientist, 57(10): 1380-1400.

SKRABUT S, 2023. 80 ways to use ChatGPT in the classroom: using AI to enhance teaching and learning[M]. Stan Skrabut.

VIBERG O, HATAKKA M, BÄLTER O, MAVROUDI A, 2018. The current landscape of learning analytics in higher education[J]. Computers in Human Behavior, 89: 98-110.

陈坚林, 2004. 大学英语网络化教学的理论内涵及其应用分析[J]. 外语电化教学（100）: 46-50.

邓笛, 2016. 翻转课堂模式在大学英语教学中的应用研究述评[J]. 外语界（175）: 89-96.

郭继东, 刘林, 2016. 外语学习投入的内涵、结构及研究视角[J]. 江西师范大学学报（哲学社会科学版）, 49(6): 181-185.

胡壮麟, 2004. 大学英语教学的个性化、协作化、模块化和超文本化——谈《教学要求》的基本理念 [J]. 外语教学与研究, 36 (5): 345-350.

贾振霞, 2019. 大学英语混合式教学中的有效教学行为研究 [D]. 博士学位论文. 上海: 上海外国语大学.

李鹏, 易淑明, 郑晓妮, 陈烨, 2018. "雨课堂"在课前、课中、课后"三段式导学"中的应用效果评价 [J]. 护理研究, 32 (4): 560-563.

卢宇, 余京蕾, 陈鹏鹤, 李沐云, 2023. 生成式人工智能的教育应用与展望——以 ChatGPT 系统为例 [J]. 中国远程教育 (4): 24-31+51.

王帅国, 2017. 雨课堂: 移动互联网与大数据背景下的智慧教学工具 [J]. 现代教育技术, 27 (5): 26-32.

王一岩, 郑永和, 2023. 智能时代个性化学习的现实困境、意蕴重构与模型构建 [J]. 电化教育研究 (3): 28-35.

杨雪, 2016. 大数据学习分析支持个性化学习研究——技术回归教育本质 [J]. 现代教育技术, 29 (3): 71-78.

姚洁, 王伟力, 2017. 微信雨课堂混合学习模式应用于高校教学的实证研究 [J]. 高教探索 (9): 45-55.

朱红灿, 2014. 大学生学习投入影响因素的研究——基于学习行为投入、情感投入、认知投入维度 [J]. 高教论坛 (4): 36-40.

项目学习模式下大学英语教学课程思政的探索研究

叶如帆[1]

摘要：本文探索项目学习（又称项目式学习、项目化学习）模式对大学英语课程思政建设的有效性，通过问卷调查和分析以及访谈证明了项目学习模式下思政相关的语言能力以及非语言能力得以显著提高，二者相互促进。项目学习也能较好实现政治认同、家国情怀和文化素养三方面的思政目标，尤其是在提升学生对中华优秀文化传统和价值观的认知和情感认同方面效果明显。通过项目学习能实现语言教学和思政教育的有机融合。

关键词：课程思政；综合英语教学；项目式教学

1. 引言

在经济全球化、社会信息化和文化多元化的背景下，高校思想政治教育工作尤为重要。教育部 2020 年发布的《高等学校课程思政建设指导纲要》为各类课程与思想政治理论课同向同行形成协同效应，为构建全员全程全方位育人大格局指明了方向。外语教学尤其是大学英语教学，因受众广、课时多、人文性与工具性兼具等特征，课堂教学主题与育人资源丰富，已具备立德树人与价值引领的前提与优势（向明友，2022）。通过将思政教育有机融入大学英语教学，能够帮助学生在提升英语综合运用能力的同时，增强文化自信，培养国际视野，树立正确的世界观、人生观和价值观。本文旨在探索课堂思政的有效途径，研究如何实现大学英语教学价值塑造、知识传授和能力培养三位一体的目标，提高课堂思政建设的有效性。

---

1 叶如帆，北京外国语大学专用英语学院讲师，研究方向为英语教学和美国研究。

2. 课程思政文献综述

随着《高等学校课程思政建设指导纲要》的颁布，大学英语课程思政研究已经成为国内外语教育界的显学之一。近几年来高校英语课程思政无论是理论探讨还是实践研究都涌现出大量的研究成果。部分学者阐述了课程思政的内涵和必要性（何莲珍，2022；黄国文，等，2021；罗良功，2021；文秋芳，2021；孙有中，2020）。也有学者就如何发挥课程思政的重要作用实现思政与英语教学有机融合，从理论上探讨实施框架和路径，例如文秋芳（2021）从内容链、管理链、评价链和教师言行链四个维度系统阐述了大学外语课程思政的实施框架。徐锦芬（2021）提出"分析—筛选—增补"三个教材处理步骤，并指出教师应关注教学目标、素材选择、教学设计和教学评价环节。向明友（2022）从教学目标、内容、方法和评价四个环节探讨教学设计应把握的关键问题和方向。刘正光和岳曼曼（2020）提出大学英语应该整合主题式教学、任务式教学、项目式教学、合作式教学的优势并且采取混合式教学的必要性。杨晓春，张子石（2022）注意到当前的课程思政研究忽视了数字化对教学的作用，因此在研究中探索性提出了数字化转型背景下进行大学英语课程思政的有效路径。除了理论探讨，许多研究者和一线教师也在课堂上积极实践不同教学法指导下课程思政和英语教学的融合，出现了很多具体案例操作的分享（杨婧，2020；蒙岚，2020；王俊菊，等，2024；常青，等，2024），为广大教师的课堂思政教学提供了宝贵的借鉴经验。

但是研究者发现目前国内大学英语课程思政仍然存在一些不足，主要包涵以下几个方面：从教师和教材的角度来说，课程思政教学实践容易出现思政主题单一、教学方式生硬、教学内容与考评形式脱节等问题（潘海英，等，2021；张彧凤，等，2021）；从学生的角度来说，高校学生自我思政教育主动性不足，对教师依赖较强（冀倩，等，2024），另外学生的综合课业压力大，与大学英语对学生课业投入新要求之间存在矛盾（韩佶颖，等，2023）。笔者认为项目学习法能够较好地弥补这几方面不足，因此拟在项目学习模式指导下通过具体案例来进行课程思政的路径探索。同时，针对目前案例研究以经验介绍为主，对课程建设效果研究不足的现状，本研究也拟通过学生自评问卷调查的方式对项目学习模式下课程思政不同维度的有效性进行探讨。

3. 项目学习模式

以建构主义为理论基础的项目学习（project-based learning，PBL）是一种以学生为中心的教学方式。教师在课堂中设置贴近生活实际，有意义且具有探索性的项目，学生则以个人学习或小组合作的形式，借助他人的帮助，利用必要的学习资源来解决一系列的问题并最终完成这些项目，在这一过程中教师不再是学习过程的主导者，而是成为学生学习过程中的引导者和监督者，与之相反，学生成为项目的行为主体，教师和学生的角色发生了不同于传统教学的转换。由于学生被赋予更多的主动权，因此往往能够激发出更多的创造性。

早期的研究者更多关注项目学习对语言学习的促进作用，发现这一模式能激发学生的学习动机，提高学生的语言应用能力、促进学生合作学习和培养学生综合学术能力，并培养学生分析问题、解决问题和批评性思维的能力，（邓媛，王湘玲，2009；高燕，2010；王勃然，2013 等）。这些高阶认知和思维能力的提高对思政培养同样重要。近年来的研究也发现项目学习有利于促进学生价值观维度能力提升，具有价值观培育功能（Malkova，et al.，2014；杨茂霞，等，2020）。这些研究发现为大学英语课程思政中采用项目学习模式的可行性探索提供了理论依据。

相比于传统的英语教学方式，项目学习还具有真实性、开放性和适应数字化时代的特点。项目学习通常围绕真实的、有意义的问题或任务展开，贴近学生的实际生活，能极大地激发学生的好奇心和探索欲，从而提高学习兴趣。选题的开放性同时也解决了教材的局限性问题，教材选篇虽然经典但题材覆盖面有限，强行融入思政元素容易出现两张皮现象，项目学习跳出教材课文的限制，拓展了课程的广度也可以促进思政元素融入课堂，允许学生参与到资料库的创建中，提升了英语课程的实效性。在"互联网 +"时代，资源获取的便捷性大为提高，数字化工具和互联网使得资源获取打破了时空限制，为项目学习提供了海量的资源，无论是政府工作报告还是跨国文化主题的图片等与人文素养价值观教育相关的英语材料均可以轻松获得。这顺应了 Z 世代新数字原住民的学习特点，有利于发挥他们的学习优势，学生能够利用数据分析工具处理大量的数据，从而得出更准确、有深度的结论。

4. 项目学习的课程设计和实践探索

笔者教授综合英语课程，使用教材为《现代大学英语精读2》第三版，所教学生为外国语大学非语言专业大一学生共57人（包括3名留学生），根据课程安排分成14个项目组，每组3～5名学生，每个单元2个组就课文相关的主题分别展开项目研究，并进行半个小时左右的项目展示，每学期每个组完成一次项目，其项目成果评估成绩计入学期总成绩。

笔者将项目教学分为三个阶段七个步骤。第一个阶段为项目构思阶段，教师需要确定项目主题。题目由教师和学生共同协商敲定，教师给出课文的主题范围，学生从中提取可能的思政元素拟定相关题目，将项目题目和展示思路提前告诉教师，教师从学生的语言水平、话题可行性和思政主题相关度三个维度对学生计划提出建议。教师和学生的关注有时会出现偏差，一般由学生最终决定项目主题。例如第二课 Say Yes 讲述了一对白人夫妻就跨种族婚姻进行的争执，教师的提议是围绕"平等"的思政话题进行项目研究，但是学生对更贴近现实的当代大学生婚恋观这个主题更感兴趣，师生经过讨论后决定采纳学生的自选话题。确定题目后需要明确学习目标，包括语言、认知和价值情感目标。以 Say Yes 一课为例，学生以提高英语听说读写能力为语言技能目标，要培养批判性思维和增强团队合作能力，教师还要求学生在项目学习中不仅仅停留在数据和现象的陈述，还应进一步讨论责任感、忠诚、奉献等相关价值问题。

第二个阶段为项目实施阶段。学生需要规划项目框架，由于项目分组是在开学第一周就完成，距离项目展示会跨越多周时间，因此学生需要及早确定项目的阶段划分，制定任务分配清单，并把时间表和分工安排告知教师，教师就项目框架提供意见。一旦就框架达成一致，学生就可着手收集、分析和整理资料以及开展其他项目活动，包括调查访谈等。数字化时代大大拓展了资料的获取渠道，仍以 Say Yes 一课为例，由中外学生组成的小组采用了线下当面采访、线上远程采访、邮件和社交媒体发放调查问卷等方式收集了大量国内外大学生婚恋观的一手数据，并且通过知网数据库查阅了研究论文，翔实的数据和充分的研究为之后项目展示提供了坚实的基础。在收集资料的过程中，学生应学会筛选和评估信息的可靠性和有效性。有些学生会主动向教师寻求帮助，教师也应该在此环节主动介入，通过提醒学生注意资料来源以及作者和受采访者立场等方式引导学生关注信息的价值导向。

第三个阶段为项目完成阶段。各团队制作项目成果展示材料，如报告、海报、视频等。评价包括教师评价和同伴评价，评价内容包含语言、内容和思政三个维度。思政维度主要考查学生是否涉及了政治理念、价值观、文化传统或者家国情怀等并且做了较为深入的思考。项目完成后，所有学生都需要就所做的项目过程或者所听到的展示进行文字反思并以作业形式在线上系统提交给教师，教师会给予相应反馈或者在经过学生同意后在班级分享。

图 1 项目学习流程图

5. 问卷调查

学期结束后，笔者通过调查问卷自评的方式研究项目学习对学生思政能力提高的影响。根据项目学习和英语教学思政课程相关文献，问卷共设计了 17 个问题，分为五个维度：（1）实现思政目标的语言能力，涉及讲好中文故事的听说读写能力；（2）实现思政目标的非语言能力，即根据布鲁姆分类学涉及的不同层次的思维能力；（3）文化素养；（4）家国情怀；（5）政治认同。《高等学校课程思政建设指导纲要》列出了五个课程思政建设内容维度，包括文化素养、家国情怀、政治认同、宪法法治意识和道德修养，由于本学期所学教材课文题材的限制，对后二者的涉及较少，因此问卷调查主要围绕前三个要素展开，就这三个维度的认知和情感角度展开调查。问题采用李克特 5 级量表记分（1= 完全不同意，2= 不太同意，3= 一般，4= 比较同意，5= 完全同意）。

表 1 问卷题目分类及数量

类别	语言能力	非语言能力	文化素养	政治认同	家国情怀
题目	Q1~Q5	Q6~Q10	Q11~Q13	Q14~Q15	Q16~Q17

5.1 数据报告及讨论

学生在学期末完成所有项目后回答问卷，除了留学生外 54 份问卷全部收回，问卷数据全部经 SPSS 处理，问卷整体克龙巴赫 α 系数（Cronbach's alpha coefficient）为 0.931，5 个维度各自的 alpha 系数也都在 0.6 以上，说明这 17 个量表问题的内部一致性好，本次调查的问卷数据可信，具体见表 2。

表 2 可靠性统计

维度	克龙巴赫 α 系数	项数
思政语言能力	0.843	5
思政非语言能力	0.847	5
文化素养	1.000	3
政治认同	0.698	2
家国情怀	0.641	2

通过结构效度因子分析来检测问卷的效度，SPSS 检验发现 KMO 值为 0.859，大于阈值 0.5，非接近 1，巴特利特球形检验的近似卡方值为 483.749，自由度为 78，显著性水平为 0.000（＜ 0.001），显著性小于 0.05，（具体见表 3）KMO 和巴特利值都证明本调查量表效度良好，说明本调查问卷能有效测定想要检测的内容，即项目学习能够影响学生的思政相关语言和非语言能力以及学生的思政水平。

表 3 KMO 和巴特利特球形检验

KMO 取样适切性量数		0.859
巴特利特球形检验	近似卡方	483.749
	自由度	78
	显著性	0.000

5.2 具体讨论

5.2.1 实现思政目标的语言能力和非语言能力评价

学生普遍认为项目学习能有效提高英语能力，Q1～Q5 五个问题的平均分均达到 4 分以上，通过项目学习，学生用英文讲述中国故事的信心大为提升。值得注意的是，在听、说、写三个方面，口语表达能力的评价明显高于其他两项能力，其原因可能是课堂展示更看重口头表达输出，口头展示是必选项，所有的学生都需要反复操练乃至熟练背诵才能上台，而听力和写作的要求相对较低，教师未对两项能力做硬性要求，写作能力自我评价的离散度在语言能力 5 个题目评价中最高，也许是因为教师对学生的指导侧重于主题和框架等宏观层面，对写作细节训练相对不足，学生写作能力的提高受到自身原有水平影响较大。此外，笔者还注意到有部分学生展示时会直接采用未经改写的他人英文原文，这可能也导致了这些学生在写作上未得到充分锻炼。

在非语言能力提升方面，学生的文化敏感度更高，能够从不同的角度看待问题，通过项目学习查找、整合和分析材料的能力也都有所提高。相对于其他能力，分析能力的自我评价相对较低，离散度也最高，其原因可能是分析能力对精读的要求较高，而项目学习中学生更多时间花在查找信息和从海量信息中提取有效内容上，对材料的深度解读和价值判断投入较少。

笔者对五个维度的数据进行皮尔逊相关性分析发现思政语言能力与思政非语言能力两个维度之间的相关系数为 0.847，在 0.01 显著性水平上具有显著相关性，这表明在思政教育中，语言能力和非语言能力的培养相互促进，二者之间有很强的正相关关系。

表4

题号	题目	平均值	标准差
语言能力			
1	我掌握了许多有关中国的英文词汇和表达方式	4.852	0.359
2	我对中国相关英文材料的听力理解能力有明显提高	4.148	0.563
3	我在讲述中国相关话题的口语表达能力有明显提高	4.341	0.501
4	我在中国相关话题的写作能力有明显提高	4.198	0.584
5	我对自己用英文讲述中国故事的能力更有信心	4.833	0.423

题号	题目	平均值	标准差
	非语言能力		
6	我在阅读中会更注意材料中的文化元素	4.926	0.264
7	我看待问题的角度更加多元	4.944	0.231
8	我查找资料的能力有所提高	4.944	0.231
9	我整合总结材料的能力有所提高	4.568	0.407
10	我分析材料的能力有所提高	4.130	0.516

5.2.2 课程思政元素

根据《高等学校课程思政建设指导纲要》课程思政建设目标要求和内容重点为依据制定的调查问卷问题（Q11～Q17）结果显示平均值都在4分以上，说明项目学习模式在政治认同、家国情怀和文化素养三个维度进行思政教育效果显著。学生对世情、国情、党情、民情的了解有所加深，也加深了对中国特色社会主义理论的政治认同、思想认同和情感认同。学生对社会主义核心价值观也有了更深刻的认识。皮尔逊相关性分析发现政治认同（Q14～Q15）与家国情怀（Q16～Q17）之间的相关系数为0.654，在0.01显著性水平上具有显著相关性，表明二者之间存在较强的正相关关系。说明对社会主义核心价值观的学习和认同会增强我们对社会主义的制度自信和文化自信。

在三个维度中评价最突出的是文化素养，该维度考查了学生对中华文化的认知和情感，学生对这个维度三个问题的自我评价高达4.936，这一维度的信度为1（见表2），说明数据之间差异性很低，也说明学生高度一致认为一学期的项目学习有效提高了文化素养。结果显示认知上他们对中国传统文化的了解有所加深，情感上他们更加认同中国传统文化和价值观，也喜欢英语课堂上加入中国元素的讨论和学习。调查结果证明大学英语课程具备传播中华优秀文化、促进中西文明借鉴及提升中华民族文化认同的天然优势（康莉，等，2018）文化传播和语言学习可以有效融合。

6. 学生访谈

基于调查问卷的结果，笔者还对3名留学生和2名中国学生分别进行了访谈，试图解释调查问卷中几个维度效果背后的原因。中外学生均表示项目学习是了解中国文化和国情，提高跨文化意识有效的教学方式，他们用了"most effective""best""受益较多""受益最大"等词来形容项目学习的感受。

　　访谈显示项目学习之所以能够取得较好的思政教育效果的重要原因在于其克服了英文阅读教材中题材有限、中国意识缺位和西方价值观本位三大缺陷。传统的英文课文往往追求经典性而牺牲时效性，项目学习是课文学习的有益补充，其开放性使得师生得以选择更具有现实意义的项目主题，这有助于加深学生对中国社会文化历史的理解。留学生 N 提道："Before, my understanding of Chinese culture and some social situations here was through the lens of my own language or from the words of Chinese language textbooks. The projects in this semester have been really interesting and touched on a wide range of issues related to morality, life, love, future life, etc. …I was really interested in the topic because sometimes they mentioned the social situation and culture of China, and I could learn about it more deeply from both the teacher and the Chinese students. This knowledge was more detailed and reliable than what I had previously known about the Chinese. For example, I had some basic knowledge of the Chinese education system before, but when Chinese students talked about it in their presentation, and we also discussed about it, it gave me a better understanding and awareness of the situation than I would have achieved under other circumstances."

　　由于教师要求学生对项目主题的选择必须具有跨文化思维或者中国视角，因此克服了原教材中国意识缺位的短板。对于中国学生而言，项目学习使他们得以用英语这一新的媒介重新审视中国社会这一早已熟识的对象。两位中国学生不约而同地提到了在学习中经历了从"自我"到"他者"的身份转换。外语学习对促进中国学生对祖国传统文化的好奇心、认同感和自豪感的一个重要原因在于英语提供了旁观者视角，他者视角意味着认知的革新。在英文语境下学习中国文化，相当于需要重新熟悉已知的规范，使他们得以从新的角度审视母语文化。正如学生 Z 所说："用一种新的语言去阐释中国文化，可能会给这个主体本身带来一种陌生感，从而我认为它可以起到让人某种程度上来说对中国文化更加感兴趣的作用。"学生 L 则在采访中说:"在我研究我的课题时,我在把我自己带入到英语母语者的视角去思考,去研究它的本质和价值意义,在这个过程中我觉得很大的收获点就是我明显感觉到我现在对事物的认知更多元立体,而不是较为单一的视角。"这种他者视角使学生重新燃起对母语文化的热情,对母语文化的认知也更加全面而深刻。

访谈显示带有目标性的大量课外阅读有助于提高学生的跨文化思维和批判思维,学生可以通过项目实施过程中超脱于课文之外的研究和探索摆脱传统英语课文中的西方价值观体系,进而加强对社会主义核心价值观的认同。学生 Z 在访谈中说道:"我们课堂上讲的这些内容可能并没有特别的丰富,但是课下会根据这些课堂布置的任务,在网上进行一个搜索。然后因为你了解这个东西,你才能发现他们有什么不同,然后对他们进行一个比较。我觉得这种既有文化,有文化掺杂在其中的这种语言学习过程也是对西方文化祛魅的过程吧。……如果没有经过这些学习和了解这些西方的文化,然后呢,他们的价值观,那我觉得其实很难促使你去做这个转变,比如说你可能就是没有经过这个学习,你可能只是对英雄主义产生怀疑,但你并不会转向去相信集体主义。"该学生的访谈说明大量的阅读和思考有助于促使从感知到认知的转变,这一过程可以通过项目学习实现。

项目学习模式下思政教育贯穿于项目全过程,不仅仅体现在学生阅读的材料和课堂展示中,更体现在学生做项目的行为本身。以行载道是项目学习模式下课程思政的显著特点。当问及留学生对中国文化的看法时,她们无一例外提到了对项目合作小组的中国同伴的印象,因为相对于其他课堂教学活动,团队项目学习促使中外学生更加紧密的合作。学生在项目学习中投入大量的时间和精力,实践着敬业、诚信等核心价值观。有趣的是,除了提到在项目中会花费较多时间外,中国学生对自己的努力并未提及,勤勉努力等这些中华民族的优秀品质似乎是理所当然不值得特意提起,反而是几位留学生均注意到中国学生在项目学习小组合作中表现出来的努力进取的品质,她们用committed, hard work, dedicated, competitive 等词来形容同组的中国同伴,并表示这些品质给她们留下了深刻印象。留学生 N 表示:"China... and its people are known for their hard work. ...However, it can be a bit shocking to see this in real life. Every time we discussed materials for the presentation, the Chinese students took a very serious approach to their work and did their best to prepare. "项目学习让学生们自觉践行的核心价值观更直接地被留学生感知到，并且强化了留学生对中国的正面印象，留学生 R 评价道："It confirmed but not changed much. I've always had a good impression of China. "班上留学生的存在创造了文化交流的真实场所，中国学生的表现也成为中国经验和中国故事内嵌的一环，他们成为中国形象最直接的代表。

学生是项目学习的主体，但是教师的作用也不容忽视。访谈中学生也毫不避讳项目学习中暴露的问题，学生 L 提到做项目时网上资料繁杂，需要老师帮忙，否则学生无法确定哪些资料真正有用。这与调查问卷中 Q10 关于分析能力的自我评价相对较低的结果相符。数字化时代项目学习中学生面临信息过载的问题，尤其是涉及价值观的话题时更需要教师和学生及时沟通帮助学生进行筛选和判断并及时纠偏。

7. 结论

项目学习为大学英语思政育人提供了行之有效的实施路径，学生在更加贴近现实的情境和任务中激发了学习热情和创造性，非英语专业学生英语投入不足难以满足思政教学实践要求这一常见问题因为学生愿意主动投入精力而得到缓解。学生在完成项目的过程中，培养了批判性思维和创新能力，同时也增强了对国家发展的认知和全球视野。它使得思政教育与大学英语教学有机融合，让学生在提高英语水平的同时，树立正确的三观，成为具有国际视野和家国情怀的高素质人才。学生以做促学，以研促学，通过做项目内化和实践社会主义核心价值观，实现立德树人的教育目标。

项目学习能够有效增强学生的思政意识，提高学生对思政内容的认知和对思政教育的情感认同，但对于学生将认知转化为行动的评价在本次调查问卷中没有体现，也是本次研究的不足。本次研究通过调查问卷和学生访谈也对教师在项目学习中的作用提出了更高要求，这也是以后继续探索的方向。

参考文献

MALKOVA I Y, KISELYOVA P V, 2014. Development of Personal Competences in Project-based Learning in the EFL Classroom[J]. Procedia, Social and Behavioral Sciences, 154: 254-258.

常青, 韩晓宝, 2024. 基于 ADDIE 模型的大学英语课程思政实施路径研究[J]. 科教文汇（10）: 134-137.

邓媛, 王湘玲, 2009. 项目驱动培养 EFL 学生自主能力的实证研究[J]. 外语与外语教学（8）: 31-34+46.

高艳, 2010. 项目学习在大学英语教学中的应用研究[J]. 外语界（6）: 42-48+56.

韩佶颖, 黄书晗, 薛琳, 2023. 大学英语教师课程思政建设的矛盾分析与化解策略——基于活动理论的质性研究[J]. 外语界（5）: 81-88.

黄国文, 肖琼, 2021. 外语课程思政建设六要素[J]. 中国外语, 18（2）: 1+10-16.

冀倩, 滕琳, 方富民, 2024. 大学英语课程思政学习需求分析的模型建构及验证研究[J]. 外语电化教学（1）: 59-70+121.

康莉, 徐锦芬, 2018. 大学英语教材中的文化自觉及其实现[J]. 外语学刊（4）: 70-75.

刘正光, 岳曼曼, 2020. 转变理念、重构内容, 落实外语课程思政[J]. 外国语, 43（5）: 21-29.

罗良功, 2021. 外语专业课程思政的本、质、量[J]. 中国外语, 18（2）: 60-64.

蒙岚, 2020. 混合式教学模式下大学英语课程思政路径[J]. 社会科学家（12）: 136-141.

潘海英, 袁月, 2021. 大学外语课程思政实践探索中的问题分析与改进对策[J]. 山东外语教学, 42（3）: 53-62.

孙有中, 2020. 课程思政视角下的高校外语教材设计[J]. 外语电化教学（6）: 46-51.

王勃然，2013．项目学习模式对大学英语学习动机的影响因素分析［J］．外语电化教学（1）：37-41+68.

王俊菊，卢萍，2024．融合与融入：基于产出导向法的大学外语课程思政教学设计［J］．外语教育研究前沿，7（2）：29-37+92.

文秋芳，2021．大学外语课程思政的内涵和实施框架［J］．中国外语，18（2）：47-52.

向明友，2022．基于《大学外语课程思政教学指南》的大学英语课程思政教学设计［J］．外语界（3）：20-27.

徐锦芬，2021．高校英语课程教学素材的思政内容建设研究［J］．外语界（2）：18-24.

杨婧，2020．大学英语课程思政教育的实践研究［J］．外语电化教学（4）：27-31+5.

杨茂霞，陈美华，2021．大学英语项目式学习的价值观培育功能剖析［J］．外语教学，42（3）：69-74.

杨晓春，张子石，2022．数字化转型背景下大学外语课程思政的内涵、问题与实践路径［J］．中国电化教育（11）：75-81.

张彧凤，孟晓萍，2021．大学英语教师课程思政教学能力研究［J］．教育理论与实践，41（21）：33-35.

加快构建中国特色对外话语体系中
"讲好新疆故事"探究[1]

王云炜[2]

摘要：2023 年 8 月 26 日，习近平总书记在听取新疆维吾尔自治区党委和政府、新疆生产建设兵团工作汇报时强调，要加强正面宣传，展现新疆开放自信的新面貌新气象，多渠道多形式讲好新时代新疆故事。党中央对加快构建中国特色对外话语体系中讲好新疆故事寄予了殷切希望。文章从铸牢中华民族共同体意识，培养对外传播人才、译介阐释层面贯彻总体国家安全观，避免外文话语陷阱、把握传播规律，营造稳定有利的国际舆论环境三方面开展探究，为继续做好当下新疆故事的海外讲述提出叙事与说理结合，自说与他说呼应，想讲与想听共融的策略借鉴。

关键词：铸牢中华民族共同体意识；中国特色对外话语体系；国际传播

党的十八大以来，在领导全党全军全国各族人民推进新时代中国特色社会主义事业的历史进程中，以习近平同志为核心的党中央深刻把握新时代中国和世界发展大势，在对外工作上进行一系列重大理论和实践创新，形成了习近平外交思想。2021 年 5 月 31 日，习近平总书记在主持十九届中央政治局就加强我国国际传播能力建设第三十次集体学习时强调，讲好中国故事，传播好中国声音，展示真实、立体、全面的中国，是加强我国国际传播能力建设的重要任

---

1 北京外国语大学"理解当代中国"系列课程建设项目"理解当代中国汉英翻译教程建设"阶段性成果（项目编号 LJZG202304）。
2 王云炜，北京外国语大学讲师，研究方向为翻译与翻译教学。

务。要深刻认识新形势下加强和改进国际传播工作的重要性和必要性，下大气力加强国际传播能力建设，形成同我国综合国力和国际地位相匹配的国际话语权，为我国改革发展稳定营造有利外部舆论环境，为推动构建人类命运共同体做出积极贡献。要加快构建中国话语和中国叙事体系，用中国理论阐释中国实践，用中国实践升华中国理论，打造融通中外的新概念、新范畴、新表述，更加充分、更加鲜明地展现中国故事及其背后的思想力量和精神力量。总书记在党的二十大报告中进一步指出，讲好中国故事、传播好中国声音，展现可信、可爱、可敬的中国形象。深化文明交流互鉴，推动中华文化更好走向世界。

习近平总书记把宣传思想文化工作摆在治国理政的重要位置，围绕新时代文化建设的伟大实践，提出一系列新思想新观点新论断，构成了习近平新时代中国特色社会主义思想的文化篇。在2023年10月召开的全国宣传思想文化工作会议上正式提出习近平文化思想。习近平总书记在中共中央政治局第九次集体学习时指出："要讲好中华民族故事，大力宣介中华民族共同体意识""创新涉民族宣传的传播方式，丰富传播内容，拓宽传播渠道，讲好中华民族共同体故事，讲清楚中国共产党领导和社会主义制度是我国各民族共同发展进步的可靠保障，讲清楚中华民族是具有强大认同度和凝聚力的命运共同体，讲清楚中国特色解决民族问题的正确道路所具有的明显优越性。""铸牢中华民族共同体意识"是习近平文化思想的重要组成部分，反映了中华民族共同的利益所在和价值追求，是新时代党的民族工作的主线。习近平外交思想和文化思想，作为在实践中不断丰富发展的严整体系，是构建中国特色对外话语体系、讲好新疆故事的根本遵循和行动指南。

新疆自古以来就是我国不可分割的一部分，新疆各民族是中华民族大家庭血脉相连、命运与共的重要成员。新疆经济持续发展，社会和谐稳定，民生不断改善，文化空前繁荣，宗教和睦和顺，各族人民像石榴籽一样紧紧团结在一起。关于新疆建设发展规范准确、融通中外的外文表达，既是铸牢中华民族共同体意识国际传播工程的重要一环，也是中国特色对外话语体系建设的重要内容。完整准确贯彻新时代党的治疆方略的核心要义，新疆故事如何在对外交往的各个环节中，在中国特色对外话语体系内继续做好统一协调的多语种表述，学界研究仍属发轫，可以从如下三方面开展探究。

1. 发挥"三进"工作意识形态的引领作用，推动《理解当代中国》多语种系列教材使用，培养中国特色对外话语体系建设的有生力量。

高校是"三进"工作的战略高地，青年人才是参与中国特色话语体系建设、在国际舞台上生动讲述新时代党的治疆方略和中国式现代化中新疆实践的中坚力量。为落实立德树人根本任务，培养堪当民族复兴大任的时代新人，中共中央宣传部、教育部组织编写的《理解当代中国》多语种系列教材，已于2022年秋季学期开始面向全国普通本科高校外国语言文学类专业本科生、研究生和语言类留学生推广使用。全套系列教材共 39 册，涵盖英、俄、德、法、西、阿、日、意、葡 9 个外语语种和国际中文系列教材。课文选自《习近平谈治国理政》、党的十九届六中全会审议通过的《中共中央关于党的百年奋斗重大成就和历史经验的决议》，以及习近平总书记《在庆祝中国共产党成立 100 周年大会上的讲话》。

《习近平谈治国理政》全面呈现了习近平新时代中国特色社会主义思想的发展逻辑与理论体系，深刻阐释了中国共产党擘画民族复兴大业的宏图伟略和为推动构建人类命运共同体、促进人类和平发展事业贡献的中国智慧和中国方案。是中国实践的理论结晶、中国之治的经验秘籍、民族复兴的根本指南，是理解中国话语体系基本逻辑、中国故事叙述框架的权威读本（孙有中，张威，等，2022）。《习近平谈治国理政》一至四卷多语种版本历经了严谨的翻译出版流程，共计完成了初译、母语专家改稿、初核、复核、初定稿；初译在读、再核、母语专家二次改稿、定稿、排版；中外文对读、核稿人通读、母语专家通读、定稿人通读；一校核红、母语专家再读、定稿人再读；二校核红、核对中文改稿、篇章标题讨论、注释翻译、题注核对、数字核对、术语统一、索引制作；清样前通读、集体研讨改定；三校核红、审蓝图、看装订等 30 多个环节的工作。

基于《习近平谈治国理政》多语种版的《理解当代中国》系列教材，在继承原著丰富思想内涵的同时确保了外语译文规范。因此，推动系列教材使用和培训，鼓励帮助不同语种的任课教师完整讲好用好系列教材、新增专门课程、改造或替换现有课程、先试点后推广等方式落地教材使用、建设一流课程、课程思政示范课程，打造高水平"金课"，既是深化新时代外语教育改革、构建外语教育自主知识体系、推动课程思政广覆盖，赋予专业课程价值引领重任的重要举措；也是推广中国话语外译标准，构建中国特色话语体系，提高国家语言能力，夯实国家软实力基础的有效途径。在课时有限的情况下，课程的目标设定和任务设计需要从学情和教情出发，突出教学难点与重点，预测课前预习的难度，思考教材主题融合的契合度，挖掘理念背后的深层原因。

习近平总书记在 2021 年 8 月 27 日中央民族工作会议上生动指出："必须高举中华民族大团结旗帜，促进各民族在中华民族大家庭中像石榴籽一样紧紧抱在一起。"以"铸牢中华民族共同体意识"概念的学习、翻译、国际传播为例，在英文表述中，"中华民族共同体意识"可译为"sense of the Chinese nation as one community"，以强化各族人民牢固树立休戚与共、荣辱与共、生死与共、命运与共的共同体理念。"铸"可选用动词"create""forge""foster"，"牢"可在"sense"前加上形容词"stronger"来体现。"铸牢"，是巩固、加强的意思，表明中华民族多元一体的意识早已牢固形成，各民族对中华文化和中华民族身份的自觉认同，整体可译为"heighten""consolidate"。"铸牢中华民族共同体意识"，可译为"consolidate our sense of the Chinese nation as one community"或"create a stronger sense of the Chinese nation as one community"。当概念多次出现时，还可更简洁地译为"heighten our sense of (Chinese) national identity"。

熟悉时政文献语言特点的同时，传播者需要树立语言学层面的对比意识，系统梳理其在中英两种语言的词汇、句法、语篇、段落、逻辑、叙事等层面的跨文化差异。灵活使用中共中央对外联络部官网"《习近平谈治国理政》中英文学习"平台，"学习强国"平台，中国外文局、当代中国与世界研究院、中国翻译研究院打造的"当代中国特色话语外译传播平台""中国关键词·权威解读当代中国"，上海外国语大学"《习近平谈治国理政》多语数据库综合平台""二十大报告多语种对照查询平台"等多模态智库资源，为在时政话语语境中译介提质增速。比如，上述核心概念"铸牢中华民族共同体意识"，在"重要概念范畴表述外译发布平台"中，除了不同的英文译法，还能够索引出 2019 年 9 月 27 日习近平总书记在全国民族团结进步表彰大会上讲话中相关联的中英文平行语料："实现中华民族伟大复兴的中国梦，就要以铸牢中华民族共同体意识为主线，把民族团结进步事业作为基础性事业抓紧抓好。（To make the Chinese Dream come true, we must focus on heightening a sense of identity of the Chinese nation, and take the cause of ethnic unity and progress as a fundamental task.）"

在中国特色话语的对外翻译标准化建设框架内，坚持"以我为主，融通中外"的原则，以中国时政文献原文思想内涵为根本，兼顾国际受众理解与接受。在夯实翻译功底的基础上运用国际传播实例，平行迁移读写、演讲能力，可以更好地帮助青年人才训练进阶文字与口头表达能力。《理解当代中国·读写教程》鼓励读写互促，循序渐进地辅助语言质量提高。通过系统设计的词句篇练习，进一步夯实语言使用的基本功。如第十单元"Learning from History to Create a Bright Future"，在总书记《在庆祝中国共产党成立 100 周年大会上的讲话》的中英文课文中，"石榴籽精神"和"中华民族共同体意识"生动、具体、形象地表述为"努力寻求最大公约数、画出最大同心圆，形成海内外全体中华儿女心往一处想、劲往一处使的生动局面，汇聚起实现民族复兴的磅礴力量！（We should expand common ground and the convergence of interests, so that all Chinese people, both at home and overseas, can focus their ingenuity and energy on the same goal and come together as a mighty force for realizing national rejuvenation！）"（孙有中，夏登山，等，2022）中英双语中比喻、隐喻修辞在不同文体中表现的异同，以及中文四字成语、头尾声韵的英文再塑技巧借此得以拓展巩固。《理解当代中国·演讲教程》倡导语言与内容融合，训练培养跨文化思辨意识。通过学习主题内容和演讲技能，提高口头产出能力。如第一单元"Making People's life Better"选用的"The Chinese Dream Is the People's Dream"，是 2015 年 9 月 22 日习近平主席在美国华盛顿州西雅图市出席当地政府和美国友好团体联合欢迎宴会时发表的演讲。习主席用 20 世纪 60 年代末，自己在陕西梁家河插队的亲身经历生动地讲述了中国社会的发展巨变，朴实感人的话语阐释了中国梦的内涵（孙有中，金利民，等，2022）。受此启发激励，"石榴籽精神""中华民族共同体意识"为新疆实现高质量发展谱写的绚丽篇章，可以通过"中国梦""新疆梦""青年梦"来生动表达。有机结合宏观描摹和微观视角，以小切口见大主题，引导学生自党将国际传播能力提升与"一带一路"建设和构建"人类命运共同体"紧密相连。在国际交流互鉴中增强中华文明传播力、影响力，向世界精要阐释中国共产党治国理政的创新理论成果与实践，用文化自信主动介绍推广壮美新疆的团结和谐、繁荣富裕、文明进步、安居乐业、生态良好与温暖人情。

认真领会习近平总书记和中央文件提出的重要概念、范畴、表述的系统解读、阐释，虚心积累权威专业、及时有效、贴合语境的外文表达是讲好新疆故事、建设中国特色对外话语体系的"定盘星"和"金钥匙"。与此同时，师生共同深入、持久、刻苦学习和实践习近平新时代中国特色社会主义思想，掌握马克思主义世界观和方法论，从历史与现实、理论与实践、中国与世界等维度理解当代中国，是培养有家国情怀、全球视野、专业本领社会主义接班人涵养高尚情操的强基之本、信念之源。

2. 贯彻总体国家安全观，避免外文话语陷阱，从译介阐释层面厘清语言转换差异，激励学界主观能动性，加强群体性自肃。

学习外文多以模仿母语者表达习惯的听、说、读、写、译训练为主。然而，在国际传播领域，西方政客与媒体并非是"教师爷"和"裁判员"，即使是用外文表达我方立场也绝不能够"洋腔洋调"。了解当前国际话语体系对中国故事海外传播的利弊因素，研究长期被西方把持的国际话语构建渠道中的障碍暗礁，才能更好地运用全球化思维，提高中国故事的讲述解说能力（黄友义，2022）。构建中国特色话语体系涉疆话题的多语种传播，需要预防根植于外文表达的"西方中心主义"思想和预设框架的话语陷阱。

长期以来，以英美为代表的西方国家出于帝国主义政治的延续、"实用主义"的利益考量、对中国边疆少数民族地区历史、现实的无知，以及有意使用"双重标准"或"选择性失忆"，依托国际话语霸权，将政治私利装扮成"普世价值"，妄图干涉我国内政从未停止（朱维群，2014）。部分西方国家和政客对于新疆话题的国际炒作，已全然不是个体行为或偶发事件，而是有组织团伙的长期阴谋。平时铺路递进、联动力量、预埋伏笔，待时机酝酿成熟旋即跳出污蔑发难。面对"欲加之罪"，我方不能陷入被动自证模式，更不能在使用外文表述时落入预设框架，应"以其人之道还治其人之身"，在不同场合、情景、媒介进行针锋相对的较量时，使用严谨规范的"中国声音"。

截至 2024 年，国务院新闻办公室共计发布涉疆白皮书 14 部，外文出版社陆续出版了英、法、西、德、日、俄、阿拉伯文等多语种版本及涉疆白皮书外文版汇编。白皮书主要内容涵盖了新疆经济社会发展、民族团结、宗教信仰自由、文化保护、人权保障、劳动就业保障、反恐和去极端化成就等多方面。全面地反映了新时代中国共产党依法治疆、团结稳疆、文化润疆、富民兴疆、长期建疆的治疆方略，也生动地描述了中华人民共和国成立七十五周年来，新疆各民族人民团结协作，努力开拓，共同书写了开发、建设、保卫边疆的辉煌篇章。各民族手足相亲、守望相助，休戚相关、荣辱与共，使新疆的社会面貌发生了翻天覆地的变化。白皮书的多语种版本是外界了解新疆发展进程的重要窗口，也是对部分西方国家伪法案、假报告的有力回击；是加强中国特色对外话语体系建设中的涉疆话题和中华民族共同体意识表达的素材蓝本，还是新疆故事海外讲述时捍卫我方立场、避免外文话语陷阱的语料参照。

"九层之台，起于累土"，语言质量是翻译工作的核心，翻译又是国际传播的基础工程，因此，贯彻总体国家安全观，细致严谨地厘清语言转换的差异，避免外文话语陷阱，是新疆故事对外讲述的基石。关于涉疆人名地名、概念术语、政策纲领的外文表达，应当从我方立场出发，兼顾表达灵活与跨语种语系表述标准的统一，既应包含汉语对应国际多语种的表意互译，还应包含汉语和少数民族语言之间的融通互文。

除此之外，学界在国际交流中还需继续加强捍卫我方立场的主观能动性与群体性自肃。近年来，我国政府运用国际反恐合作机制联合打击恐怖主义、分裂主义、极端民族主义等"三股势力"，有力维护了地区安全稳定，获得了国际社会主流民意的支持。然而，境外民族分裂组织中所谓的"温和派"，多打着文化团体或人权非政府组织的名义窃居欧美国家。尽管所行策划、煽动和组织对中国境内暴恐活动之实，却因未对西方构成直接威胁，往往被鼓励、纵容和支持（李学保，2021）。此类人群具有复杂性、迷惑性，一方面，他们伪装成流亡作家、艺术家、民俗专家，甚至中国问题研究学者，就柔性话题与海外学界和民众展开频繁互动，骗取同情和关注；另一方面，他们利用多种身份深潜蛰伏，时刻不忘伺机而动，捏造谎言，甘愿为西方政客攻击抹黑中国民族政策充当道具砝码。面对这些境外民族分裂势力中的"伪装者"，应发动我国学界群体的海外声音，用中国特色对外话语体系的规范表达发挥群体智慧，与境外民族分裂分子在国际舞台上正面较量，一一撕下他们的画皮伪装，让为虎作伥者原形毕露、无可遁逃。

3. 把握国际传播规律，善用技术赋能，增强阐释亲和力，拓展细化公共外交渠道，营造稳定有利的国际舆论环境。

讲好新疆故事，人才培养与话语构建最终落地于国际传播。出于大国博弈等方面的原因，掌握英语媒体话语权的西方主流媒体在涉疆报道上长期呈现不实基调。惯用手法诸如使用隐性偏见和双重标准营造并不存在的矛盾冲突，在预设立场的对立与责难框架叙事内，对新疆社会民生的和谐稳定、文化经济的蓬勃发展选择性失明；在"人权问题""文化同化""经济遏制"等议题上歪曲事实、罔顾真相、抹黑构陷。

谎言与谬误即使重复千遍也无法成为真理，但浸润在不实报道中的西方普通民众却可能因为频频接收这些偏离事实的报道论调而对我国涉疆事务产生负面印象。在科学总结改革开放实践经验时，习近平总书记强调的"先立后破、不立不破"唯物主义辩证原则，适用于讲好新疆故事的国际传播。"立"与"破"是事物发展的两个辩证承接环节，立是肯定，破是否定。一方面，"立"得住，才能"破"得好；另一方面，只有彻底地"破"，才能为更好地"立"创造条件。要增强"立"的意识，坚定"破"的决心，在"破"和"立"上同时发力，绵绵用力，久久为功。

为改变疆内报刊种类众多、实力分散的现状，2021年11月，中国共产党新疆维吾尔自治区委员会将新疆经济报社、今日新疆杂志社、天山网并入新疆日报社，组建"一报一网一刊"，成立新疆报业传媒集团，提升新疆地方媒体的综合实力和国际传播能力；新疆广播电视台在吉尔吉斯斯坦、哈萨克斯坦、塔吉克斯坦、土耳其、格鲁吉亚、乌兹别克斯坦设立办事处，增强与邻国国家媒体的交流合作，为周边国家民众关于新疆的认知增信释疑（吐尔孙·艾拜，2022）。

2019年7月3日，中国常驻联合国日内瓦办事处和瑞士其他国际组织代表团在日内瓦万国宫举办"新疆人权事业发展成就"主题会议，20余国常驻日内瓦代表的各国外交官、国际组织官员、媒体及非政府组织代表160余人参会，与会代表充分肯定新疆在人权事业取得的成绩。2021年9月29日，常驻联合国代表团与新疆维吾尔自治区人民政府共同举办"新疆是个好地方"视频交流会。交流会不仅邀请了新疆少数民族代表及在新疆生活的外国人讲述自身故事，还播放了《新疆是个好地方》主题片以及反映新疆发展成就和人民幸福生活的专题视频。丰富的内容，多样的形式让各国大使和代表纷纷为和谐美丽、团结安宁的新疆点赞。同年，中国驻美国、英国、俄罗斯、日本、巴基斯坦等13个国家的驻外使馆与新疆维吾尔自治区人民政府继续共同成功举办了"新疆是个好地方"视频交流会，邀请所在国各家代表、智库学者、宗教界人士以及主流媒体代表等参会交流，反响热烈。

近年来，应中国政府有关部门邀请，百余国家和地区的驻华大使、阿拉伯国家外交官及阿盟驻华使节、世界知名伊斯兰宗教人士、学者、媒体负责人代表团纷纷赴新疆维吾尔自治区参访，深入了解新疆经济发展繁荣、宗教信仰自由、历史文化传承和保护等真实情况，以及新疆反恐和去极端化斗争的正当性、正义性、必要性，并就新疆经济社会、人权事业、去极端化成就和"一带一路"丰硕成果给予高度评价。在密切的外事接待和国际交往场合中，新疆的真实情况除了通过代表团成员参访人文及自然景观、跟当地民众交流得以直观反馈，更通过代表团成员回到本国面对媒体的真实讲述，以及中国海外多语种频道新闻播报、采访、纪录片等多模态形式的国际传播，得以被更广范围、更深刻地了解与肯定。

"打铁还需自身硬"，除了主动向外界介绍真实美丽的新疆，面对境外谣言诽谤，中国国际电视台CGTN分梯次主题以事实有力的反击举措，对我方在国际传播领域打破西方涉疆话语框架提供启示。2019年底，一些海外政治势力通过社交媒体发布捏造所谓的"寻人贴"，部分非政府组织、媒体和学者里应外合，推波助澜，炒热话题。7月中旬，美国再次打着人权问题的幌子制裁11家中国企业。面对西方舆论几乎"一面倒"的质疑和抹黑，CGTN依托事实和数据有针对性地反击海外自媒体编造的谣言、澄清外媒不实报道；连线海外评论人、专栏作者和独立调查员，驳斥美方自导自演的政治阴谋；发布系列原创评论短视频、自采报道和多部重磅反恐主题纪录片，在官网、移动客户端和海外社交平台全网推送，并拆分成独立短视频叙事单元激发二次传播。在不到一周内得到数百家海外主流媒体互动转发、数以亿计全网阅读量和远超半数的海外网友正面支持率（钟雪娇，2020；张雪，等，2020）。内外组合、积极主动、及时精准、结合事实与评论、重视观察与思辨、联动传统与新兴媒体的回击报道不仅使部分西方媒体污名化中国涉疆政策的双标行径瓦解暴露、无路可遁，又使中国政府反恐工作成效和新疆繁荣发展现状向国际社会更好地展示。

人类命运共同体倡议下的国家话语权构建不应成为零和博弈。在需要长期浸润互动的价值观阐释传播过程中，以灵活转换叙事视角，充分发挥高校、智库、民间组织的"二轨外交"作用，就彼此共同关心的如发展经济、保护环境、抵御灾害、防治疾病、抢救文物等议题，共享智慧、加深理解互信（刘欣路，2023）。特别是新疆在脱贫攻坚事业上取得的瞩目成就，不仅可以为中亚邻国提供可借鉴的发展路径，还能够以更为新鲜的议题摆脱传统涉疆议题由西方设置的单一与被动性（王飞，等，2022）。用故事代替宣教，以小视角做大文章。破除单向思维，协作生产立体多维的叙事组合，在沟通交流中增强跨文化传播效果（邓建国，等，2023）。

真相可能会迟到，但永远也不会缺席。需要注意的是，部分歪曲事实的西方媒体不等于所有的西方媒体，英美部分政客的立场不代表整个西方政坛的声音，英语新闻载体也并不囊括其他语种的叙事。国际舆论场纷繁复杂，日新月异的人工智能技术使得语际交互更趋频繁便捷，多模态表现形式更加灵活多样。尽管西方社会的媒体话语权依然被英美政客以及他们背后的财阀资本所把控掌握，但国际传播的渠道并没有、也不可能被完全封闭。这对我们继续做好当下新疆故事的海外讲述提出新的工作要求：化整为零，加强传统媒体与新兴媒体矩阵融合，互补优势，广揽受众，提高传播效能；总结围绕过去重大事件的国际舆论形势演变，类化舆情，把握规律，预备方案，团结力量，洞悉东西方思维差异的不同语言表现，用直观的数据和实例让居心叵测者无隙可钻，用生动的故事和讲述让海外受众共情信服；重视包括英文载体以及以外其他语种的叙事，与知华媒体、友华学者展开积极联动、邀请参访、连线点评，可以澄清误解、减少国际受众认知盲区，为未来可能发生的热点争鸣预铺舆论渠道，争取国际话语权主动。

好故事胜过千言万语。2023年8月26日，习近平总书记在听取中国共产党新疆维吾尔自治区委员会和人民政府、新疆生产建设兵团工作汇报时强调："要加强正面宣传，展现新疆开放自信的新面貌新气象，多渠道多形式讲好新时代新疆故事，有针对性地批驳各种不实舆论、负面舆论、有害言论。"以铸牢中华民族共同体意识为主线，在加快构建中国特色对外话语体系中讲好新疆故事，叙事与说理结合，自说与他说呼应，想讲与想听共融，系统施策、严谨规范、自信主动、精准亲和，让全体中华儿女一同谱写的天山之歌与人类命运共同体的文明新路和弦共鸣。

参考文献

邓建国，黄依婷，2023. 何谓"中国好故事"——基于《第六声》及其新闻报道的分析 [J]. 当代传播（5）：66-71.

黄友义，2022. 从翻译世界到翻译中国 [M]. 北京：外文出版社.

李学保，2021. 边疆民族地区安全治理中的涉外因素及其应对之策 [J]. 统一战线学研究（3）：35-46.

刘欣路，2023. 中阿命运共同体视野下中国对阿拉伯世界国际传播中的价值阐释 [J]. 对外传播（2）：17-19.

孙有中，金利民，林岩，穆杨，2022. 理解当代中国·英语演讲教程 [M]. 北京：外语教学与研究出版社.

孙有中，夏登山，宋云峰，2022. 理解当代中国·英语读写教程 [M]. 北京：外语教学与研究出版社.

孙有中，张威，程维，2022. 理解当代中国·汉英翻译教程 [M]. 北京：外语教学与研究出版社.

吐尔孙·艾拜，2022. 基于框架理论的新时代涉疆对外传播路径优化研究——以沙特《阿拉伯新闻报》相关报道为例 [J]. 统一战线学研究（5）：136-146.

王飞，杜松平，2022. 美国在中亚涉疆反华的媒体操控及我国对中亚传播的策略探索 [J]. 新疆大学学报（哲学社会科学版）（5）：48-56.

张雪，郑肃，2020. 关于涉疆问题国际传播的创新思考——以 CGTN 新疆反恐纪录片为例 [J]. 国际传播（4）：40-46.

钟雪娇，2020. 中国国际电视台涉疆"反击"报道及其对国际传播的启示 [J]. 中国记者（9）：125-127.

朱维群，2014. 对抗没有出路——涉藏涉疆问题的西方立场剖析 [J]. 江苏省社会主义学院学报（2）：4-9.

外国语言文学类专业本科教学过程质量监控机制：理念与实践[1]

摘要： 本文从厘清质量监控概念入手，参照 2018 年教育部发布的《外国语言文学类专业本科教学质量国家标准》相关表述，从教育教学目标、组织构架、目标群体、保障手段、环境监控等方面深入论析，进而提出构建外国语言文学类专业本科教学过程质量监控机制的策略和建议，以期进一步完善当下高校本科教学质量监控体系，为建立一流的高校质量文化贡献智慧。

关键词： 教学过程；质量监控；机制构建；外国语言文学类

2018 年 3 月，教育部正式发布《外国语言文学类专业本科教学质量国家标准》（以下简称《国标》），明确了外国语言文学类适用专业、培养目标、培养规格、课程体系、师资队伍、教学条件、质量保障等要求，指导各高校依据《国标》"制定专业人才培养标准，修订人才培养方案，促进人才培养高质量多样化"（《国标》前言，2018），《国标》为明晰本科教育质量标准，深化外国语言文学类专业教育评价改革指明了方向。新时期背景下，高等教育评价体系的内涵不断丰富，而人才培养质量始终是高等教育评价体系的核心指标。在不断提升人才培养质量的目标下，如何做到导向牵引，有的放矢，着力构建动态监测、持续改进、追求卓越的教学过程质量监控机制？本文拟围绕以上问题进行

1　教育部新文科研究与改革实践项目（项目编号 2021180005）和新疆维吾尔自治区本科教育教学改革研究项目（项目编号 XJGXZHJG202303）阶段性成果。

2　李莉文，北京外国语大学教务处处长，英语教授，博士生导师；新疆大学天山学者特聘教授，研究方向为英语教学和高等教育管理。

梳理分析，并努力提出富有针对性的建议。

1. 核心概念

1.1 教学质量

　　教学质量是学校教育持续优质发展的"生命线"与"灵魂"。对于教学质量的内涵，《教育大辞典》将其定义为对教育水平高低和效果优劣的评价，并最终体现在培养对象的质量上（顾明远，1998）。教学质量是人才培养规格的整体结构，是不断发展形成的系统，是学校办学和教学管理的总体成果，是一个不断发展提高的动态过程（黄刚，1996）。毋庸置疑，教学质量是教学活动贯穿始终的主轴，并牵引各参与主体采取策略以动态调整的方式与其相协调、相匹配。

1.2 质量管理

　　教学质量的监控与管理是一项兼具全局性、全员性、全程性的复杂工程，并始终伴随学校教育的发生与发展，其因不同时期教育评价的标准、内容与监控的方式及范围而有所差异（蔡伟，2010）。高等学校在质量管理运行中，始终体现了质量管理专家爱德华兹·戴明（W. Edwards Deming）的质量管理的理念——PDCA循环法，即计划（Plan）、执行（Do）、检查（Check）、处理（Act）四阶段。从20世纪80年代起，基于现代教育理念，我国开始逐步探索现代高等教育教学质量管理等领域。当下，对于"质量管理"概念的内涵，学界有不同的理解，但大多数观点的核心是依据高等教育教学的目标，不断调控教学活动，保证与既定目标不偏离的过程。（李轶芳，2010）。本文将遵循《国标》对"质量管理"的界定，即"保障本科教学和科研的正常进行而开展的全程管理，包括教学质量的检查与评估以及日常管理、定期管理、过程管理和质量评估相结合的管理机制"（《国标》，2018），从教学质量监控的必要性、实施路径、保障手段等维度开展探讨，努力为高等学校外国语言文学类教学质量提升提供可资借鉴的建议。

1.3 教学质量监控

　　教学质量监控是教学管理的重要一环。在现代教学管理体系中，质量监控涉及质量标准、教材及课程建设、教学管理氛围、内外部的监督机制、评估制度、信息反馈控制等方面。项蓓丽认为：教学质量监控是一种管理工作过程，其以从专业培养目标引申出来的教学质量目标为标准（项蓓丽，2005），通过一定的组织机构，按照一定的程序，对影响教学质量的诸要素和教学过程的各个环节，进行认真的规划、检查、评价、反馈和调节（甘文丽，张瑞玲，2013），进而确保教学质量目标的有效性。教学质量监控的基本诉求是为确保教育目的及教学目标的达成策略。

2. 完善教学过程质量监控的必要性

2018年，教育部召开新时代全国高校本科教育工作会议，强调要坚持"以本为本、四个回归"，通过建立一流质量文化，坚持以学生为中心，以产出为导向，以可持续改进为目标，提升高校的内涵建设。而教学质量的监控体系建设则为其内涵式发展提供了坚实的保障，可以助力高校在内涵式发展建设过程中坚持自省、自律、自查、自纠。

其次，高校内部的质量监控体系建设为保障教育教学目标实施提供了螺旋式上升发展的完整闭环。教学工作是一项动态化的育人活动，教学目标的贯彻落实、教学计划的实施、教学环节的设计、学习效果的监测，均需通过教学质量的监控与反馈，并以此为参照进行动态化调整，从而全面掌握并改进提升教育教学质量。

此外，当前我国高等教育水平与世界顶尖高校存在一定的差距，国内高校由于软、硬件差异，教学质量参差不齐，上述非匀质化情况同样体现在质量监控体系建设中。如部分新建高校或不同类型层次的学校在质量监控体系中，不管是顶层设计还是具体实施，都存在待改进的空间，教学质量的监控也易流于形式，所以探究当前我国高校教学过程质量监控发展路径尤为重要。

3. 外国语言文学类专业本科教学过程提升质量监控实施路径

以督、评、导、改为导向的本科教学质量监控，须以学校质量保障组织为主体，依据人才培养质量目标，遵照质量监控的标准及制度，依靠多维保障手段，实现对教育环境与目标对象的监控，依据监控结果的反馈信息做出进一步改进，进而推动全员、全过程、全方位的参与背景下高等学校教育教学质量实现循环提升。值得一提的是，在高等教育教学过程中，教学质量决策系统、教学管理系统、教学督导评估系统构成了一个既相对独立又紧密相关的"三位一体"教学质量监控模式，体现了科学管理的思想。（杨静生，陈宏，2009）

在高校质量监控体系中，监控对象、监控手段、监控运行都是重要的结构组成。其中，监控对象既强调对教学过程，包括课堂理论教学、实验、实训、实习、毕业论文（设计）、课程考核等主要教学环节的质量监控，又重视对教学建设，包括专业建设、课程建设、实验室建设及各种教研教改成果的质量监控。监控方式既强调对教学工作的过程监测与检查，又重视对教学活动效果的考核与评估。监控机制既强调对学生、教师、督导、有关领导、相关用人单位及社会等各种渠道信息的收集、统计与分析，又重视相关信息的反馈与决策部门提升教学质量交换意见、措施的检查落实。

例如，通过开展教学单位教学状态评价分析、教师教学评价分析、专业建设评价分析、课程建设评价分析、课程考试评价分析、毕业论文（设计）质量评价分析、学生学习质量评价分析等工作，为教学监控提供可依据的一手资料，为提高教学质量提供策略和建议。亦可以紧密结合教学改革、实践教学和审核评估的要求开展专项检查，包括案例课程、实验课程、职业导向课程落实情况检查，毕业论文、大学生校外实践教学基地、大学生创新创业项目的检查等，进行全过程管理监控，形成各类专项检查报告，提出改进措施，进一步拓宽教学质量分析工作的广度和深度。

健全"四个三"的教学质量监控运行机制。充分发挥"学校、教学院系和教研室等三个管理层次；教务处、教学督导和学生教学信息员的巡视、检查和反馈等三支管理队伍；期初、期中和期末等三次教学检查；教学工作例会、教师教学工作座谈和学生座谈会等三种会议"等在教学监督与教学检查中的重要作用，使教学监督与教学检查形成多层次、全方位、立体化的格局。

3.1 探索建立院系教学质量管理决策组

完善院系教学质量保障架构，确保质量监控过程的信息畅通，实现快速响应和较高可控性。在外语类专业院系，由学院院长或系主任负责，依据院系教学指导委员会意见，对各外国语言文学类专业培养方案、教研室教学安排、教学检查等进行管理与部署，研究和审议学院教学建设与发展规划、专业建设、师资队伍建设、培养方案、教学改革、教学管理、教学督导与评价等重大教学问题，全面领导学院教学质量监控工作。领导组还可聘请校外同行专家、教育部高等学校教学指导委员会委员等为教学指导顾问，为各外语类专业的学科建设及发展规划提供改革思路及建议。

3.2 进一步明确教学质量保障标准

程序化和规范化的质量保障标准，是高校顺利推进教育教学，提升教育质量的基本保障，也是教学质量监控工作合理推进的重要参照系，决定着教学质量监控工作的深度与广度。外语类院校专业的教学质量保障标准体系，既需要对接国家基准的学术质量标准，符合《国标》对于外语类本科专业准入、建设和评价的规范化要求，构建包含知识、能力、素质等方面的质量标准体系，也需瞄准社会发展需求，在"培养目标、培养规格、课程体系、质量管理"等若干方面，制定操作性强的质量保障标准及规章制度，体现学校定位和办学特色（彭安臣，等，2020）。

在规范化层面，外语类院校的教学质量标准应从外语人才培养的角度出发，在课程与教学目标、教学内容与资源、教学活动与实施、课程与教学评价（教学效果）四个维度，依据外语人才的培养定位，明确厘定专业课程教学质量标准。

在操作化层面，为实现理想的外语人才培养目标，需要制定并建立系列化的规章制度，如通过建立完善的领导干部听课制度、教学督导制度、课堂教学评估体系、教学检查制度、毕业论文管理制度等，全面保障人才质量，培养出具有良好综合素质、扎实的外语基本功和专业知识及能力的各外语专业人才和复合型外语人才。

3.3 不断丰富教学质量保障手段

教学质量保障手段是确保教学质量目标达成的主要实施手段。为了全面客观地反映教学质量，高等院校应注重建立完备的质量监控方式和信息反馈渠道，主要包括领导听课制度、督导制度、教学工作检查制度、学生评教、信息员反馈制度五种方式。

3.3.1 领导听课制度

领导听课制度是目前高校加强教学质量监控的普遍措施，各级领导干部通过深入课堂了解和掌握教学一线情况，及时发现和解决教学中存在问题。领导听课制度是强化管理育人和服务教学意识，提高教学质量的重要举措。为了更好落实此项制度，外语类高校应更加注重制度的修订与职责的划分，强调参与听课人员的范围，包括学校领导、本科教学督学、职能部门正处级领导、本科教学单位党政领导、教研室主任（课型组长）等，并推动每学期校领导、院系领导及教研室主任（课型组长）听课次数均达到有关标准和要求。领导听课制度通过参与式互动、领导深入课堂等形式，全面梳理各专业教育教学基本情况，及时发现专业教师教学过程中存在的问题和不足。同时，也可以总结、推广具有示范性的先进教学经验，为各外语类专业建设及改革提供依据。

3.3.2 督导制度

督导制度是学校质量监控的重要保证。高校通常定期聘请教学经验丰富且擅长教学管理的退休专家和在职优秀教师，组成教学督导组，积极了解和掌握课堂教学的真实情况。外语类高校在推行督导制度过程中，尤其需要考虑专业性及师资等因素，也可以邀请外语教学指导委员会专家和优秀同行组成校外督导团队，对校内各类教师群体及不同语种类型的课程开展专项听课与调研工作，学校通过整理和接收督导组的信息反馈，更加全面地把握各专业教学实际情况。

教学过程质量监控的有效性，还体现在对不同主体、不同领域、不同环节的精准定位上。例如，基于当前互联网大数据的普遍应用，为高校教学质量监控提供了技术加持。对于校内外的督导专家，可以超越时空限制，在现场听课基础上，可以利用智能教室录播功能，远程动态把控教师教学全过程，进而达到教学质量监控的全覆盖。高校教学督导除了常规的"督教"外，也应充分发挥"督教、督学、督管"的作用（张丙辰，2012），助力外语类高校更加精准把握自身的发展现状、教育教学特色、师生专业背景差异，从而推进学校着力构建的教学过程质量监控体系更加贴近校情，更具可持续发展能力。

3.3.3 教学工作检查制度

教学工作检查制度是学校教学质量监控中常态化的方式，注重日常检查与专项检查并举。其中日常教学检查工作贯彻在各个教学细节，如了解把控学院内部教师的教学进度，教学内容是否遵循各专业教学大纲，教学过程是否融合语言学习和知识学习，试卷质量是否匹配专业知识达成度，实践教学是否注重包含学生的专业实习、创新创业实践、社会实践和国际交流，论文指导是否合格等，并秉持早发现、早解决的原则，旨在建立教学质量工作预警机制，并对专业教学中暴露出的问题及时进行指导。同时，注重落实各专业学期初、期中、期末全时段的全校性教学检查工作，对学生的试卷、论文等开展专项抽查，及时把握了解各环节教育教学质量，确保教学工作的正常运转和教学质量的稳步提升。

3.3.4 学生评教

在反馈机制上，由于学生作为主体直接参与学校的教育教学，其直接感受与学习的成果对于了解学校各专业的教学质量至关重要。因此，当前高校普遍通过定期的学生评教环节对专业课程的教学目标及效果进行监测，将学生评教的数据和结果作为衡量教师教学水平的重要指标，并与教师的职称晋升、评奖评优挂钩。外语类专业在学生评教指标中尤其需要关注不同语种、不同课程类型的差异，如在语言技能课程与专业知识课程、通识课程与专业核心课程，设置区分度明确的指标体系，以期更加客观真实地反映专业教学现状。另外，学生评教作为高校本科教学质量监控的重要手段，为学校的专业建设和教学改革提供可视化依据。因此，高校在建立学生评教制度时，始终要秉持"共同治理"的学生评教理念，使教师、学生和管理者共同成为教学质量的负责人，形成一种"协商"的文化氛围（王洪才，2014）。

3.3.5 信息员反馈制度

建立自上而下与自下而上的双向沟通机制，有助于高校内部各种信息的畅通与传达。外语类高校专业可以充分利用多元化的学生群体，建立包括留学生在内的学生信息员制度，让学生充分参与到学校教学质量保障体系之中，自下而上地通过学生反馈及时了解各专业日常教学及管理中存在的问题，充分落实"以学生为中心"的教育理念。另外，为确保该制度的可操作性与可改进性，外语类高校还可专门将学生信息员反馈的主要信息汇编成册，并反馈给相关的教学单位和职能部门，及时疏解教学及管理中存在的相关问题。同时，为了营造浓厚的质量文化氛围，高校也可设置专门的"教学质量活动月"或"教学质量活动周"，努力提升全校学生的质量意识。

3.4 积极拓展多指标监控渠道

作为教学过程质量监控的主要载体，多形态、多途径的教学质量监控渠道尤为必要。要建立健全一套完整、科学、严密的教学监控网络，非常有必要在人才培养方案制定与运行、专业建设与评估、课程教材建设、教师课堂教学、学生学业考核、实践实验教学、毕业生质量追踪等环节引入监控机制，积极引导多元主体参与，并着力加大外部力量在学校质量监控的权重，以此确保质量监控体系高效、科学、准确地运行，切实做到推进教育教学改革有目标、有规范、有依据。

3.4.1 突出主体意识，推进学生学习质量监控

外语类专业学习更为注重学生的大量练习及巩固，由此，定期的学习评估是学生学习成果的重要反馈指标，各专业可以据此把握学生的学习水平；毕业论文质量监测是了解学生在校学习期间语言学习成果的重要手段；毕业生跟踪反馈调查则旨在把握学校人才培养与社会需求的匹配度。在学生学习质量监控中，外语类高校须更加注重学生学习成果导向的评价，强调学生是否在掌握语言知识的基础上获得语言学习技能和多元化批判思维，主动实现从过去注重学生最终教学成绩的结果性评价向注重学生个人收获及成长的过程性评价转变；在学生评教的指标及问题设计上，更多地从学生的感受和教学效果出发，强化学生主体意识和参与意识；对于学生的学业监控，除了考试成绩考量，还可引入参考学生学业导师意见、助教表现、学生图书馆刷卡借阅频次、学生实践创新、甚至退学率等多元评价指标，积极建立科学全面的学生教学档案管理机制。

学校还可以利用信息管理平台形成学生大学期间整体学习过程的成长档案，从事后评价调整为实时动态评价（郑庆华，2017）。研究形成学生在校学习期间客观、立体的学习质量图谱，更加全面动态化地掌握学生学习成效（张进，等，2018）。

3.4.2 引导多元参与，完善教师教学监控

对于教师教学的质量监控，外语类高校宜在坚持多元主体评价前提下合理研判，积极加大专家评价和同行评价的权重。尤其是在非通用语种的教学方面，因各专业师资受限，可以通过建立外语类高校各专业教学的合作模式，加

强不同院校同语种专业师资的交流研讨，将外校专家及同行评价纳入专业教师教学质量监控体系之中，促进教师教学质量提升。

同时，对于不同类型的授课教师，推进倡导分类指导的原则，针对不同课程的教学实际，制定不同类型的教学质量评价标准，合理区分语言技能课、专业知识课、实验课、体育课、翻转课堂等形式的教学质量评价体系。在实际操作层面，高校可支持学生、相关部门及学校领导、督导、教师通过移动端实时评价和反馈，并根据平台数据的抓取与分析，对教师教学形成诊断性结论并提出有针对性的改进方案。例如，对于同一外语课程平行班的不同教师，后台可以提供横向对比数据，辅助授课教师及时分享信息，改进和优化教学方式和手段。

3.4.3 紧扣专业特色，加强专业建设监控

在各外语专业增设方面，校内教育管理部门可邀请学校专业建设委员会做好专业增设的审查工作，确定各外语专业增设的必要性和可行性；在专业建设过程中，学校可邀请校内外督导专家成员定期对高校内部的专业情况开展自评工作，如精准对照《国标》，审核专业培养目标是否与学校的教学理念及人才培养目标相匹配，专业培养规格是否清晰明确，课程体系是否符合《国标》要求，专业开设的软硬件设施条件是否具备等。在此基础上，由督导团队形成专业的建设自评报告并提交学校相关部门，及时发现不足与差距，为学校厘清本科专业建设理念提供参考，推进形成专业学科预警制度。此外，通过毕业生就业跟踪机制，针对校内就业状况不够理想、市场需求较少的专业，学校可经学术委员会讨论逐步减少其招生数量，促进各学科专业实现内涵式发展。

另外，建立基于信息技术和大数据分析的人才培养和课堂教学质量分析模型，是提升高校专业建设的重要抓手。如通过质量监测及管理平台的收集、归档、分析功能，利用数据共享功能，推进教育管理部门、相关同行及第三方专业机构，与高校实现教学信息的实时共享，相关主体和部门依据数据对专业建设进行风险预警、防控和管理，为学校教学质量管理提供更加科学、专业的评估、指导和帮助。

3.4.4 强化课程建设，注重教学资源监控

在课程建设上，应注重分学科、分课程进行质量监控。如针对外语类大

学，基于语言类专业较多的实际，对督导专家提出了更加专业、区分度更高的要求。特别是对于小语种专业课程，如果督导专家缺乏相应的语言和学科背景，在实际的督导评价中，只能从授课方式、师生互动等外部环节进行考评，而对于教育质量的核心——教学内容，则无法精准监测，对课程内容无法进行精准识别，进而会影响听课制度的推进和实施效果。因此，学校须依据学科多样性，按照不同学科领域，组建多元化的督导专家队伍，适时聘请校外同行专家进行补充，搭建科学性与权威性的"智囊团"，力争督导的"督"与教师的"评"相互促进。

此外，互联网技术的飞速发展，为高等学校变革课程教学方式、引入教学资源提供了新的可能与支持。在信息化时代背景下，国内高校积极响应2018年教育部《教育信息化2.0行动计划》，注重发展利用"互联网＋教育"，推动信息技术与教育教学深度融合。当前，外语类高校陆续开发外语语种的MOOC/SPOC及虚拟仿真课程并将其引入教学中，探索开展翻转式、启发探究式、混合式教学等新的课堂教学模式，在一定程度上优化和提升了外语专业教学效果。值得注意的是，教师利用信息技术提升教学水平、创新教学模式的现实背景，对高校教学质量监控体系提出了新挑战和要求，如对需要师生面对面互动的语言技能型课程，在线授课是否能达到相同效果等，一系列新问题需要高校加强对新型课程及教学方式的跟进与监控，避免出现质量监控的"真空"状态。因此，高校教学质量保障体系应着眼时代新变，及时关注新生教育领域的监控信息，力求真实、客观地反映教师教学水平，保障教学质量（王玉玲，2019）。在新的教学形态下，高校相关部门如何对教师线上教学进行质量监控、如何对任课教师在岗情况、执行教学规范情况、班级教学秩序与学生学习状况等进行实时、动态监测，都是亟须积极破解的关键性问题。

3.5 对策与建议

完善的教学质量监控体系与运行机制不仅需要重视监控，更应不断探索，积极改进需求与提升策略，尤其在按照PDCA基本运作方法时，要突出质量监控的实际意义与价值，这样才能形成一个质量发展与提升的闭环，实现外语类高校内涵式发展。高等学校如果仅仅将视野定位为"督"和"评"，缺乏对自身学科特色的认知和探究，则必然会缺乏特色，走上同质化、雷同发展之路，进而不可能实现以学科特色为底色的教育教学质量发展。

因此，外语类高校在抓好常规监控工作的同时，尤其需要关注"导"和"改"，持续关注监控中亮红牌的教师和学生，关注课程教学中存在的"水课"现象。同时，根据相关问题，不断完善监控体系，积极整改，持续跟踪、改进与复核才能创造一流专业，才能建设一系列高阶性、创新性、挑战度高的线下"金课"、线上"金课"、线上线下混合式"金课"、虚拟仿真"金课"和社会实践"金课"，从而推进学校教学质量常更常新，不断追求卓越。

本文结合教育部 2018 年发布的《教育部关于加快建设高水平本科教育全面提高人才培养能力的意见》（教高〔2018〕2 号）中提到的加强大学质量文化建设需完善质量评价保障体系，强化高校质量保障主体意识，强化质量督导评估力度，发挥专家组织和社会机构在质量评价中的作用，努力构建一个动态监测、定期评估和专项督导的新型教学过程质量监控机制，紧紧以外国语言文学学科特点为聚焦点，以"质量"为中心，以全员参与为依托，以多样化质量管理方法为实施路径，着力实现循环往复、不断修正完善、持续提升的高校质量监控系统，更好地助力学校教育质量持续改进与稳步提升，将教学质量打造为学校质量管理工作的"金钥匙"，全面建构高校教育教学质量工程。

以本为本，执本末从。外语类高校教学质量监控工作，首先要强化各参与主体的质量意识，努力唤起教师、学生、学校三方主体责任与意识，通过质量管理监控多种手段和渠道，依托外语类专业校本校情，实时敏锐地发现学校教育管理和专业教学环节中存在的不足。其次，针对外语类专业教学中存在的问题，及时广泛开展调研，主动征求多方意见和建议，如通过质量监控，发现课堂教学环节出现的单向输出问题，推进课堂教学中师生的互动，从普遍的"沉默"状态向"回答""互动交流""提问质疑""辩论"状态转变，推动课堂教学达到五个"实"的标准，即有意义（扎实）、有效率（充实）、生成性（丰实）、常态性（平实）和有待完善（真实）（杨小薇，等，2016）。最后，要确保整改措施落实到位，不流于形式。对于没达到整改要求的教师的职业路径规划，如教学排名持续靠后的教师的转岗需求，如何转岗等一系列问题，完善整改方案，学校教学管理部门与相关的职能部门等协同处理，探索制定具有可操作性的一揽子方案。

行之力则知愈进，知之深则行愈达。探索具有中国特色的教学质量监控体系，外语类学校需要在实践中善作善成、锐意进取、不断追求卓越。依据《国标》要求，外语类高校要紧密结合办学实际和发展目标，着眼国家战略需求，把握时代新变，依托大数据资源，积极构建教育基本标准，确立人才培养要求，主动对照要求，不断建立和完善本科教学自我评估制度。通过引入督导评估等方式，引导学校合理定位，办出水平，办出特色，推进教学改革，提高人才培养质量。通过多元主体参与教学质量评估，进一步完善督导评估机制，形成动态监测、定期评估和专项督导的新型评估体系，不断推进教学质量的改进提升，夯实高校质量监控制度基础。2019 年，教育部启动实施了"六卓越一拔尖"计划 2.0，计划在 2019～2021 年面向所有高校、所有专业，全面实施改革计划，该计划是面向我国高等教育人才培养体制机制的综合改革，是对我国高等教育质量的重新定位与全面提升，对我国高校教学质量的改革与提升提出了鲜明的指导性意见。在此背景下，高等学校教学质量监控探索和研究政策明确，方向清晰，空间广阔。

参考文献

蔡伟，2010. 论教学质量标准的监控 [J]. 全球教育展望（5）：24-30.

甘文丽，张瑞玲，2013. 基于SSH的高校院系教学质量监控与信息反馈系统 [J]. 长春师范学院学报（自然科学版）（1）：5.

顾明远，1998. 教育大辞典 [M]. 上海：上海教育出版社.

黄刚，1996. 高等学校教学质量管理系统 [M]. 桂林：广西师范大学出版社.

教育部高等学校教学指导委员会，2018. 普通高等学校本科专业类教学质量国家标准 [M]. 北京：高等教育出版社.

李倩，刘坤，孟艳杰，2010. 多层次结合的校内教学质量监控体系研究与实践 [J]. 现代教育管理（6）：51-53.

李轶芳，2010. 从过程模型的视角审视教学质量监控的有效性问题 [J]. 中国高教研究（7）：87-89.

廖春华，李永强，欧李梅，2015. "三维一体"高校本科教学内部质量监控体系的构建 [J]. 高等工程教育研究（2）：115-120.

彭安臣，曾杰，赵显通，2020. 学术标准与程序规范的有机结合——伦敦大学学院教学质量保障体系特色 [J]. 高教论坛（6）：121-124

彭旭，2009. 试论新建地方本科院校教学质量监控体系 [J]. 黑龙江高教研究（11）：83-85.

秦梦华，李红霞，张旭东，察可文，2007. 构建"以人为本 、三维一体"的教学质量监控体系 [J]. 教育研究（11）：83-87.

（美）W . 爱德华兹·戴明，2003. 戴明论质量管理 [M]. 钟汉清，戴久永，译. 海口：海南出版社.

王洪才，2014. 论大学生评教中的文化冲突 [J]. 华中师范大学学报（人文社会科学版）（5）：146-152.

王玉玲，2019. "多主体、宽渠道"高校教学质量保障体系构建研究 [J]. 吉林农业科技学院学报（3）：52-55.

吴立平，刘凤丽 ，2016. 应用型本科高校教学质量监控体系及运行机制构建 [J]. 黑龙江高教研究（1）：35-37.

杨金来，吴乐珍，2013. 地方开放大学教学质量保证体系的架构研究 [J]. 现代远距离教育（5）：17-22.

杨静生，陈宏，2009. 高职学院"421"教学质量监控体系研究 [J]. 中国职业技术教育（23）：12-15.

杨小微，张权力，2016. 教学质量改进的再理解与再行动 [J]. 课程·教材·教法（7）：17-24.

张丙辰，2012. "以人为本"的高校教学质量监控体系及实施策略 [J]. 黑龙江高等教育（7）：52-54.

张进，杨宁，陈伟建，樊华，2018. 评估视角下高校教学质量保障体系的重构 [J]. 高等工程教育研究（3）：137-141.

张烈平，冯兵，李德明，2013. 地方高校毕业设计（论文）质量保障机制的构建与实践——以桂林理工大学为例 [J]. 高教论坛（1）：21-23.

章瑞智，2014. 高校本科教学质量监控长效机制的探索与实践——以杭州师范大学为例 [J]. 教育理论与实践（15）：6-8.

郑庆华，2017. 运用教学大数据分析技术提高课堂教学质量 [J]. 中国大学教学（2）：15-18+39.

"双一流"建设背景下高校在地国际化实践探索[1]

——以北京外国语大学暑假国际小学期为例

何　苗[2]

摘要： 当今世界正在经历百年未有之大变局，面对复杂多变、挑战与机遇并存的国际形势，深化高校国际化人才培养模式的创新是统筹推进"双一流"建设的重要组成部分。形式灵活、内容丰富、对外依存度低、稳定性强、惠及性突出的暑期学校作为一种在地国际化举措，在拔尖创新本科国际化人才培养方面具有独特优势。以北京外国语大学暑假国际小学期为例，研究并反思其办学模式、办学现状、办学效果，从项目、学校、国家三个层面为我国高等教育在地国际化发展提供思路和充分借鉴。

关键词： "双一流"建设；在地国际化；暑期学校

2015 年 8 月，我国做出统筹推进建设世界一流大学和一流学科（以下简称"双一流"）的战略部署，高等教育发展由此进入了新时代。随着我国"双一流"建设和"一带一路"倡议的正式展开以及《关于做好新时期教育对外开放工作的若干意见》《推进共建"一带一路"教育行动》《中国教育现代化 2035》《教育部等八部门关于加快和扩大新时代教育对外开放的意见》等系列重要文件的发布，进一步促进我国高等教育国际化发展模式创新、构建直接服务于经济和文化发展的国际化能力体系成为我国高校尤其是"双一流"高校在推动高等教

1 2023 年北京外国语大学本科教育教学改革研究项目资助（项目编号 XJJG202305）。
2 何苗，任职于北京外国语大学教务处，研究方向为美国研究、通识教育研究。

育治理模式变革中的重要议题。

近年来，尤其是步入后疫情时代，全球化进程及国际变局带来的挑战，使得当前我国的国际化人才培养面临着诸多困境，而形式更灵活、内涵更丰富、对外依存度更低、稳定性更强、惠及性更突出的暑期学校作为一种在地国际化办学模式，在拔尖创新人才培养、本科教育国际化方面表现出了独特优势，深受国内高校青睐。因此，探索国内外暑期学校的起源与意义，尤其是以北京外国语大学暑假国际小学期为例，厘清办学理念、总结办学模式、分析办学现状、评价办学效果以及思考发展与创新，对于优化以北京外国语大学为代表的我国本科教育教学资源配置、提高本科教育教学质量、加强本科教育教学国际化具深远的重要意义。

1. 暑期学校的起源与意义

暑期学校起源于西方，多指高校在暑期聘请优秀师资，开设选修课程，并予以学分互换认定的项目，因其开放、包容、便捷等优越性在美国、欧洲及全球逐渐受到推崇并流行至今。暑期学校起始于 1871 年美国哈佛大学，针对美国中小学教师的植物学暑期培训课程，被认为是暑期学校的雏形（项聪，等，2022），随后逐步发展成为拥有完整课程体系的全美最大规模的暑期学校（Harvard University, 1898）。正如刊登于 1901 年《教育杂志》（*The Journal of Education*）的哈佛暑校招生信息所述："暑校时间为 7 月 5 日至 8 月 15 日，提供 55 门课程，涵盖语言、历史、政府、心理学、教育学、艺术、音乐、数学、科学和体育训练。"（Harvard University, 1901）哈佛大学暑期学校教学组织形式的优越性逐渐被美国其他高校所认识，暑期学校开始变得普遍，形式变得多样。根据最新数据显示，美国共有面向各层级的各类大学暑期项目 301 个，以招生对象为统计依据：高中生的 95 个，本科生的 87 个，研究生的 64 个，博士生的 55 个[3]。其中，在招收本科生的所有暑期项目中，不同项目又有不同的课程形式、奖助学金条件和生源要求（表 1）。

---

3 数据来源：Summer Study in the USA 官网统计数据

表 1 面向本科生的美国大学暑期项目（个）

课程形式	住宿制	17	奖助学金	免学费	2	生源要求	可招收国际生	70
	走读制	17		仅资助国内生	37		仅招收国际生	6
	住宿制／走读制	53		可资助国际生	25		J-1 签证	10
	在线授课	50					F-1 签证	19
	线上线下混合教学	10					旅游签证	5

暑假学期经过一百多年在美国、欧洲和亚洲等各国的实践，其优势不言而喻。第一，暑校通过以更灵活多样的专业外课程、科研项目训练、学术讲座等形式为学生提供了更多智力和能力发展的机会，国内外不同教育、文化、语言、专业背景的学生同堂上课更是为跨文化交流提供了宝贵的机会。第二，暑校的设置不仅可以使老师们充分利用暑期时间，为增加收入提供机会，亦能为促进教师间的学术交流提供平台。第三，良好的暑校管理与运作能够行之有效地提升学校知名度和影响力，同时有利于优化学校教学资源的使用。

2. 国内大学暑期学校的发展现状

我国暑期学校的发展历史最早可追溯至中华民国时期。1920 年，在陶行知、郭秉文等人的努力下，南京高等师范学校率先在全国开办暑期学校（胡子龙，等，2023），旨在通过改造教育来改造社会、"一室而二校之用"、扩大教育效能、服务于社会的实际需要。根据南京高等师范学校的历史追溯数据显示，1920～1923 年，南京高等师范学院及其此后的东南大学连续四年举办暑期学校，共招收来自全国 18 个省市的正式学员 3815 人，学习时间为 40 多天，根据学员的文化程度及其工作需要，分成小学、中学、大学、国语、教育、特殊学程、职业教育等班级，开设 39 门课程。虽然南京高等师范学校开办的暑期学校产生了很大影响，并在全国范围带动了大办暑期学校的热潮，但是现代意义上的暑期学校是直到进入 21 世纪后才逐渐兴起并在近几年逐步盛行的。特别是 2002 年北京大学和清华大学开始设置暑假短学期，并于 2004 年正式形成了"两长一短"的三学期制之后，暑假学期以多元化的学习模式和全球化的社交平台备受广大学生的肯定。此后，复旦大学、厦门大学、南京大学、中国农业大学、云南农业大学、安徽大学等 50 多所高校陆续开展学期制改革，举办暑期学校（龚月娟，等，2021）。

以促进优质教学资源的广泛共享与深度整合为核心，旨在全面提升大学生的学术素养与实践创新能力，各大学纷纷采取差异化策略，精心规划暑期学校的课程设置与教学模式。在教学内容安排上，综合性院校凭借其丰富的国际合作资源与深厚的学术底蕴，往往倾向在暑期学校中引入一系列国际交流项目前沿课程，旨在拓宽学生的国际视野，聚焦学科发展最新动态，激发创新思维。如北京大学、清华大学、中国科学技术大学、厦门大学等，暑期学校改革成效显著，具体表现在：人才培养模式更加灵活、多元化和国际化；教学模式向探索性、实践性转变；建立了教学内容持续更新的机制；形成了跨学科人才培养机制等（乔连全，等，2015）。在课程设置上，各大学展现出高度的灵活性与创新性。一方面，部分高校坚持传统的暑期学校模式，明确区分必修与选修课程；另一方面，为了更好地适应学生个性化需求与时间安排，一些高校开始探索暑期教学活动的非固定化模式，即打破传统暑假学期的界限，将暑期课程、科研项目、社会实践等教学活动融入整个假期之中，不设定严格的起始与结束时间；甚至，部分高校直接取消了暑假学期的概念，转而采取全年制或模块化教学模式，将暑期视为教学计划的有机组成部分。如安徽大学自 2018～2019 学年开始不再设置小学期，回归到传统的两学期制，每学期20周；又如复旦大学自 2016～2017 学年开始，校历中不再设置"暑期小学期"，仅在校历的备注中明确暑期教学活动开始的时间，并列举了暑期教学活动的内容，但是没有明确暑期教学活动的结束时间（龚月娟，等，2021）。

经过二十余年的实践，我国部分高校通过不断调整和改进，已形成了较成熟的暑期学校教学管理和运行体制，我国部分高等院校已成功构建了一套相对成熟的暑期学校教学管理体系与运行机制，其在课程设计、招生对象及学分认证体系上，显著区别于以美国为代表的国际暑期学校模式，展现出独特的本土化发展路径。在课程设计层面，我国暑期学校聚焦于课程学习与科研训练两大核心领域，旨在丰富学生的知识储备，强化学生的综合素养。在招生层面，我国暑期学校的课程虽具针对性，但在开放性与包容性上略显局限，主要表现为除少数学府（如北京大学、山东大学）外，多数暑期学校仍局限于校内学生群体，未能充分实现教育资源的社会共享。在学分互认层面，美国如哈佛大学等学府的暑期学校课程，不仅在本校内部享有高度认可，在国际上亦具备广泛的互认性，促进了全球教育资源的流动与共享。相比之下，我国暑期学校的学分认证体系尚处于逐步完善阶段，主要集中于校内学分的认可，校外及跨校学分互认虽已有初步尝试（如北京大学暑期学校课程的跨校认可），但仍未形成广泛而系统的制度性安排，限制了学生在更广阔范围内获取与累积学分的可能性。

综上所述，自20世纪80年代以来，中国高校暑期学校的举办历程显著地呈现一个由量变到质变的演进轨迹，具体表现为数量由少到多、开放程度由低到高、内容形式持续丰富、多元化和国际化程度不断加强。这一过程深刻契合了我国经济实力、综合国力和国际影响力持续增强的宏观发展态势，是高等教育领域积极响应国家发展战略、主动融入全球化进程的重要体现。

3. 北京外国语大学的暑假国际小学期

北京外国语大学深入学习贯彻习近平总书记关于教育的重要论述和给北京外国语大学老教授们的回信精神，传承红色基因，服务国家战略，以建设国际化、重特色、高水平、综合型的世界一流外国语大学为办学目标，实施人才强校、学术兴校、全球立校战略，以"语通中外，道济天下"为使命，培养更多有家国情怀，有全球视野，有专业本领的复合型人才，致力于成为中国外语教育发展的引领者、服务国家全球战略的智库、中华文化向世界传播的重要基地，在推动中国更好走向世界，世界更好了解中国上做出新的贡献。

3.1 办学理念

北京外国语大学暑假国际小学期（后简称"小学期"）以推进在地国际化为主要目标，以拓展国际化通识课程为主要抓手，以惠及全体在校生为主要落脚点的办学理念，不断整合国内外一流教育教学资源，运用线上线下教学方式，融合知识、能力、思维和品德提升，通过用不同外国语言讲授不同学科领域的专业课程和通识课程，结合高质量的课程学习和丰富的文化体验活动，帮助学生在全球化背景下不断提升学科素养和国际化素养，为促进学生批判性思维能力、跨文化交流能力和全球领导力的提升提供平台，是学校培养拔尖创新人才的新举措。

3.2 办学模式

小学期采用校院两级协同管理的办学模式，在以全日制校内本科生为核心受众群体，同时秉持开放包容的教育理念，向与本校签订有合作协议的国内外高等院校及孔子学院提供学费减免的优惠政策，以此促进国际间教育资源的共享与交流。此外，该项目亦积极欢迎并鼓励来自世界各地的其他优秀学生申请参与，旨在构建一个多元化、国际化的学习社群。校内学生完成修读可获得国际通识学分[4]，校外学生完成修读可获得项目证明和成绩单。

就小学期的组织架构而言，学校教务处作为核心枢纽，承担着整体战略的统筹协调与规划职责，确保小学期项目的有序推进。在此过程中，21个本科教学单位通过对专家学者的精心推荐、课程内容的严格评审以及对学生选课需求的高效服务，共同成就了小学期课程的多样性与高质量。同时，其他若干校级机关单位积极响应，形成支持合力，保障暑期教学。其中，国际交流与合作处和孔子学院负责项目的海外宣传以及海外学生的招生及保障，信息技术中心、后勤管理处、图书馆、体育馆和保卫处共同保障暑假期间的师生教学、科研和校园活动的顺利进行，共同营造一个积极向上的校园氛围。就管理架构而言，教务处下设的国际教育办公室为小学期的主要管理部门，负责暑期课程的编排、教学质量的监控、课程考核的安排以及学生成绩的认定等教学活动。此外，办公室还创新性地通过委托第三方机构的形式，不仅高效协调授课专家的行程安排与住宿服务，还精心策划了一系列丰富多彩的文化体验活动，旨在传播中华文化的精髓，讲述中国发展的生动故事，从而深化中外文化交流，促进教育领域的国际合作与理解（图1）。

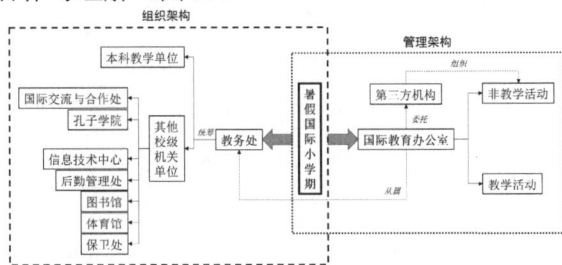

图 1 北京外国语大学暑假国际小学期组织与管理架构图

4　学校从2021级学生开始实施新版培养方案，将小学期修的学分作为国际通识2学分，纳入"7+1"通识总学分之中。在此之前，小学期学分可根据学生需要经教务处认定为学期中的学科方向课或对应通识课模块的课程学分。

3.3 办学现状与特色

北京外国语大学结合自身优势和特点，依托多语种、多学科优势，通过依法自主开展与国外大学、国际机构的协作，不断推进小学期的发展。据统计，2016～2023年，学校每年7月举办小学期项目，累计开设课程171门次，选课学生达到3675人次。2020年因疫情小学期停办，在此之前平均每年开设31门课程、选课学生达490人次。受疫情影响，2021年和2022年小学期采用线上教学的模式，分别开设15和14门课程，选课学生分别达218和436人次。随着疫情影响的减弱，2023年小学期重返线下，开设18门课程，选课学生达1062人次，创历史新高。随着课程体系建设的持续优化，小学期项目已日益凸显其作为学校通识教育课程体系中不可或缺的有益补充角色，成为推动学校在地国际化发展战略实施的关键举措。该项目主要展现出以下几方面鲜明的办学特色。

首先，优质教学资源不断整合，课程模块和内容持续丰富。小学期以提升本科人才培养质量为核心目标，实现与国际先进教学资源的无缝对接与深度交流，从而有效拓宽本科生的国际视野。小学期精心构建了多元化的课程体系，现已实现英语、德语、法语、西班牙语、俄语、日语等不同授课语言的学科方向类课程和通识类课程的覆盖，不仅体现了对语言多样性的尊重与包容，也彰显了跨学科融合的教育理念。此外，课程结构被精心划分为六大模块："历史、哲学与比较文明""社会科学与区域研究""身心健康与自身发展""文学、艺术与文化研究""语言、交流与跨文化传播""科学技术与社会发展"，通过聚焦特定的知识领域与技能培养，形成一个既相互独立又紧密联系的有机整体。

同时，招生对象和形式日趋多样，学生跨文化沟通能力得以锻炼。除面向北外全日制在读学生，小学期一方面吸纳了来自北京市内英语专业群及西葡语专业群合作院校的优秀学子，实现了知识与资源的共享；另一方面，项目积极响应国家教育对口支援政策，重点面向西藏民族大学、新疆大学以及中国石油大学克拉玛依校区等对口支援学校，鼓励并支持其学生积极参与，促进了教育资源的均衡分配，加深了民族间、地区间的相互理解和尊重。除此之外，小学期还吸引了来自全球五大洲超过250所与北外建立国际合作关系的大学及孔子学院的外国留学生。这一多元化的学生构成，不仅极大地丰富了校园文化的多样性，更为学生们提供了一个全球化的学习与交流环境，极大地锻炼了学生的跨文化沟通能力。据统计，2016～2023年，小学期累计招收超过800名非本校国内外学生，这一数字不仅见证了小学期影响力的不断扩大，也深刻反映了其在促进国际教育合作、提升学生跨文化素养方面所取得的显著成效。

此外，教学形式设置更加灵活，教学活动与文化活动结合更加紧密。小学期坚决落实以学生为中心的教学理念，根据课程特性、学生需求及外部环境变化，巧妙融合线上与线下教学模式，构建一个既高效又富有互动性的学习环境。2016～2023年，小学期累计开设课程171门次，其中线上课程占比显著，达47门次，这些课程无论以何种形式呈现，均以其独特魅力赢得了师生双方的高度赞誉，彰显了教学创新的成功实践。与此同时，学校不仅专注于学术知识的传授，更致力于文化活动的丰富与拓展，通过携手第三方专业机构，精心策划并成功举办了一系列丰富多彩的文化体验活动。这些活动涵盖了中华传统文明的深度探讨（如专题讲座）、书法艺术的亲身体悟、武术技艺的直观体验、京剧艺术的精彩呈现以及中医药文化的实地探访等多个维度，为国内外的老师和学生提供了沉浸式的文化学习体验，加深了中外人文交流与理解。

3.4 办学效果

作为北京外国语大学拔尖创新人才培养战略中的一项关键举措，小学期不仅深刻体现了教育理念的革新与国际视野的融合，更在学生发展、师资队伍建设以及学校整体办学实力提升等多个维度上展现出了显著的积极效应。

首先，学生的知识和能力得以全面提升。以2023年的小学期课程评估的详尽数据为佐证，98%的学生喜欢课程所教授的学习内容，97.17%的学生认为课程学习内容对于我未来学习有所助力。在能力提升的具体层面，94.44%的学生认为小学期课程能够提升其语言能力，96.22%的学生认为能够提升跨文化交际能力，96.96%的学生认为能够提升批判性思维能力[5]。

其次，教师队伍得以锻造与成长。小学期期间举办的各类型学术讲座与互动活动，为北京外国语大学的教师队伍提供了一个与国内外同领域优秀专家学

---

5 数据来源：关于2023年暑假国际小学期教学课堂评估的953份有效问卷。

者交流智慧结晶、分享研究成果的宝贵平台。此外，教师们还有机会观摩并学习不同教学方法的应用与实践，这对于他们改进教学策略、提升教学效果具有直接的指导意义。

最后，学校的国际影响力得以显著增强。通过小学期项目，学校不仅深化了国际交流合作的广度与深度，更有助于一套长效国际交流机制的构建，为未来的国际合作项目铺设了宽广的道路。小学期通过其独特的课程设置与教学模式，为来自不同文化背景的学生搭建了一座沟通与理解的桥梁，展示了北外作为中国高校在推动全球教育合作与发展中的积极贡献与责任担当。

4．"双一流"建设背景下对小学期发展的思考

习近平总书记在主持中共中央政治局第五次集体学习时强调，要完善教育对外开放战略策略，使我国成为具有强大影响力的世界重要教育中心。习近平总书记的重要讲话着眼长远发展，为我们加快建设教育强国，提升中国教育的国际影响力，为全球教育治理贡献中国方案、中国智慧指明了方向，具有十分重大的战略意义。在"双一流"建设背景下，小学期作为北京外国语大学推动拔尖创新国际化人才培养及学科建设的重要载体之一，则需进一步在以下方面进行探索。

第一，强化国际化特色，促进国际交流，提升全球影响力。应秉持开放包容的原则，积极融入全球教育生态，有效利用并整合世界一流教育资源，特别是深化与已建立稳固合作关系的国际知名高校的战略伙伴关系。课程国际化并非局限于对英文课程的建设，而是强调在与本地文化进行关联的前提下，通过引入国外高校的课堂组织方式、教学法、学习成果的评价方式等教育教学要素以及通过与外籍教师和国际学生的教学或学习互动，使本地学生置身于一种多元文化和多样化的知识环境中（郑淳，等，2023）。因此，国际化的小学期课程不仅要在教学资源层面进一步做好"引进来"这篇大文章，丰富学校暑假小学期项目的教育供给，更需通过构建多元化的国际交流平台，实现教育理念、教学方法及科研成果的深度交融与互鉴。通过邀请国内外知名学者、专家、政要等来校授课，加强学校与国际各领域间的联系与合作，进而提升学校的国际声誉与地位。

第二，优化课程设置，讲好中国故事，数字赋能教学方法。高等教育在地国际化的核心是将全球维度和跨文化性融入课程之中，以国际化课程为载体开展教育活动（刘宝存，等，2023）。学校应积极响应时代需求，加速小学期跨学科课程的构建与深度融合，打破传统学科壁垒，从而培养出具备跨学科思维与创新能力的复合型国际化人才。在此过程中，尤为重要的是加强讲好中国故事、传播中国经验、发出中国声音的课程开发与建设，以此吸引更多国际学生的关注与参与，使小学期成为向世界展示中华文化、提升中国软实力的重要窗口与平台。同时，小学期需紧跟教育信息化浪潮，积极探索和采用现代化的教学方法与手段优化教学设计、增强学习体验，如线上线下融合教学、大数据、云计算、人工智能、虚拟仿真等，打破地理界限，实现远程国际化教学。

第三，强化学生交流互换机制，拓宽交流互换渠道，优化奖助学金制度。基于学校与全球超过 250 所合作大学及孔子学院所构建的国际教育网络，学校应深化校际合作，制定更为详尽与灵活的交流互换计划，加大力度推动暑假期间访问学者与学生之间的交流互换项目，实现教育资源的优化配置与共享。同时，建立更加完善的小学期国际学生招收、管理与服务体系，确保国际学生在暑假期间的学习、生活得到全面支持与保障，营造开放包容、和谐共进的国际化校园环境。在奖、助学金方面，学校应进一步扩大小学期奖、助学金的覆盖比例与资助力度，通过设立专项基金、增加奖学金名额、提高奖学金额度等措施，减轻非本校学生报名小学期的经济负担，激励更多优秀的校外学生积极参与。

第四，应用新技术媒介，完善管理与服务体系，加大宣传力度。课程建设只是人才培养环节的局部，真正培育具有国际化视野的人才，需要全方位资源的打造和供给（陈思琪，等，2021）。学校需持续改善基本办学条件，丰富办学资源，积极拥抱新技术媒介，增强数字资源和网络环境等软实力。打造集招生、宣传、教学、科研、管理、服务为一体的综合性小学期教育平台，构建智能化管理体系，优化管理流程，提升服务效率，实现学生管理、教师支持、后勤保障等各个环节的精准化与高效化。最后，学校还应注重宣传工作的战略性与实效性，抓住关键节点与渠道，大力开展宣传活动，展示学校小学期的办学成果与特色优势，提升小学期的知名度，吸引更多国内外优质教育资源，招收更多国内外优秀学生。

5. 结语

当今世界正在经历百年未有之大变局，面对复杂多变、挑战与机遇并存的国际形势，坚持通过举办暑期学校等形式的在地国际化扩大教育对外开放，不断促进中外人文交流互鉴，才能为我国培养更多时代所需的国际化人才。在"双一流"建设背景下，北京外国语大学小学期的发展将继续紧扣拔尖创新国际化人才培养的核心目标，通过不断优化课程设置、提升教学质量、加强师资队伍建设和完善管理与服务体系等措施，推动小学期向更高水平、更高质量发展。

参考文献

Harvard University, 1898. Harvard Summer School[J]. The Journal of Education, 47（13）: 194.

Harvard University, 1901. Harvard Summer School[J]. The Journal of Education, 53（14）: 226.

陈思琪，焦敏，2021. 高校"在地国际化"教育发展动因及策略探析 [J]. 海外英语（16）: 118-119.

龚月娟，袁艺，彭开松，周晖，胡霞，秦逊，徐静，岳蕾，2021. 普通高等学校实行小学期制的成效及存在问题——以安徽农业大学为例 [J]. 高教学刊（33）: 53-56.

胡子龙，韦春霞，2023. 浅议"双一流"建设背景下的暑期学校发展 [J]. 教育观察（12）: 22-25.

刘宝存，苟鸣瀚，2023. 高等教育在地国际化的关键经验与中国选择 [J]. 中国高等教育（19）: 40-43.

乔连全，辛丽清，2015. 三学期制改革：意义、困境与出路 [J]. 中国大学教学（9）: 62-67.

项聪，郭雅兰，2022. 工程教育认证的内在逻辑及自我超越 [J]. 高等工程教育研究（4）: 65-69.

郑淳，闫月勤，2023."双一流"高校推进在地国际化的价值机理与逻辑理路 [J]. 高等理科教育（4）: 16-27.

提高初学者口译技能的教学行动研究[1]

蒋华梅[2]

摘要：本研究基于一线教师的课堂教学开展行动研究，探究实际口译教学中的痛点，即口译理论的教学活动设计以及口译基础技能的训练方法，提出了"口译理论与技巧"课程的教学思路。研究基于口译能力及译员能力构成，阐释了口译学习者应培养的口译技能，详细介绍了教学中对应技能的基础训练方法，阐述了训练步骤。基于课堂实践，介绍了口译理论的学生活动设计；通过细化课程考核评价标准以及明确任务指令提高学生训练效果。文章旨在引起师生对口译基础训练的重视，同时，通过课程中口译理论的活动设计为口译教学提供参考。

关键词：口译技能；口译训练方法；口译教学；行动研究

1. 引言

口译教学途径一般分为三种：口译技能教学途径、口译专题教学途径、口译（模拟）实战教学途径，其中技能训练居中心地位，语言训练起到重要辅助作用（詹成，2017）。技能教学是口译教学的基础和关键，对口译能力的提高很有必要。即使语言水平高、实践时间长，只要缺乏基本的训练，也不能有效弥补技能技巧的不足（蔡小红，2001）。尤其是对于没有系统学习过口译的学习者，基础训练极其重要，掌握基础训练方法将有助于其开展自主学习训练，为后期口译专题训练打好基础。当下，培养既有丰富专业知识又有口译技能的

---

1 新疆大学 2023 年研究生精品示范课程"口译理论与技巧"研究成果（项目编号 XJDX2023YJPK08），并受 2023 年新疆维吾尔自治区本科教育教学改革研究项目（项目编号 XJGXZHJG202303）的资助。
2 蒋华梅，新疆大学外国语学院讲师，研究方向为外语教育教学研究。

复合型人才是口译教学的核心议题（任文，2019）。学者们关注口译输入、转换和输出阶段的技能培养，探究其训练方法和材料的选择（刘先飞，2016；白佳芳，2011）。王斌华（2012）基于译员能力的三个发展阶段设计了口译教学三环节的具体方案。王丹（2021）聚焦口译技能教学，列举了口译各个阶段子技能相应的教学活动，以交传中的笔记教学为例，展示了具体设计。目前对于口译技能基础训练方法和课堂实施效果的实证研究仍然很少。学生口译基础训练实施中具体存在怎样的问题，如何进行有效的训练是需要解决的关键问题。

2. "口译理论与技巧"课程教学现状

"口译理论与技巧"课程是外国语言文学一级学科翻译专业硕士教育（MTI）的基础学位课程，在翻译硕士第一学期开设，共 16 周，32 个学时。根据《翻译硕士专业学位研究生核心课程指南》，"口译理论与技巧"课程是构建口译理念和基本技能的综合性课程，包括口译基础技能和理论概述。目前，课程班级容量为 30 人。本课程旨在让学生掌握口译基本理论的同时，锻炼其口译技巧，培养其关心时事的信息意识，提高其跨文化交际和英汉语言互译能力。在价值观及情感方面，注重培养学生的家国情怀，提升其政治素养和文化素养，增强民族文化自信心，实现思政育人总目标。该课程是构建口译理念和基本技能的综合性口译课程，传统的教学模式并不适合这种理论与实践结合的课程。通过前期调查，目前课程教学对象中 82.26% 本科专业为英语或与英语相关，17.74% 与英语不相关，56.45% 的学生表示曾经上过口译课，43.55% 没有上过口译课。如何在每周 2 个课时的情况下实现理论与实践的深度融合，让学生充分参与到课程中来，是教师需要思考并解决的问题。

传统口译课堂往往以学生听材料做练习、师生点评为主，重视语言文字表层的理解和表达，课堂训练时间有限，教师无法关注到每一位学生。"口译理论与技巧"课程团队注重学生的深度参与，课堂设计中，基于学生的问题反馈和教学效果持续调整教学设计，精心设计教学活动，丰富课堂形式；在注重理论技巧知识学习的同时，强化口译基础训练，打好基础后开展基于主题的交传训练。口译基础训练方法的掌握有助于提升学生自信心，继而发挥学生的学习主动性，促进教和学的效果。同时，课程设计中注重以本区域的翻译市场需求为导向，增加了与新疆本地特色相关的练习语料，如亚欧博览会、新疆旅游等，做到课程内容市场化，突出课程的专业指向性和实践性。

3. 与研究相关的概念

3.1 口译能力和译员能力

丹尼尔·吉尔提出的同声传译和交替传译的精力分配模式（口译多任务处理模式），认为同传中译员面临的多重任务包括：听力与分析（listening and analysis），短时记忆（short-term memory），言语产出（speech production）以及协调（coordination）。当译员进行同声传译时，需同时完成上述任务。译员本身具有的总体能力须大于或等于各项任务需要的总体处理能力，若译员在翻译过程中不能协调好精力分配，出现精力分配失衡问题，就会很容易造成口译失误的现象。只有对精力进行合理的协调、配合，才能顺利完成口译工作。交替传译中的多重任务主要涉及两个阶段：理解阶段（或听和记笔记阶段）及言语表达阶段（或重构阶段）。在听和记笔记阶段的具体任务包括听和分析、记笔记、短时记忆操作、协调，在表达阶段，多重任务包括记忆、笔记解读以及产出（Gile，2009）。

基于上述能力分析可以看出口译对学习者的能力要求，在不同类型的口译活动中，学习者需要分阶段培养子技能。除了口译能力，还需要了解译员能力的构成，了解口译活动对译员的要求，在学习过程中，注重各方面能力的锻炼和提高。王斌华（2007）对口译能力和译员能力进行了区分，认为口译能力是"完成口译任务所需的内在的知识和技能体系"，包括双语能力和口头表达能力，百科知识和专业主题知识，翻译转换能力和口译技巧；译员能力则是"口译工作者应具备的内在的知识和技能体系以及职业素质和身体／心理素质"，包括智力性因素（语言能力模块、知识模块、口译技能模块）和非智力性因素（译员心理素质、译员身体素质、译员职业素质）。

由此可见，除了语言能力和口译技能，还需要了解领域知识，遵守职业道德，全方位的提高口译能力，这也体现出了口译活动对学习者的高要求。

3.2 口译基础训练方法

巴黎释意学派的创始人塞莱丝柯维奇将口译过程分为理解／阐释

（comprehension/interpretation）、脱离语言外壳（deverbalisation）和重新表达（reformulation）（王斌华，2019）。以交传为例，在理解阶段，也就是听和记笔记阶段，译员需要培养听辨能力、逻辑分析能力、记笔记能力、短时记忆能力等，在表达阶段，要培养笔记解读、信息读取能力、目的语综述与重构能力等。课堂中综述（gist summarizing/summary）和复述（retelling）是信息处理阶段常见的训练方法。

综述是用自己的话重新表述原始信息的方式，不同于复述，不需要完全再现原文。综述分为口头综述和笔头综述。具体要求是译员听完一段或一篇完整的篇章后用相当于原文三分之一的长度进行归纳和概括（任文，2011）。听的过程，应根据开头信息确定篇章类型，预测行文结构，进而理清行文脉络，抓信息主干，对支撑性信息进行筛选；在表达的过程中，注意原文使用第一人称陈述的内容一般要转换成第三人称（孟祥春，2020）。为了有效地进行综述，重要的是要进行听力辨析、逻辑解构，注意信息的主干和细节内容、语气和目的，通过分析上下文，浓缩信息的要点。练习时，注意选择逻辑清晰的材料，例如议论文（总论点＋分论点＋结论），利用逻辑线把握主次信息，然后逐渐过渡到复杂行文结构的材料。

复述是在听、理解和记忆的基础上对源语信息进行再现，包括源语复述和目的语复述。在进行源语复述和目的语复述时，不需要逐字逐句按原句词汇和结构复述，可以进行初步加工、调整，呈现与原文相同或相近的内容。源语复述训练学习者听取意义、脑记内容、脱离源语外壳、复述原文信息的能力。常见的训练方法包括读后复述和听后复述。读后复述也就是学习者阅读后进行复述，在保证语言准确的前提下，调整句子结构。听后复述则需要听完后用源语把所听到的内容说出来，材料遵循难度渐进原则，从简到繁，一遍复述不下来，可多听几遍。

除了综述和复述，释意（paraphrasing）和影子跟读（shadowing）也是口译训练中的重要基本训练。释意是指理解了其他人的话后用自己的话进行表达，尤其是用词法和句法表达都不一样的方式传达出同样的语义。通过使用同义词、反义词、例子、解释或类比来重新表述信息，用不同的词来重申相同的想法。

影子跟读更多用于同声传译的基础训练，但是对于交传也同样适用（欧阳倩华，2020）。影子跟读具体是指有节奏的，用源语逐字的像鹦鹉一样对信息进行重复（Lambert，1988）。不同于一般的听和重复训练，影子跟读还要求跟读者尽可能地模仿发言人的风格，包括节奏、重音、语调等。影子跟读包括三种类型（Schweda-Nicholson，1990）：第一种是音位跟述（phonemic shadowing），即一听到声音就开始跟读，不用等完整的意义单位，甚至是一个完整的单词，这样发言人和跟读人保持同步。对于这种方式的跟读，有学者认为译员的训练应当关注意义，而非单词，但是施韦达－尼科尔森（Schweda-Nicholson）认为对于初学者，这种训练方式是有必要的，尤其是在提高译员的语音语调方面。第二种是片语跟读（phrase shadowing），指跟读之间的间隔稍长，通常是听完一个短语或是意群。第三种是调整滞后跟读（adjusted lag shadowing），要求学生有意识地等待讲话人的发言，通常是延后 5～7 个单词，间隔的长度最长是 10 个单词。这种类型较之前两种更有难度，因为学生需要听懂意义单位再进行重复。在实际运用中，学习者可以一边进行跟读，一边进行数字书写，通过将数字按顺序或者倒序书写作为干扰项，锻炼学习者的多任务协调能力。

为了更加有效地进行影子跟读，跟读时学生可以进行录音，在复听时分析自己的问题、错误，也可以分组进行分析和反思。跟读材料的选择也是学生们经常问的问题，对于不同程度的学生，材料的选择应该符合个人英语能力水平，注意考虑语速、内容的相关背景知识，一般长度在 1～3 分钟即可（Jennifer，2017）。

4. 行动研究设计与实施

4.1 第一轮行动研究

4.1.1 提出问题与行动设计

通过前期相关课题成果、课堂观察、师生访谈等，第一轮行动研究聚焦两个问题：一是学生口译基础理论掌握情况差强人意；二是学生对于口译基础训练方法的掌握欠佳，导致口译自主训练开展的效果不好。针对这两个问题，课程团队采取改进措施，设计了改进方法。针对问题一，开展口译论文阅读汇报活动；针对问题二，加强口译基础训练方法的讲授，增加课后口译基础训练。

4.1.2 行动实施

2022 年 9 ～ 12 月，课程团队在真实课堂教学中实施了首轮教学改革。

第一，理论知识掌握方面。课前，学生需要完成教师指定的论文阅读任务，教师指定与对应课时相关的理论论文阅读篇目，学生两人一组进行阅读，了解理论的应用，进行合作阅读探究，学习理论及论文研究方法等；通过邮件，将整理的汇报内容发送给教师，教师进行点评、反馈，课上小组进行展示汇报。汇报时，教师组织学生对汇报进行评价，并拓展讨论，例如在口译记忆模块，让学生探讨记忆训练方法；在讲到精力分配模式时，让学生探讨"走钢丝"假说，思考如何能够提高各个任务的处理能力。

第二，口译基础训练方面。教师加强口译基础训练方法的讲授，口译基础训练方法的掌握有助于学生更好地开展自主学习训练。具体要求是教师发给学生训练材料及训练方法和要求，学生进行自主训练并录音，通过练习—复听—改正，提高自身对口译基础训练方法的掌握程度。课上教师选择学生进行示范和点评。

4.1.3 效果与反思

任课教师与学生开展定期访谈，了解学生对于课程安排的评价和建议。

第一，对于理论知识的掌握，有同学表示"课堂上口译研究论文讲解汇报的活动让我对口译有了更系统的了解"；也有同学认为"在了解其他同学的汇报内容基础上，也能对自己感兴趣的内容做详细的调查了解，然后进行汇报展示"；还有同学认为汇报让其"对口译理论有了更深的了解，明白了口译理论，就有方法应对口译练习中出现的问题，对口译技能的提高也很有帮助"。

第二，对于基础训练方法的安排，有学生反馈"我是和同学一起完成作业，我们将所记信息的关键词一一反馈、比对，然后互相复述内容，这样有助于我们对信息的逻辑处理，也帮我们构建自己的笔记体系，对口译任务的完成有帮助。"也有学生反映"练习量大，枯燥""老师讲了综述、复述这些方法，但是在实际练习的时候，感觉还是不到位，我在做交传练习的时候还是觉得很难"。

以综述为例，在听的过程中教师要求学生快速掌握原文内容框架，抓主干，提取主要信息点，然后简明扼要地表述原文内容。在表达时需要言简意赅，可以使用自己的语言，但避免随意添加主观看法，句式上一般采用陈述句。在具体实施中，对于综述的形式，学生掌握较好，知道综述的做法和要点，但是由于材料特点不同，学生在综述时，还是出现不同的问题，例如停顿、重复的问题，来看一个例子：

【综述案例】

节选自驻英国大使刘晓明在英国《每日电讯报》发表的署名文章：《孔子学院是增进中英友谊的金钥匙》

【源语】

为什么孔子学院和孔子课堂在英国这么"火"？我想主要源自三大"魅力"：一是中华文明的魅力。中国有着5000多年的悠久历史，中华文明生生不息，从未间断。学会中文就拿到了打开了解中华文明大门的"金钥匙"。二是"中国奇迹"的魅力。中国改革开放40年来，中国经济总量跃升至世界第二，7亿多人脱贫，为世界发展做出巨大贡献。学会中文就可以更好了解"中国奇迹"背后的故事，更好抓住"中国机遇"。三是"黄金时代"的魅力。2015年习近平主席成功对英国事访问，开启中英关系"黄金时代"。两国各领域交流合作不断提质增效，中文日益成为增进中英人民友谊的"黄金纽带"。

【发言主旨】

孔子学院和孔子课堂在英国火爆的原因

【主要信息点】

中华文明的魅力；"中国奇迹"的魅力；"黄金时代"的魅力

【学生表现】

该材料结构清晰，"一是""二是"等语篇标记有助于辨别主次信息点。学生基于语篇标记对内容的总结做得较好，但是停顿、使用没有实际意义的填充词的情况较为普遍。语篇标记包括语言标记和副语言标记，在训练中学生不仅要注意观察语言标记，以便识别主要信息点，还应该注意副语言标记。作为交际过程中非语言行为的重要组成部分，副语言标记能够为口译过程提供诸多有效信息。语调、语速、节奏、音量、停顿等副语言对口译质量有很大的影响，但是在口译训练中没有得到学生足够的重视。

针对口译理论学习的问题，首轮行动研究达到了预期效果，但是对于口译实践训练，学生反馈仍然掌握不好，并且由于练习枯燥、难度大，导致出现不想训练、缺乏学习动力的情况。

4.2 第二轮行动研究

4.2.1 提出问题与行动设计

基于第一轮的课堂教学，课程团队针对新的教学问题制定了具体的行动计划。在实际的课程教学中，学生反映在口译自主训练中，练习效果不好，同时缺乏学习、训练的动力。教师强化过程性监督，要求学生在基础技能训练和主题口译训练后都撰写反思报告；同时，为了调动学生积极性，优化了课程评价方式。

4.2.2 行动实施

2023 年 9～12 月，课程团队在课堂上继续第二轮行动研究。要求学生撰写反思报告，强化学生对于自身口译训练过程的监督，发现存在的问题，强化训练效果。为了达到训练的"质"，鼓励学生结对训练，在训练中通过同伴评价给与及时的调整。同时，优化课程评价设计，注重过程性评价中的多维度设计。

4.2.3 效果与反思

为了检验反思报告对学生口译训练的效果，笔者收集了学生的反思报告。以下为选取的部分反思内容。同学 1 基于释意论对自己的口译训练进行的反思。

"一般情况下，我习惯将听到的单词记下来，之后再对笔记进行解码。但是在听辨过程中，有很多熟悉的单词听不出来。首先是弱读、连读等造成；还因为我对一些单词的正确读音不太熟悉。其次译前准备工作做得并不充分，有些专有名词会误导我对原文的理解。所以在这种情况下，我并不能做到对源文本的全面理解，会存在漏译和误译。在对笔记进行解码的过程中发现，开头部分的笔记记得相对比较完善，但中间会遇到比较长或者难的句子，导致后面的笔记不准确、不完善。再次由于记笔记时过于紧张，当时记下的符号在解码过程中会看不懂、不理解。从而导致无法准确理解材料含义。进而无法准确抓到原材料的思想内容。"基于问题，该生对自己的学习提出了清晰的规划，"在日常练习中，多注意句子的音变现象、做好译前准备工作，积累并整理口译符号"。

同学 2 基于吉尔的交传认知负荷公式，分析了自己口译笔记中出现的问题。口译笔记训练原文：每年的 12 月 3 日是世界残疾人日，今年的主题是让千年发展目标更具有包容性，增强世界各地残疾人及其社区的力量。联合国秘书长潘基文，人权高专皮莱以及残疾人权利委员会等纷纷发表声明，呼吁世界各国及国际组织采取切实行动，保障残疾人权利，建立无障碍社会。学生表示记笔记时：

"原文开头基本都有记下来，比如'日'和'千年发展目标'，口译时也顺利进行了翻译。后文'联合国秘书长潘基文，人权高专皮莱以及残疾人权利委员会''呼吁世界各国及国际组织采取切实行动'和'建立无障碍'这些内容出现了漏译，是因为我一上来就着急地想记下所有内容，花费时间记笔记，导致漏听了后文信息，只记录了少量信息，在翻译输出时又无法回忆出原文的全部内容。"基于问题，学生"认为在记笔记时要记录关键信息，同时要分配好脑记和笔记，笔记要有结构，逻辑清晰，要在平时积累丰富的笔记符号，用最简洁的符号表达原文信息，通过实践积累，提高口译质量"。

同样针对笔记问题，同学 3 记录分析了自己的问题，问题主要包括"源语理解问题、逻辑结构混乱，以及自己练习材料的选择不合适"，并根据问题，提出了解决方案，认为"译前准备太重要了，而且口译训练材料的选择可以从自己感兴趣的主题出发，这样没那么痛苦"。

通过反思报告，学生对于自身口译训练过程中的问题有了很好的认识，主要表现在可以分析出自己的问题，并思考解决方案，也能够更加主动地了解口译知识。

课程评价方面，为了调动学生训练的积极性，课程对于学生的考核进行了细化设计。课程整体采取形成性评估和终结性评估相结合的方式，最终考核成绩 = 期末考试成绩（60%）+ 平时成绩（40%）。细化评价标准，平时成绩包括了课堂参与程度、课后任务完成情况、反思报告、论文主题汇报。通过细化得分项有效督促了学生完成任务，学生对待每一项任务的态度更加认真了，训练效果也更好。例如，中英倍数口译是难点，教师会基于数字口译技巧对倍数的口译进行小测，记录学生的表现，那么学生在阅读论文，或者学习相应技巧时，会更加专注。以综述任务为例，练习过程需要录音，在复听转写的过程中，反思自己的问题，反思报告中学生需要详细写明是否有遗漏重点信息，是否有过多没有实际意义的填充词等，通过对过程的全记录实现有效反思，最终达到训练效果。以交传任务为例，需要在反思报告中，用口译标准反思自己的译文，思考是否将最基本的、实质性的信息或意思译出了，译文是否用了自然的表达方式，是否通顺流畅，自己的反应是否够快，笔记记录是否够快。细化的任务要求使得学生认真对待每项任务，促使其积极开展训练。

5. 思考和建议

两轮的行动研究为教学带来的启示如下：第一，细化课程评价标准以及明确每一次训练任务的要求，对于驱动学生开展自主学习和训练有积极作用。第二，口译基础训练对于夯实初学者口译基础具有关键作用，通过口译基础训练方法的掌握，帮助初学者开展自主训练，从而为主题口译训练的开展做好准备。第三，口译理论的学习要注重学生的深度参与，通过学生结对探究—教师指导—学生讲解的方式，帮助学生学习口译理论与技巧。

口译本身具有的难度和复杂性就让许多学生望而却步，在练习的过程中容易丧失信心。因此，鼓励学生将口译学习与口译赛事、CATTI 考试、口译实习等结合，注重专业性培养的同时，实现口译训练的深度和广度。评价时还可以将口译课程评价与口译证书的考取或者口译大赛挂钩，采用含奖励性的多元评价方式调动学生积极性。例如，获得口译证书、口译大赛省赛、国赛不同级别奖项的学生可以分别对应获得口译课程总评成绩中的占比。

在后续的课程中，教师将依据学生和专家反馈，持续性对课程进行建设，注重口译训练材料语料库的建设；同时，口译课程具有政治性、文化性等特性，对学生语言能力、跨文化交际能力、政治意识的培养有重要作用，是高校培养复合型人才的重要媒介，要基于思政主线做好口译课程思政元素的提炼和设计；最后，利用技术手段，丰富课程形式，例如基于"慕课"开展线上线下混合式教学、通过虚拟仿真实验让学生体验口译活动，提升学生口译能力，培养学生专业素养。

参考文献

GILE D, 2009. Basic concepts and models for interpreter and translator training（revised edition）[M]. Amsterdam/Philadelphia：John Benjamins.

JENNIFER A F, 2017. Shadowing： A useful pronunciation practice activity What is shadowing[J]. Journal of Second Language Pronunciation. Journal of Second Language Pronunciation, 3（1）： 34-56.

LAMBERT S. 1988. A human information processing and cognitive approach to the training of simultaneous interpreters[C]//Languages at crossroads, proceedings of the 29th Annual Conference of the American Translators Association. Medford，New Jersey：Learned Information Inc. 379-388.

SCHWEDA-NICHOLSON N, 1990. The role of shadowing in interpreter training[J]. The Interpreters' Newsletter, 3：33-37.

白佳芳，2011. 英汉口译听辨理解技能培训——一项基于英语专业口译初学者的实证研究 [J]. 外语界（3）： 16-22.

蔡小红，2001. 交替传译过程及能力发展中国法语译员和学生的交替传译活动实证研究 [J]. 现代外语 （3）： 277-284+276.

刘先飞，2016. MTI 口译课程听辨教学素材难度分级 [J]. 广东外语外贸大学学报，27 （2）： 79-84+104.

孟祥春，2020. 英语口译综合能力教材（2 级）[M]. 北京：新世界出版社 .

欧阳倩华，2020. 基础口译 [M]. 上海：上海交通大学出版社 .

任文，2011. 英汉口译教程 [M]. 北京：外语教学与研究出版社 .

任文，黄娟,2019. 中国口译研究热点与趋势探析(2008-2018) [J]. 中国翻译，40 （5）： 37-47+188.

王丹，2021. 口译技能教学：从理念到课堂 [J]. 亚太跨学科翻译研究 （1）： 223-235.

王斌华，2007. "口译能力"评估和"译员能力"评估——口译的客观评估模式初探 [J]. 外语界 （3）： 44-50.

王斌华，2012. 从口译能力到译员能力：专业口译教学理念的拓展 [J]. 外语与外语教学（6）： 75-78.

王斌华，2019. 口译理论研究 [M]. 北京：外语教学与研究出版社 .

詹成，2017. 口译专业教学体系中的语言技能强化——广外口译专业教学体系
理论与实践（之四）[J]. 中国翻译 38 （3）： 47-50.

高校毕业生就业跟踪反馈机制探析[1]

李莉文 靳佗佗[2]

摘要：本文从构建毕业生就业跟踪反馈机制的必要性出发，阐释了对毕业生就业的跟踪反馈在回应各界关切与要求、反哺高校人才培养模式方面的重大意义。文章以美国和德国为例，对国外相关机制进行介绍，其中美国突出多主体，多维度统计指标体系，德国则强调在信息技术不断更迭的基础上建立调查网络。本文的重点主要集中在对我国高校毕业生就业跟踪调查机制的研究，同时对该机制的背景、现状进行了深入剖析。研究发现，我国当前高校毕业生跟踪反馈机制体现出参与主体多元化、时间节点前置化、追踪渠道多样化三大特点。此外，本文对我国建立毕业生就业追踪机制的改进提出了三方面的建议，即持续跟踪和及时改进并行、多层次参与和多渠道收集并重、指标划分与对象分类并准，以期对我国高校毕业生就业跟踪反馈机制提供一定借鉴。

关键词：高校毕业生；就业；跟踪反馈机制；质量监测

1. 引言

高校毕业生就业问题日益成为关乎国计民生的重大议题，不仅影响个人职业发展，也关乎国家教育体制改革，甚至牵动整个国家的经济稳定与发展。习近平总书记曾多次在实地考察高校毕业生就业工作时对高校毕业生就业问题提出若干要求和指示，并于 2020 年在给高校毕业生的回信中指出："各级党委、

---

1 本文受 2019 年北京高等教育本科教学改革创新项目"高校混合式英语教学模式发展性评估研究"资助。
2 李莉文，北京外国语大学教务处处长，英语教授，博士生导师，研究方向为英语教学和高等教育管理。靳佗佗，任职于北京外国语大学教务处，研究方向为比较教育、通识教育、高等教育管理。

政府和社会各界要切实做好高校毕业生就业工作。"总书记的讲话为高校就业工作提供了根本遵循，而高校作为培养人才的主要阵地，不应该局限于对学生的在校培养，还应该对学生离开校园、迈入职场后的表现进行观察与统计，以此发现高校教育与职业需求之间存在的不匹配和断层，从而实现反哺高校教育改革中人才培养体系调整之目的。因此，为更好地监测和提升毕业生的就业状况，建立完善的毕业生就业跟踪反馈机制势在必行。

1.1 构建毕业生就业跟踪反馈机制的意义与价值

纵观当前国际与国内高校，无一不重视对毕业生的就业跟踪与反馈，深挖其中不难看出一般都出于两个目的：一是需要回应外界关切与要求，如国家行政部门的政策要求、社会性的评估与认证等；二是出于契合自身研究发展及质量的保障。

一方面，通过对毕业生的就业跟踪反馈，可以积极回应外界的关切与要求。当前随着经济社会的发展，教育领域已与各个领域不断融合，学校不再是传统中的"象牙塔"。首先，政府部门通过了解高校毕业生的就业情况，尤其是当前呈现的"晚就业""稳就业"现象，可以敏锐觉察出就业市场的变化，利于做出相应的政策调整及经费的投入等；其次，社会机构可以借助高校公布的结果，分门别类地展开精准合作与对接，特别是用人单位，可以有预先的判别；最后，社会大众可以对高校教育有更清楚的认识、了解与选择。

另一方面，构建毕业生的就业跟踪与反馈机制，可以反哺高校自身的研究发展与质量保障。第一，改进并提升教学质量。高校通过对毕业生的追踪调查，来了解自身教育质量是否可以经得起社会的检验，从而审视学校在人才培养理念、专业设置、课程方案及教育教学过程中的优劣势，并可作为其后续教育改革的参考材料，培养出更符合国家及社会发展需要的复合型创新性人才。第二，拓展科研领域与内容。高校在承担教学任务之外，还担负着科研工作，通过对高校毕业生跟踪调查，来拓展研究领域及提供不同视角，如可以了解教育与经济领域、教育与社会的关系、教育未来趋势等，从多角度多视野为科研拓展领域积累资源，从而切实发挥高校的"智库"作用。第三，集聚社会资源。高校通过建立毕业生反馈机制，将毕业生纳入自身发展的系统之中，可以集聚多样的社会资源，如利用毕业生反馈数据、积极调整专业建设及做好在校生的就业指导、把握就业市场；利用毕业生的发展情况及发展前景，可以作为高校招生宣传的主要资源，吸纳优秀生源；毕业生的社群关系，特别是校友会的发展，可以连接高校与毕业生间的情感纽带。

同时，高校通过构建毕业生就业跟踪反馈机制，最终结果不仅仅是简单以数字化的形式呈现毕业生就业情况，更是需要搭建科学化、系统化的程序，重点倾注于高校的教育效果与毕业生的就业质量间的紧密关系，搜集毕业生对于在校期间的培养目标、培养过程的回顾认知，以及毕业生的就业率、职业匹配度、就业满意度等，作深层次的跟踪调查和评价研究，全面而客观的掌握学生毕业后的社会适应情况。

1.2 国外高校所实行的毕业生就业追踪调查机制

鉴于当前人才的竞争及教育的现代化发展，国外高校尤其是欧美发达国家都将毕业生的就业跟踪调查纳入学校的常态化管理之中，以毕业生的跟踪调查结果来改革并保障教育质量，已成为共识。在调查周期上，国外高校间普遍的做法是将调查节点放在毕业后的一到三年内，部分国家选择每年定期展开一次，例如英国、瑞士，当然也有的是每三到四年一次，如意大利国家统计研究所（ISTAT）的调查和法国职业资格能力调研中心（CEREQ）的调查等（包艳华，等，2017）。

1.2.1 美国注重多主体多维度统计指标体系

美国高校对于毕业生就业跟踪调查强调"多个统计主体、多维指标体系"（张剑，2004；杨河清，等，2011）。高校会和政府机构、非政府组织和行业协会三方共同"参与高校毕业生的就业监测、统计和数据发布"（杨河清，等，2011）。

政府机构。隶属于美国劳工部的劳动统计局（Bureau of Labor Statistics, 简称 BLS）和隶属于教育部的国家教育统计中心（National Center for Education Statistics, 简称 NCES），主要作为政府机构来负责对接各高校毕业生就业统计。美国教育部会定期开展全国范围的调查，以了解整个美国高校事业的发展情况，如为了追踪毕业生就业的长期现状，政府机构会将毕业 1～4 年的毕业生就业状况作为调查研究对象，"这种调查具有时间跨度大、调查范围广、调查统计指标多样等特点"（杨河清，等，2011），便于深入了解毕业生学习环境的变化所带来的影响。

非政府组织和行业协会。如美国大学和雇主协会（National Association of Colleges and Employers，简称 NACE），与高校展开广泛合作支持，提供就业服务，同时调查并分析就业市场现状与需求、发展趋势及求职和招聘过程中遇到的法律问题等（杨河清，等，2011）。高校自身则会通过成立"就业服务中心"或"就业服务办公室"等机构系统分析毕业生的就业情况（杨河清，等，2011）。

高校同样形成了系统的毕业生调查追踪机制，通过大数据广泛搜集毕业生的就业信息。在调查节点上，"一般将调查对象确定为毕业即时就业状况，毕业后 3 个月、6 个月、9 个月、1 年乃至 4 年等不同时点的就业情况"（杨河清，等，2011），来克服就业统计的"时间局限性"，以减少统计初次就业率产生的误差，更加真实地反映毕业生的就业情况（惠太望，2010）。在调查指标上，针对毕业生就业状态的不同，如"已毕业就业（全时、临时工作）、未就业（失业但正在找工作）、不就业（未找工作）以及继续接受教育等几种类型"（杨河清，等，2011），分类调查。

1.2.2 德国强化毕业生就业跟踪调查网络

随着高校毕业生就业跟踪调查的不断发展，加之信息技术的更迭，特别是大数据的应用，众多国家开始建立毕业生就业跟踪调查网络。其中由德国卡塞尔大学国际教育中心发起并与各高等院校共建的 KOAB 项目颇具代表性（包艳华，等，2018），并日益壮大。KOAB 项目始于 2007 年，主要通过问卷调查和数据处理的方法对毕业生就业进行跟踪调查研究，为了确保调查的科学性与稳定性，KOAB 项目会在学生毕业后的两个时间节点展开调查，初次调查会选择在学生毕业的 1～2 年后，在学生毕业 4～5 年后，则会开展第二次调查。很多高校会与 KOAB 项目展开合作，根据一套完整的问卷设计，甚至个性化的问卷定制，来搜集本校毕业生的信息资料，并利用后期的数据"选择同类型的院校作为基准，进而评估自身的优劣长短"（包艳华，等，2018）。

KOAB 项目对毕业生的调研主要是通过问卷调查的方式，是由德国卡塞尔大学国际教育中心设计统一的标准化核心问卷，当然各高校可以根据自身的调研需求，定制个性化问卷，以确保调查学校的针对性。调研的主题主要围绕三个核心设计，调研问题则会从若干方面展开，其中主题一般会关注"高等院校的学习条件与环境对毕业生的就业及职业发展的影响程度""毕业生从高校所获得的能力及这些能力对其后续的就业与工作的影响程度"（包艳华，等，2018）。问题则会关注以下几个方面："1. 学习过程；2. 对学习环境的评价；3. 毕业时能力达成情况；4. 工作找寻过程；5. 初始工作和现在工作的情况；6. 实际工作中所需要能力；7. 学习与工作的匹配度，包括横向与纵向两方面的比较；8. 工作满意度；9. 区域及国际流动情况"。（包艳华，等，2017）。

通过对国外高校针对毕业生就业追踪调查的梳理，不难发现对于高校毕业生的跟踪调查，一般都注重以下几点。

第一，强调多方合力。由于毕业生的就业跟踪调查是一项复杂且任务重大的工作，需要一定的外部支持与专业的机构进行协助，因此，国外高校非常强调"政府机构、非政府组织和高校等多元统计主体共同参与，来建立毕业生跟踪调查研究网络系统"（包艳华，等，2017）。在实施过程中，可以有政府相关部门资助，专业组织负责策划实施，高校并与之互助合作。

第二，注重指标多维。为确保调查结果的客观与科学性，在调查的主要方式——调查问卷本身，各高校及专业机构会秉持严谨科学的设计原则及制定多维度的指标统计体系。问卷在内容上，一般会围绕核心问题，多维度地衡量毕业生就业与工作情况，关注毕业生对个人职业之外的价值观和生活领域的认知，以及会多维度地衡量个人背景、学习情况及学习结果，从而广泛地衡量毕业生的就业质量。此外，"调查结果也不仅仅是对毕业生就业及工作状况的简单描述，更会对不同因素间的相互因果联系进行深入的分析"（包艳华，等，2018）。

第三，关注时间长效。由于毕业生身份角色的转变，往往会对初期职业稳定性造成一定的影响，加之毕业本是一个动态过程，所以在对毕业生的就业与职业发展状况调查时，国外高校为提高就业统计信息的信度和效度，降低误差率，往往会打破"时间局限性"（包艳华，等，2017），注重毕业生离校后的中长期跟踪调查信息反馈，从而更加确切地掌握毕业生就业的动态，研究毕业生的就业曲线。

第四，变革手段创新。随着信息技术的发展及大数据的应用，除了传统调查问卷、访谈等形式，很多高校对毕业生调查已经建立了系统全方位的调查跟踪网络，并在统计过程中适时对调查指导原则、常用的调查方法及概念框架进行总结和完善。相比此前被动地等待毕业生参与调查，如今利用媒体手段，已可以主动获取部分信息资料与数据。另外，伴随计算机运算能力的不断加强，统计分析方法也在不断精准与多样化。

2. 我国高校毕业生就业跟踪调查机制

伴随高等教育后大众化时代的到来，我国每年大学生毕业的数量逐年增多。在此背景下，教育部多次修订了并印发了关于就业状况统计的报告和通知。2004 年 6 月，教育部为了解毕业生就业情况，修订了《毕业生就业状况统计办法》，指导各高校对毕业生就业情况进行统计，这一阶段，高校统计调查大多以"就业协议书"为主要依据并形成统计报表（杨河清，等，2011）。为全面了解我国各高校毕业生的就业质量，保障真实性和客观性，2013 年 11 月起，教育部办公厅印发了《关于编制发布高校毕业生就业质量年度报告的通知》（教学厅函〔2013〕25 号）要求，各高校每年需编制发布高校毕业生就业质量年度报告，且报告的内容说明是要客观反映学校毕业生的"基本情况、主要特点、相关分析、发展趋势以及对教育教学的反馈"（姜玉，2016），毕业生就业质量年度报告逐渐成为反映各高校毕业生就业情况新的重要参考依据（包艳华，等，2018）。党的二十大以来，党和国家也多次强调："强化就业优先政策，健全就业促进机制，促进高质量充分就业。"高校普遍将毕业生的就业情况作为学校年度重要工作之一。

高校毕业生就业统计，一般按照教育部要求，普通高校（包括高职院校）需要每年对毕业生进行两次全面统计，主要是统计应届毕业生就业率，包括每年 9 月 1 日的初次就业率和每年 12 月 30 日的年终就业率，由各校的就业工作部门依据毕业生就业协议的签订和劳动合同的签订情况上报，最后由各省招生就业中心负责汇总，在一定范围内发布，并以此作为对学校的考核排名依据。

伴随国家政策要求及自身内部质量保证的需求，目前国内高校普遍都会协调各方，从组织框架、体制机制、技术人员保障、信息收集及具体的调研问卷等方面，既包含顶层设计又到具体部署实施每一环节，来构建学校的毕业生跟踪反馈机制，以了解毕业生的就业专业对口率、用人单位的就业使用率以及高校整体的就业率等一些相关的核心就业体系指标，为提高高校人才培养质量提供思路与依据。而在具体的实施过程中，则不尽相同。

2.1 参与主体多元化

参与主体上，目前我国国家教育部门是负责政策指引，各高校是作为毕业生的追踪主体，第三方数据机构则是高校大型追踪调查的合作方，在数据获取对象上，除了学生外还关注用人单位的反馈。高校通过就业指导中心等专门机构，根据国家就业方针、政策和规定以及上级毕业生就业主管部门的工作意见，"制订并完善本院毕业生就业工作的各项规章制度""定期组织开展毕业生（素质）就业状况跟踪调查工作，为学院的专业设置和课程改革提供参考依据"（胡立，2016）。在毕业生就业跟踪调查工作中，高校会通过宣讲会、校友会、官网平台、走访企业等方式了解毕业生基本信息。当然，为了保障数据获得及分析的准确性，并减少工作量，大多数高校会选择与第三方高等教育管理数据与解决方案专业机构合作，通过购买服务的形式，来开展大型的问卷调查。

以北京外国语大学为例，学校就业指导中心在日常工作留存数据外，会积极与麦可思数据公司合作，通过成果导向的质量检测体系，对毕业生展开跟踪检测。如北京外国语大学已与其共同实施了 2016 届应届毕业生培养质量评价项目、2012 届中期毕业生培养质量评价项目和 2017～2018 学年学生成长评价项目。基于调查数据，更好地获取毕业生的就业质量及了解学校人才培养中待进一步完善之处，以真正贯彻学校"外、特、精、通"的教育理念。

2.2 时间节点前置化

在时间节点上，高校普遍会将重心放在大学生毕业前的求职阶段，并编制毕业生就业报告，这与国家教育部门的政策要求紧密相关。在每年 5～6 月的毕业季，就业指导中心会根据学生的"三方协议"、继续深造等情况来统计分析学校毕业生的就业情况，并向社会公示年度教学质量报告和年度就业质量报告。目前，随着质量保障理念的深入，部分高校也逐渐开始关注对毕业生进行中长期的持续调查与信息反馈，以确保分析结果的信度与效度。

北京外国语大学除每年针对应届毕业生就业调查外，仍会对已毕业的学生展开跟踪调查，以了解学生长期的发展情况及教育环境的转换所带来的变化。

如学校会根据学生毕业时间的节点，对同一批学生在毕业半年、毕业两年、毕业四年展开持续的中长期追踪，为学校审视人才培养定位、培养质量、培养过程相关方面提供服务。

2.3 追踪渠道多样化

追踪渠道上，国内高校针对毕业生跟踪调查采取了多样的方式。传统的会通过电子邮件、纸质问卷、班级群、校友会、用工企业调研等渠道获取信息，随着当前信息技术的发展，高校也开始关注利用大数据网络平台，个别高校甚至会开发搭建高效、便捷、科学的数据库来获取全面的数据。例如北京外国语大学在毕业生的跟踪调查和用人企业调查反馈方面，内部会根据班级学生群的定向联系、问卷调查等方面，抓取数据补充更新数据，外部在每年招聘季定期与合作的单位进行座谈调研，及时获取毕业生走入职场后的实际信息，"依据就业单位对毕业生的满意度来判断毕业生的综合能力及与从事岗位的契合度"（陆勇，2016），并反向审视人才培养过程中应注重的核心能力培养。

3. 我国高校毕业生就业跟踪调查机制提升探析

通过国内外针对毕业生跟踪调查的比较研究不难发现，当前我国高校在这方面还存在待提升的空间。首先，毕业生就业质量的保障绝不只是高校自身的任务，它需要多方合力，共同改进。其次，优质的毕业生就业跟踪调查机制不仅仅停留在简单现象及问题的描述，需对毕业生就业及职业成功的原因进行解释（包艳华，等，2018），应深挖学校教育在毕业生就业各方面的具体影响。最后，高校毕业生的跟踪反馈机制的落脚点应是改进与提高，学校的教学管理职能部门和教学院部应依据反馈来促进本校人才培养，从各个系统、每个方面进行改进或调整，否则就失去了这一机制本身所应有的核心价值。

3.1 持续跟踪和及时改进并行

毕业生的就业追踪是高校了解毕业生就业质量的主要渠道，只有对每一届毕业生展开及时调查并保持持续跟踪，才能真正检验高校的教学质量。通过这一渠道获取毕业生与用人单位的反馈信息是工作的重要第一步，其后高校通过调查所获得的数据，采取科学的分析方法，对毕业生反馈信息进行精准的分类汇总、研究部署，最终推动学校教学与管理各方面的持续改进，才是工作的意义所在。

首先，高校应注重毕业生的跟踪调查，部分高校需要扭转仅是为达到国家对就业质量报告要求的心态，避免进行形式上的调查以及数据造假。其次，毕业生的持续跟踪不可忽视，在重视毕业季的初次就业调查外，还应该分时间节点展开定期的追踪调查，以了解毕业生有可能会发生的二次就业，及伴随就业的长短，其综合能力的凸显与就业质量的优劣。再次，保持调查跟踪过程中反馈的互动性，如果高校要求学生以执行任务的方式来汇集就业信息，则会让被调查者丧失配合的积极性与热情，也难以认识到这一行为背后的价值。因此，高校在校期间需要及时、准确做好学生的宣传工作，切实使学生认识到重要性，另外关于毕业生的就业质量调查及时向社会公布，使用人单位和毕业生了解就业信息。最后，持续改进尤为重要，借助调查反馈，了解学生在校获得的专业知识是否能够达到社会所需的水平，学生学术能力及创新思维等核心能力是否夯实，学校教学内容、方式、手段及相关硬件设备是否有较高的满意度。最终通过检视问题，从学校制度、架构、培养方案等多方面做出调整，形成良性循环，推动高校毕业生就业追踪长效机制的建立和持久运行，也使得高校人才培养理念及时更新，人才培养定位可以由大众化转为特色化，专业建设从静态化转为动态化。

3.2 多层次参与和多渠道收集并重

对于高校的毕业生跟踪反馈，目前实施主体是高校，从整体而言，无法长期跟踪监测高等教育领域毕业生的就业与职业发展状况，对于高校人才培养只能提供普遍式、共性的思路与方向，对于一些高校特别是发展较困难的高校无法提供切实有效和可行的针对性方案（包艳华，等，2018）。另外如何深化专业研究机构与高校之间的研究合作也有待思考。大数据时代的来临，其实为毕业生就业追踪机制中的多方参与提供了契机。通过建立全国性的毕业生就业跟踪反馈网络平台，积极协调学校与社会、第三方机构、企业、毕业生本人之间的关系，利用现代网络等各类技术，达到数据共享，将为学校的教学质量把控提供丰富、可靠的数据支撑。

此外，为了满足信息的多样性，高校还需要优化毕业生就业数据追踪手段。首先，高校内部可以开发以学校毕业生就业为主要内容的数据库，允许从本校毕业的学生可以随时登录、查询、修改个人的信息，形成个人长久发展的档案，也会使学校由被动收集信息转化为主动获取信息，同样增加了毕业生与学校的互动，切实使毕业生就业追踪反馈机制变成学校与校友之间的紧密纽带。其次，尝试建立以校企合作为主要板块的网络系统，实现人才供应方与需求方的无缝对接，增加学校对于社会经济发展的敏感度，及时对教学内容、专业建设进行调整。最后，积极引入第三方专业数据机构参与。大数据时代，涌现出很多专业的数据研究机构，为确保毕业生跟踪数据真实性与公信力，也为使数据的分析与处理更加高效精准化，高校可以邀请专业的数据研究机构协助完成跟踪数据，保证毕业生跟踪信息的科学和严谨。

3.3 指标划分与对象分类并准

调查结果的精准很大程度上取决于调查指标制定的科学性与调查对象的有效分类上。例如，根据德国 KOAB 项目，高校在制定评价指标体系时，首先，需要关注与毕业生就业相关的主题领域，类似毕业生的求职过程、就业条件、就业后的基本状况及职业发展路径。其次，通过学生回顾个人受教育的经历与过程，反馈自己的态度与看法。最后，关注个人价值观与个人职业发展之间的关系。以此较为系统全面地反映个体就业的基本情况与发展路径，以及就业质量。

此外，高校在对毕业生就业的跟踪调查过程中，既要厘清关键性概念，又要对其划分不同的类别进行不同维度的衡量。例如，面对毕业生就业状态的不同，高校可以对毕业生进行划分，按照就业人员、创业人员、待业人员分类分层调查。通过对就业群体的研究，可以了解学校专业知识教育与相关技能的实施情况，对创业群体的调查，则可以反思学校双创工作开展的成效，而关于待业、失业群体，则需要关注他们综合能力与职位匹配度的差异，以此分别对学校人才培养不同层面开展调整。在评价学生就业质量的优劣时，要注重差异化的分析，相比与在企事业单位工作的毕业生而言，大部分创业者初期的就业情况就显得力不从心，但我们不能简单认定这一类毕业生没有取得"职业成功"，而是应该关注一个人的职业生涯，可能会随着不同阶段的发展而有所不同，自然也就需要更持续长久的跟踪观察。

高校作为实施毕业生就业跟踪反馈机制的主体，需要积极与国家政府部门、第三方数据机构、用工单位等进行合作协调，并制定科学化、规范化的标准，采取多种手段途径，确保调查数据的科学性、高效性，在毕业生就业追踪机制长效平稳运行基础上，获取毕业生就业质量，为自身质量保障提供全面数据，使得人才培养体系得以不断调整与改革，真正发挥应有的核心价值，实现高校教育质量的良性循环上升。

参考文献

包艳华，马永红，GRORG K，白丽新，2017. 德国毕业生跟踪调查研究的理念和模式 [J]. 中国高等教育（5）：60-63.

包艳华，马永红，ULRICH H，2018. 基于国际比较视角的高校毕业生就业跟踪调查机制探析 [J]. 中国大学教学（7）：91-96.

胡立，2016. 主体与环境：高等职业教育就业生态系统的平衡 [D]. 博士学位论文. 长沙：湖南师范大学.

惠太望，2010. 大学生就业率统计的深层思考 [J]. 统计科学与实践（4）：15-17.

姜玉，2017. 东北地区人口迁移流动及其影响研究 [D]. 博士学位论文. 长春：吉林大学.

陆勇，2016. 供给侧改革视角下的高校毕业生就业跟踪反馈机制研究 [J]. 扬州大学学报（高教研究版），20（4）：18-21.

杨河清，谭永生，2011. 国外高校毕业生就业统计比较及对我们的启示 [J]. 人口与经济（6）：28-33.

张剑，2004. 试论美国高校毕业生就业率的统计评估体系 [J]. 比较教育研究（6）：56-61.

铸牢中华民族共同体意识的
高校外语教学行动研究

——以少数民族预科班综合英语课为例

修　晨[1]

摘要：本研究通过教学行动研究，探讨了如何在少数民族预科班的综合英语教学中有效融入中华民族共同体意识，以提升学生的文化认同感和语言学习效果。研究设计包括两轮行动研究，循序渐进地优化教学策略。研究采用课堂观察、反思性写作、焦点小组讨论与访谈等多种数据收集方法，系统评估了不同教学策略的实施效果。结果表明，将儒家"仁"的精神等中华文化价值观融入英语教学，能够显著增强学生对中华文化的认同感和自豪感，提升学生的跨文化沟通能力和语言技能，尤其是在阅读理解和文化相关词汇的使用方面。研究发现，互动性和实践性强的教学策略，如角色扮演、情境模拟和反思性写作，能够更有效地促进学生对文化价值观的内化与应用。基于研究结果，本研究提出了在多民族背景下优化英语教学的具体策略，为未来相关研究提供了新的方向，也为推进中华民族共同体意识教育的实践提供了参考。

关键词：中华民族共同体意识；少数民族预科班；行动研究；综合英语教学

1. 引言

在新时代背景下，铸牢中华民族共同体意识已成为我国教育的重要任务，特别是在少数民族预科班中，这一任务显得尤为关键。通过将中华民族共同体意识融入教育，可以促进各民族学生之间的理解和团结，增强对中华文化的认同感和自豪感，从而促进社会和谐和国家稳定。

1　**修晨**，北京外国语大学专用英语学院讲师，研究方向为外语教育、美国研究、跨文化交际研究。

然而，将中华民族共同体意识融入英语教学中面临着诸多挑战。一方面，英语课程常以西方文化为主，缺乏中华文化的体现，这可能导致学生在文化认同上产生困惑；另一方面，在语言技能训练的同时，如何有效融入儒家"仁"等核心价值观，避免简单说教，也是教师面临的重要难题。此外，教师需要探索如何在课堂中营造多元文化的互动环境，使学生在学习语言的同时，深刻理解和认同中华民族共同体意识。

　　本研究旨在探索有效的教学策略，将中华民族共同体意识融入综合英语教学，增强少数民族预科班学生的文化认同感和语言学习效果。此外还将评估这些策略对学生的文化认同感和学习效果的影响，分析学生在认知与行为层面的变化，为未来教学提供数据支持和理论参考。为此，研究将围绕以下两个核心问题展开：①哪些教学策略能够有效地将中华民族共同体意识融入综合英语教学中？②这些策略如何影响民族预科班学生的文化认同感和语言学习效果？研究将通过学生的课堂表现、反思性写作和焦点小组讨论等多种方法，深入探索教学策略如何增强学生的文化认同感。

2．文献回顾

　　中华民族共同体意识是指中华人民共和国国民在体认彼此生存发展的共性条件与历史基础上，秉持共善价值规范与能动维护意愿的复兴凝聚心态（青觉，等，2018）。习近平总书记多次指出，铸牢中华民族共同体意识是新时代党的民族工作高质量发展的根本任务，是维护国家统一和民族团结的基础工程。要深化民族团结进步教育，正确处理中华文化和本民族文化的关系，为铸牢中华民族共同体意识夯实思想文化基础。在教育领域，特别是少数民族预科班，培养中华民族共同体意识显得尤为重要。这不仅能够增强学生对中华文化的认同感和自豪感，还能促进不同民族学生之间的团结和互信，从而为社会和谐和民族团结打下坚实的基础（王延中，等，2024）。在教育过程中，通过系统的文化认同教育，能够将中华民族的共同价值观更好地传递给少数民族学生，使其在情感和理性上认同中华民族的大家庭，这对国家的长期稳定和发展至关重要。

　　儒家思想中的"仁"是中华文化的核心价值观之一，代表着对他人、社会和自然的关爱和责任感。"仁"不仅是一种道德规范，更是一种教育理念，强调通过对学生的个性化引导和道德培养，实现人与人之间的和谐共处（Tu，1985）。维特根斯坦的家族相似理论（family resemblance）为理解文化和价值观的相似性提供了新的视角。该理论认为，不同文化或概念之间并非通过固定特征连接，而是通过一系列重叠和交错的相似性（Wittgenstein，1953）。在这种理论视角下，"仁"作为一种核心价值观，可以被看作是一种跨文化的"种子"，这种"种子"蕴含着普遍的人类情感和道德追求，类似于生命的种子，具备无限的可能性和发展潜力。因此，通过家族相似理论的视角，我们可以发现"仁"精神在不同文化背景下的共通性和普遍性，这有助于学生理解"仁"的本质，并将其应用到不同文化情境中去，从而在文化比较和跨文化理解中发现共通的价值观念（Schwartz，1994）。这种理解方式帮助学生超越特定文化背景的限制，更深刻地认识"仁"作为一种普遍伦理原则的内涵，促进对中华民族共同体意识的认同和理解。

"中华民族共同体意识"和儒家"仁"的精神之间存在深刻的逻辑关系。中华民族共同体意识强调全体中华民族成员的团结、协作与共同发展，而"仁"作为儒家文化的核心价值观，提倡对他人、社会的关爱和责任，强调人与人之间的和谐相处和相互关怀。将"仁"的精神融入教育，可以帮助学生从个体层面理解和践行中华民族共同体意识的核心价值观。研究表明，通过将"仁"作为核心价值观纳入教育，学生能够更好地理解中华文化的深刻内涵，增强其文化认同感和道德判断力（Yao，1999；Shi，2018）。此外，"仁"的精神所倡导的教育方法，特别是启发式教育，强调学生的个性发展和自主学习能力，这与当代教育提倡的个性化教育理念高度契合（Tomlinson，2001）。因此，将"仁"的精神融入教育，不仅为铸牢中华民族共同体意识提供了丰富的文化和理论基础，还促进了学生对自身文化的认同与尊重，以及对其他文化的理解，实现了文化自信和民族团结。

在全球化和多元文化背景下，教育如何促进民族认同和文化认同已成为国内外学术界的研究重点。班克斯（Banks，2008）强调，多元文化教育旨在通过课程和教学内容的多样化，尊重和理解各民族的文化传统，以促进社会的和谐与团结。巴巴詹（Babacan，2013）进一步指出，多民族国家可以通过教育体系的改革和创新，促进民族间的理解与合作。这些研究为中国的民族团结教育提供了有益的借鉴。国内研究者也对多元文化教育进行了深入探讨。例如，苏晓轶（2024）指出，在英语教学中融入中华民族共同体意识，可以通过选取适当的教学素材和案例，引导学生理解中华文化的核心价值。通过这样的教育策略，学生不仅能够更好地理解和内化中华文化的内核，还能增强对其他民族文化的尊重和理解，从而实现文化自信和民族团结。胡欣悦和黄茂（2024）也强调，应通过创新教学模式，将中华民族共同体意识教育有机融入少数民族预科班的思想政治教育中，提升学生的文化认同感和思想政治教育的实效。

将文化价值观融入语言教育是一项复杂的任务，涉及课程设计、教学策略和评估方法等多个方面。研究表明，语言教育不仅仅是语言技能的训练场所，更是文化传承和价值观教育的重要平台（Byram，2020）。这意味着教师在教学中需要超越传统的语言教学方法，将文化内容作为教学的重点。克拉姆契（Kramsch，1993）提出，语言教学应不仅关注语言的形式和功能，还应注重培养学生的跨文化交际能力和文化认同感，使他们能够在多元文化背景下理解和运用语言。这就要求教师在教学过程中设计丰富的文化体验活动，以帮助学生深入理解和内化所学的文化价值观。

尽管已有大量研究关注民族认同教育，但在如何将中华民族共同体意识和儒家"仁"的核心价值观有效融入少数民族预科班的综合英语教学中，仍然存在一定的研究空白。大多数现有研究侧重于理论探讨，缺乏对实际教学策略的详细分析和案例研究（王延中，等，2024）。本研究通过将儒家"仁"的精神与维特根斯坦的家族相似理论相结合，探索了在综合英语教学中如何有效融入中华民族共同体意识的具体策略，为少数民族预科班的英语教学提供了新的视角和方法，为铸牢中华民族共同体意识提供了有力支持和理论依据。

3.行动研究

3.1 研究设计

麦克尼夫（McNiff，1988）强调，行动研究的核心在于教师在其教育环境中识别问题，制定行动计划，实施策略，并进行反思和评估，从而形成一个持续改进的循环过程。在本研究中，行动研究分两轮进行，遵循发现问题、提出对策、实施方案、分析反思这四个步骤（李莉文，2011）。第一阶段（第一学期），教师识别出在少数民族预科班综合英语教学中融入中华民族共同体意识的挑战，制定初步的教学策略并付诸实施，观察学生的反应和学习效果。反思与评估的结果揭示了初步策略的优缺点和改进空间。第二阶段（第二学期），基于第一阶段的反馈，教师对策略进行了调整和优化，实施改进后的教学计划，再次进行观察、反思和评估。通过这一过程，教师逐步优化了教学方法，有效提升了学生的文化认同感和语言学习效果，探索出适应多元文化背景的教学策略。

本研究的参与者为两个学期的少数民族预科班学生，学生来自不同的少数民族背景（包括回族 5 人、蒙古族 2 人、土家族 3 人、达斡尔族 1 人、东乡族 1 人、彝族 1 人、壮族 4 人、白族 1 人、傣族 3 人），其中男生 5 人，女生 16 人，年龄主要在 17 ～ 19 岁。第一学期的参与者为 21 名学生，第二学期的参与者为同一批学生。由于研究的持续性，参与者在第二学期能够继续参与更深入的研究活动，为研究提供了连续性的数据支持。

3.2 数据收集与分析

课堂观察：在两个学期的行动研究过程中，研究者对相关课次进行系统性的课堂观察，共记录 10 课时（第一轮 250 分钟，编码为 CO- Ⅰ + 具体位置；第二轮 250 分钟，编码为 CO- Ⅱ + 具体位置）。观察内容包括学生的课堂动态、参与度、互动情况及语言学习表现。研究者重点关注学生在课堂讨论中对"仁"与中华民族共同体意识的理解、参与活动的积极性、与教师和同学的互动情况，以及学生在语言学习中的具体表现，如词汇使用、语法掌握、口语表达和听力理解能力的提升。通过对这些观察记录进行初步整理与编码，研究者提取出学生参与课堂活动的频率、讨论的深度、语言表达的流利度与准确性，以及学生之间互动的质量等主题。这些数据有助于评估各类教学策略对语言学习和文化认同的影响。

反思性写作：学生被要求在每个学期内撰写一次反思性写作作业，共收集反思记录 42 份（第一轮 21 份，RW- Ⅰ 1 ～ RW- Ⅰ 21；第二轮 21 份，RW- Ⅱ 1～ RW- Ⅱ 21），记录他们对课堂学习内容的理解和个人的文化认同感变化。这些作业反映了学生在学习过程中如何理解和实践"仁"的精神，以及如何将中华民族共同体意识内化为个人价值观。研究者通过开放编码和主题分析，识别出写作中的核心观点和主题，分析学生在文化认同和学习体验方面的变化。

　　焦点小组讨论与访谈：在每个学期结束时，研究者组织了一次焦点小组讨论（FGD-Ⅰ、FGD-Ⅱ）和七次个别访谈（INT-Ⅰ1～INT-Ⅰ3；INT-Ⅱ1～INT-Ⅱ4），以深入了解学生对课堂内容的理解和文化认同感的变化。焦点小组成员每次5人，既包括课堂讨论中表现活跃且具有深刻文化认知的学生，也包括参与度较低的学生，确保了数据的多样性。个别访谈共7人，选取了在讨论中表现出独特见解或在反思性写作中有明显进步的学生，以获取更详细的个人学习体验和文化认同的变化。通过对讨论和访谈记录的编码分析，研究者识别出学生对教学策略的反馈和文化认同的反思，为进一步优化教学策略提供了依据（下文引用的所有数据都已译成汉语）。

3.3 数据收集与分析

3.3.1 发现问题

　　教师通过对少数民族预科班综合英语课程的教学内容和学生反应的观察，发现了课程中存在的一个关键问题：教学内容通常偏重西方文化，缺乏对中华文化的充分体现。具体来说，综合英语课程的教材和教学材料主要侧重于英语语言国家的文化背景、社会习俗、人文故事等，而很少涉及中华文化的核心价值观和传统美德。这种文化倾向使得学生在学习英语的过程中，接触到的多为西方文化元素，反而缺少对本土文化的了解和认知。这不仅不利于少数民族学生对中华文化的理解和认同，还减少了提升他们对中华民族共同体意识的认知和认同感的机会。教师意识到需要在综合英语教学中融入更多中华文化的内容和价值观，以帮助学生更好地理解和认同中华文化，从而增强其对中华民族共同体的认识。

3.3.2 提出对策

　　行动的主要目标是通过综合英语课程有效地融入中华民族的核心价值观"仁"，以帮助学生在学习语言的同时，逐步理解和内化中华文化的价值观。为此，研究者制定了多重子目标，包括知识学习目标、思政目标和语言学习目标。

　　关于知识学习目标，研究者通过详细的阅读和课堂讨论，帮助学生深入理解儒家"仁"的概念及其在中华文化中的地位和重要性。通过选取融合中华文化背景的英语文本，学生能够更好地理解"仁"作为核心价值观的内涵。

在思政目标方面，研究者通过引入儒家"仁"的精神，引导学生认识和理解中华民族共同体意识，增强他们对中华文化的认同感和归属感。此目标旨在使学生从文化和价值观的层面认同并践行"仁"的精神，培养他们的文化认同感和民族自豪感。

在语言学习目标方面，研究者旨在通过文化内容的学习和讨论，促进学生在英语词汇、语法和表达方面的提高。目标是让学生能够较为熟练地使用与"仁"相关的高级词汇和表达，并在跨文化讨论中更多地运用这些语言技能。

研究者选择了《新一代大学英语综合英语基础篇2》中的"Loving Family"单元作为核心教学材料，因为该单元内容围绕母亲对女儿的悉心陪伴与关爱，能够生动展现"仁"的精神内涵和实践过程。希望通过深入的文本阅读和讨论，使学生逐渐理解，"仁"不仅是一种道德规范，更是一种在生活中需要细致关怀和长期践行的精神。也通过分析孔子的"因材施教"和"能近取譬"（杨伯峻，2018）等教育方法，帮助学生意识到这些做法如何体现了"仁"的精神，从而帮助学生内化文化价值观，增强他们对文化的认同感。此外，研究者计划在课堂讨论中鼓励学生分享他们对"仁"的理解，并将这些理解与个人生活经验联系起来，以促进学生的深入思考和文化认同。

3.3.3 实施方案

在第一阶段的教学设计中，教师主要通过文本阅读、课堂讨论和词汇练习等方式来帮助学生理解"仁"的精神。

针对知识目标，教师引导学生仔细阅读课文中的核心章节，要求学生标注出母亲行为中体现"仁"的精神的具体例子，如细致观察、耐心陪伴和充满爱的引导等。文本分析之后，教师组织了全班讨论，以互动和反思的形式帮助学生更好地理解"仁"的概念。教师提出了引导性问题，如"母亲在故事中如何通过观察、倾听、引导和支持等一系列行为来体现'仁'的精神？"以及"你认为'仁'的实践中，哪一个环节最容易被忽视？为什么？"鼓励学生结合文本内容和个人经验进行深度思考和讨论。学生被分成小组，各自分享他们从文本中理解到的"仁"的精神，并讨论如何在个人生活中实践这一价值观。

针对思政目标，教师提出以下问题，"在你自己的文化中，有没有类似'仁'的概念？如果有，它是如何体现和实践的？""在面对不同情况时，'仁'的精神如何帮助我们做出恰当的选择？"引导学生思考"仁"的精神如何超越简单的帮助行为，转而关注整体性的人际关怀和社会责任，帮助学生从思想上更深入地理解"仁"的核心价值。教师要求学生结合他们的民族文化背景和个人生活经验，思考"仁"如何在不同文化和社会情境中体现。

针对语言目标，教师专门设计了词汇和表达练习，旨在提高学生的英语语言能力，特别是在与文化相关的词汇使用上。例如词汇填空和句子重组练习，以帮助学生更好地掌握如"guidance（引导）""compassion（同情心）"等新词汇。通过小组讨论和全班分享，学生练习如何用英语表达如"empathy（同理心）""altruism（无私）"等概念，从而提高他们在跨文化讨论中的沟通能力。

3.3.4 分析反思

通过课堂观察和学生的反思性写作，研究者发现行动第一阶段在达成知识目标、思政目标和语言学习目标方面虽取得了一定成果，但仍存在不足。

在知识目标上，学生对"仁"等文化概念有了初步的认识，但理解停留在表面，未能深入挖掘其内涵与实际应用。一位回族学生 S3 表示："我理解母亲对女儿的关爱是'仁'的一种表现，就像她通过陪伴来帮助女儿建立自信。然而我不知道如何在自己的生活中实践这一点。我平时和朋友相处，更多是日常生活的互相帮助，比如帮忙去取快递，很少去真正观察和理解他们的想法和感受。"（RW-Ⅰ9）

在思政目标方面，学生对自己民族文化的认同感较强，而对于中华民族共同体意识的认同尚未明显提升，许多学生仍未能将"仁"的精神与自身的生活实践紧密联系起来。例如蒙古族学生 S5 提出，蒙古族文化强调团结互助，但他看不到"仁"与这种精神的直接联系（FGD-Ⅰ4）。

语言学习目标方面，学生对文化相关词汇的掌握和主动使用情况不佳，尤其是在复杂的语言环境中进行表达和讨论时，表现出一定的困难。例如在英语中准确使用如"nurture"（培养）和"compassion"（同情心）等描述"仁"概念的词汇时显得不够熟练（CO-Ⅰ11, 14）。一些学生在表达自己的观点时频频停顿，这表明他们对这些词汇的理解和应用仍有待提高（CO-Ⅰ7）。

针对这些问题，研究者进行了进一步的文献阅读，决定在第二阶段的教学中引入更具互动性和实践性的策略。参考科尔布的体验式学习理论（Kolb，2014），研究者计划通过角色扮演和情境模拟等活动，帮助学生在真实情境中更深刻地理解"仁"的精神，增强他们的文化认同感和理解能力。此外，根据麦基罗的转换性学习理论（Mezirow，1991），研究者还将增加反思性写作任务，以促使学生批判性地思考学习内容，促进自我反思和个人成长。这种方法旨在帮助学生更好地理解和内化"仁"的概念，并将其应用于个人和集体的实际生活中，为实现更有效的文化认同教育和语言学习目标提供支持。

3.4 第二阶段

3.4.1 对策与实施

引入角色扮演活动：教师设计了一系列与"仁"相关的角色扮演活动，让学生在模拟的情境中体验和实践这一概念。例如，学生被分成小组，分别扮演家庭成员或朋友，讨论和展示如何在日常生活中通过仁爱和理解来解决冲突、帮助他人、促进团结。例如一位藏族学生 S3 在扮演母亲的角色时，展示了如何在冲突中保持冷静，并通过倾听和理解孩子的情感来化解冲突。（CO-II 1）在反思性写作中她提道："我学到了在家庭中，母亲应该更多地倾听孩子的想法，而不是一味地告诉孩子该怎么做。这让我意识到，'仁'不仅仅是一个抽象的概念，而是一种具体的生活方式。"（RW-II 20）这些角色扮演活动不仅增强了学生的参与感，还通过实际体验帮助他们更好地理解"仁"的实际应用。

实施情境模拟：在课堂上，教师设置了多个情境模拟环节，模拟了真实生活中可能遇到的复杂文化情境。例如笔者创建了一个虚拟的讲授情境，要求学生使用费曼学习法（Feynman Technique）向同学讲解一个中华传统文化概念（如"仁、义、礼、智、信""和""道""天人合一"等）。在这一过程中，学生需要采用清晰、简单的语言进行解释，同时通过提问和鼓励同学思考来引导学习（Feynman，2010）。这种方法旨在体现"仁"的精神，即通过耐心引导和支持，帮助同学在思考中找到答案，而不是简单地给予直接答案。学生 S11 在访谈中提到"费曼学习法让我意识到，清晰表达一个概念并不容易，尤其是当你需要确保所有人都理解时。在向同学们讲解'礼'的概念时，我注意到来自不同民族的同学们对这个词有不同的理解。我学会了用大家熟悉且都容易理解的例子来解释，并不断询问他们的想法，这让我感到我不仅在传授知识，也在建立一种互相尊重的学习氛围，这也是'仁'的体现。通过这次任务，我深刻体会到'仁'不仅仅是一种帮助的精神，更是一种学习的态度。"（INT-Ⅱ1）通过这些情境模拟，学生能够更真实地感受到"仁"在不同情境中的适用性，促进他们在跨文化背景下的文化敏感性和实践能力。

开展跨文化比较与案例分析：为了深化学生对中华文化与自身少数民族文化之间关系的理解，教师引导学生进行跨文化比较与案例分析。通过对比中华文化中的"仁"与学生自己民族文化中的核心价值观，学生能够认识到不同文化之间的相似性与差异性，并进一步理解"仁"作为一种普遍价值观的广泛应用性。藏族学生S5分享道："在我们藏族的'羌姆舞'中，我们表现对所有生命的尊重，这种尊重与'仁'的宽容和关爱精神有相似之处，都强调人与动物、人与自然万物之间应保持一种和谐的关系。"（CO-Ⅱ12）这些活动鼓励学生以批判性思维审视自己的文化背景，从而增强他们对中华民族共同体的认同感。

设计反思性写作任务：教师要求学生记录自己在课堂活动中的体验，并反思如何在个人生活中践行"仁"的精神。例如，学生S8写道："学期初，我对'仁'的理解只停留在'帮助别人'这么简单。通过课堂上的各种活动，我慢慢明白，'仁'不仅仅是简单地去帮忙，而是要在生活中多站在别人的立场上看问题。我学会了更多地去体谅和尊重同学的想法和感受。这些变化让我意识到，其实我们各自的民族文化里都有这种观念，大家相互关心、团结在一起，这正体现了我们作为中华民族大家庭的一员的共同精神。"（RWⅡ-14）这些写作任务旨在促进学生的自我反思，使他们能够将课堂上学到的文化价值观内化为日常行为准则。

3.4.2 分析评价

在第二阶段的行动研究中，通过引入更多互动性和实践性的教学策略，如角色扮演、情境模拟、跨文化比较和反思性写作任务，显著提高了学生的文化认同感和学习效果。课堂观察和学生反思性写作显示，学生对"仁"的核心价值观及其在日常生活中的应用表现出了更深刻的理解和积极的态度。焦点小组讨论和访谈进一步表明，这些策略有效地帮助学生将文化概念内化为个人行为准则，增强了他们对中华文化和中华民族共同体的认同感。学生 S10 在访谈中提道："对我来说，'仁'以前只是一个模糊的概念，但通过讨论傣族泼水节，我发现了它在我们生活中的存在。泼水节上，泼水不是一种嬉闹，而是代表祝福和清洁，是一种人与人之间的祝福和善意。这和'仁'教导我们对他人表达善意、相互关爱的精神是一致的。我开始明白，这些文化价值观其实一直都在我们的日常生活中。"（INT-II 2）这种反馈表明，实践性和互动性更强的教学策略能够帮助学生建立更深层次的文化认同，并增强对中华民族共同体的归属感。

4. 研究发现

本研究通过两学期的行动研究，探讨了在综合英语教学中融入中华民族共同体意识和儒家"仁"的精神的多种教学策略，以及对学生中华民族共同体意识和语言学习的影响。以下是主要的研究发现。

4.1 教学策略的比较与分析

在研究过程中，我们探索了多种教学策略，旨在将中华民族共同体意识融入综合英语教学中，具体包括角色扮演、情景模拟、跨文化比较和反思性写作。每种策略的实施均经过精心设计，以帮助学生更好地理解和内化中华民族共同体意识。

首先，角色扮演和情景模拟策略用于让学生通过实际体验来理解"仁"的精神。在角色扮演活动中，学生被分组扮演家庭成员，讨论如何在日常生活中体现尊重、关爱与包容。情景模拟则进一步扩展到历史和社会背景中，如模拟郑和下西洋的场景，让学生在特定的文化情境中体验"仁"的精神和文化交流的重要性。通过这些互动，学生不仅加深了对"仁"的理解，还认识到"仁"不仅是一个文化概念，更是一种日常行为准则。比如，学生 S19 在角色扮演后表示："通过这些活动，我体会到了他人真正的需求是什么，也更清楚我该如何给予帮助，这种换位思考帮我理解了'仁'的真正意义。"（RW-II 16）

其次，跨文化比较策略帮助学生理解不同文化之间的差异与共性。通过比较家庭观念、教育方式等文化元素，学生分享了他们对"仁"的精神与西方

"共情"理念的看法。讨论中，不同民族背景的学生还分享了他们家庭文化中的共通之处，如尊重和关爱长辈的方式（FGD-Ⅱ2,3），这种比较帮助学生意识到这些价值观如何成为多民族和谐共处的基础，增强了他们对中华民族共同体的认同感。

最后，反思性写作任务被设计为学生在课后进行深度思考的工具。学生被要求在写作中反思如何在个人生活中实践"仁"的精神，并将其与他们在不同文化背景中的经历联系起来。通过这些反思性写作任务，学生不仅练习了语言表达，还深入思考了文化价值观的实际应用。例如，学生S4在反思性写作中使用了如"mutual respect"（相互尊重）、"cultural empathy"（文化共情）等词汇来描述"仁"的精神，显示出对相关文化词汇的熟练掌握。（RW-Ⅱ8）从反思性写作中可以看出，学生逐渐能够在个人生活和学习中实际应用所学的文化价值观，提升了对自身文化的认同感和文化自信心，同时也增强了他们对多元文化的理解和包容，意识到自己的行为如何能够增进与不同文化背景的人之间的相互理解与合作。

通过对以上不同教学策略的分析与比较，我们发现，角色扮演和情景模拟更有助于学生在具体情境中理解和体验中华文化价值观，而跨文化比较和反思性写作则促进了学生的深度反思和批判性思维。这些策略的实施效果因情境而异，根据学生反馈和课堂观察进行的调整和优化也表明，针对性地结合多种教学方法可以更有效地增强学生对中华民族共同体意识的认同感和文化自信。在未来的教学实践中，应继续探索如何在不同教学环境中优化这些策略，以最大化其教育效果。

4.2 对中华民族共同体意识的影响

通过在综合英语课程中系统性地融入儒家"仁"的精神，学生的中华民族共同体意识得到了显著增强。在课程第一阶段，学生通过细致阅读与思考，初步理解了中华文化核心价值观"仁"的丰富内涵。在课程第二阶段，特别是通过角色扮演、情景模拟和跨文化比较等活动，学生能够更积极地表达和反思他们的文化认同。

例如一位来自蒙古族的学生S20在反思中分享了蒙古族文化中的"乌力吉"精神，这种精神代表着慷慨和无私的分享。通过学习"仁"，他意识到这种无私奉献的精神与儒家文化中的仁爱有着共同的价值观基础。他写道，在蒙古族传统中，牧民们在恶劣环境下互相支持和帮助，这与"仁"所强调的同情和互助相辅相成。在课堂讨论中，他积极分享了这些见解（CO-Ⅱ15），认为通过弘扬"仁"的精神，可以更好地理解和尊重自己民族的文化传统，同时也增强了对整个中华民族共同体的认同感。（RW-Ⅱ12）

一位来自回族的学生S13在反思写作中分享了自己对于中华民族共同体意识的新认识。他提到在回族文化中，讲究诚信和互助是"仁"的一种体现。在参与了跨文化讨论后，他发现不同民族文化之间有许多共通的价值观，如诚实、善良和对他人的关爱，这些都与"仁"的精神相契合。他写道："我认识到，尽管我们来自不同的民族，但我们都分享类似的价值观，这使我更清楚地看到我们是如何组成一个更大共同体的。"（RW-Ⅱ19）这一认识促使他更加积极地参与到班级和学校活动中，展现了他对中华民族共同体的认同感和责任感。

学生们的反馈显示，他们开始以新的视角看待自己的文化背景，并表达出对中华文化的自豪感和责任感。这些具体的学习和反思过程，显示出他们在文化认同和民族意识方面的显著进步，进一步强化了中华民族共同体意识。

4.3 语言学习成果

研究发现在语言学习方面，学生的英语语言能力显著提升，尤其在阅读理解和与文化相关的词汇使用方面表现突出。通过结合文化内容的语言教学，学生不仅扩展了词汇量，还增强了对复杂文本的理解能力。例如学生S21在课堂讨论中能够有效地使用如"altruistic"（无私的）、"collective well-being"（集体福祉）等高级词汇（CO-Ⅱ8, 10），这不仅展示了其语言水平的提高，也反映了其对文化价值观的深刻理解。在阅读理解方面，学生S15在阅读关于中华文化思想的文本时，能够识别并分析文本中的核心概念和逻辑结构，展现出较高的文本解读能力（CO-Ⅱ3）。在课堂讨论和角色扮演中，学生能够更加流利地使用文化相关的词汇，如"empathetic"（富有同理心的）、"respect for elders（尊重长辈）"，并能够在跨文化背景下更有效地进行沟通（CO-Ⅱ5, 7）。此外，学生在写作任务和反思性作业中表现出的批判性思维和自主学习能力也得到了提升，这表明文化认同教育在促进语言技能发展的同时，还增强了学生的综合素质。

5. 结论与建议

本研究通过两个学期的行动研究，探讨了如何在少数民族预科班的综合英语教学中融入中华民族共同体意识，以增强学生的文化认同感和语言学习效果。研究表明，行动研究的循环过程——计划、行动、观察和反思，有助于教师优化教学策略，更有效地将文化意识融入语言学习。

研究发现，结合文化认同和语言学习的教学方法能同步提升学生的文化认同感和语言能力。通过调整策略，如增加角色扮演、情境模拟和文化比较等互动活动，学生对文化内容的理解和参与度显著提高。同时，反思性写作帮助学生将学到的文化价值观应用于日常生活，进一步强化了他们的文化认同和语言技能。然而，学生的文化背景和语言水平差异给教学带来了挑战。为此，教师采用多样化教学策略，并根据学生反馈进行调整，以确保所有学生的有效参与和理解。建议未来的教学实践应继续关注学生的多样性，结合具体的教学情境和学生背景，灵活应用不同的教学策略，促进文化认同和语言学习的融合。

未来的研究可进一步深化本研究成果，例如进行纵向研究，跟踪这些教学策略对学生文化认同和学业成绩的长期影响，以评估文化教育对学生全面发展的持续影响，并为教育政策提供支持。此外，研究可扩展至民族预科班的其他外语课程、历史或人文通识课程，探索如何在这些学科中有效融入中华民族共同体意识和核心价值观。通过跨学科的研究，了解多样化教育策略如何在不同学科中增强少数民族学生的文化认同感和归属感。这样可为构建更具包容性和文化敏感性的教育体系提供实证依据和理论支持。

总体而言，本研究通过行动研究优化了教学策略，展示了如何在语言教学中融入中华民族共同体意识，增强学生的文化认同和语言学习效果，同时为多民族背景下的文化教育提供了重要启示和建议。

参考文献

BABACAN H, HERRMANN P, 2013. Nation state and ethnic diversity[M]. New York: Nova Science Publishers.

BANKS J A, 2008. An introduction to multicultural education[M]. Boston: Pearson.

BYRAM M, 2020. Teaching and assessing intercultural communicative competence: revisited[M]. Bristol: Multilingual Matters.

FEYNMAN R P, 2010. "Surely You're Joking, Mr. Feynman!" Adventures of a Curious Character[M]. New York: W. W. Norton & Company.

KOLB D A, 2014. Experiential learning: experience as the source of learning and development[M]. New Jersey: Pearson FT Press.

KRAMSCH C, 1993. Context and culture in language teaching[M]. Oxford: Oxford University Press.

McNIFF J, 1988. Action Research: Principles and Practice[M]. London: Macmillan Education.

MEZIROW J, 1991. Transformative dimensions of adult learning[M]. New Jersey: Wiley.

SCHWARTZ S H, 1994. Are there universal aspects in the structure and contents of human values?[J]. Journal of Social Issues, 50 (4): 19-45.

SHI Z Y, 2018. Confucius' concept of Ren and its application in education[J]. English E-Journal of the Philosophy of Education: International Yearbook of the Philosophy of Education Society of Japan, 3: 18-27.

TOMLINSON C A, 2001. How to differentiate instruction in mixed-ability classrooms[M]. Alexandria: ASCD.

TU W M, 1985. Confucian thought: selfhood as creative transformation[M]. New York: State University of New York Press.

WITTGENSTEIN L, 1953. Philosophical investigations[M]. Oxford: Basil Blackwell.

YAO X，1999. Confucianism and its modern values： Confucian moral，educational and spiritual heritages revisited[J]. Journal of Beliefs and Values， 20（1）：30-40.

胡欣悦，黄茂，2024. 中华民族共同体意识融入高校少数民族预科班思想政治教育的实践路径探析 [J]. 陕西教育（高教）（4）：10-12.

李莉文，2011. 英语写作中的读者意识与思辨能力培养——基于教学行动研究的探讨 [J]. 中国外语，8（3）：66-73.

青觉，徐欣顺，2018. 中华民族共同体意识：概念内涵、要素分析与实践逻辑 [J]. 民族研究（6）：1-14+123.

苏晓轶，2024. 高校铸牢中华民族共同体意识的文化观教育研究 [J]. 中南民族大学学报（人文社会科学版），44（1）：43-50+182-183.

王延中，吴丹丹，王琦，2024. 党的民族工作与中华民族大团结：历史及经验 [J]. 中央社会主义学院学报（2）：40-55.

杨伯峻，2018. 论语译注 [M]. 北京：中华书局 .

基于 OBE 理念的外语类院校通识课课程思政实施路径

——以"教育国际化与跨文化交流"为例

刘翔璐[1]

摘要： OBE（Outcome-based Education）以学习结果为导向，以学生为中心组织内容和教学策略，提倡不断优化教学设计。外语类院校的通识课程不仅传授专业知识，还应注重培养学生的社会责任感、文化自信与全球视野。针对教师思政教学水平有待提高、学生对思政内容接受度较低，以及思政教学内容设计与学科适配性这三个挑战，本文从"成果导向""学生中心""持续改进"三个方面，探讨了 OBE 理念与外语类院校通识课课程思政建设的内在联系。"教育国际化与跨文化交流"课程运用 OBE 教学理念，通过明确学习成果、丰富教学内容、创新教学方式、优化评价机制等方式，从教授单一知识技能转为培养学生综合素质，促进专业本领与家国情怀相融合，激发学生思政学习主动性，落实课程思政实施效果。实现思政教育与专业教育的深度融合，从而帮助学生在了解全球教育发展趋势、掌握跨文化交际技能的同时，增强家国情怀和文化自信。

关键词： 课程思政；OBE；通识课；外语类院校

1. 引言

教育部 2020 年发布的《高等学校课程思政建设指导纲要》明确指出，要将思想政治教育贯穿人才培养体系的全过程。在这一背景下，通识课程作为本

---

1 刘翔璐，北京外国语大学讲师，北外学院副院长，研究方向为比较教育、全球教育治理。

科生教育的基础环节，承担着完善学生的知识结构和能力，促进学生的充分发展与自我认知的重要使命。

成果导向教育（Outcome-based Education，OBE）由美国学者斯派蒂（1994）提出，以让所有的学生都能获得成功为前提，突出"结果导向、学生中心、持续改进"的教育理念，强调培养学生在实际环境中的应用能力和社会责任感。通常国内外学者倾向于将 OBE 作为一种教学理念、教学模式。张男星等（2020）指出，结合中国当下的高等教育发展与改革实践，OBE 可以总结为是成果导向、以学习者为中心、持续改进三个要素的合成。

外语类院校的通识课程不仅承担着学生专业知识和技能培养的任务，还肩负着培养学生社会责任感、价值观与综合素质的重要使命。笔者聚焦 OBE 的三大核心理念，即"成果导向""学生中心""持续改进"，以"教育国际化与跨文化交流"课程为例，分析在外语类院校通识课融入思政元素的实施路径，探讨通识课教育与思政教育深度融合。

2. 外语类院校通识课课程思政建设的挑战

2.1 教师思政教学水平有待提高

通识课程通常由各学科领域的专业教师负责，而这些教师的主要职责是传授其专业领域的知识，他们的职业发展路径往往集中于本学科内的研究与教学。许多专业教师缺乏接受系统性思政教育培训的机会，因此在实际教学中，虽然具备深厚的学术背景，但对于如何将思想政治教育有机地融入教学内容，往往会感到无从下手（高宁，等，2020）。

这种能力不足表现在多个方面。首先，教师可能缺乏对思政教育政策的深入理解，不清楚如何在不同学科的教学目标中嵌入思政元素。其次，教师在课堂设计上通常更专注于知识的传递，而忽视了通过知识来培养学生价值观与社会责任感的可能性。这导致了思政元素在课程中形同虚设，无法真正渗透到课堂教学中，达不到培养学生思政素养的预期效果。此外，教师的思政教学能力不足还影响了课堂的互动性与启发性。一些教师在尝试引入思政内容时，缺乏有效的方法与策略，往往只能通过枯燥的理论传授来进行思政教育，这不仅降低了课堂的趣味性，还可能引起学生的抵触情绪。特别是对于从事教学工作不久的年轻教师，在没有经过长时间实践摸索或系统培训的情况下，难以利用案例分析、互动讨论等多种课堂活动启发学生主动思考，从而影响了课程思政的效果。

2.2 学生对思政内容的接受度较低

学生通常倾向于将通识课程视为获取知识的平台，而对思政内容的接受度相对较低。部分学生认为，通识课程的主要目标是传授专业知识与技能，思政教育不应干涉学术内容。这种偏见源于长期以来"学科知识与思政教育分离"的传统教学模式。在这种模式下，学生习惯于将学科知识视为客观事实，而将思政教育视为主观价值观的灌输，从而对思政内容产生抵触情绪。

此外，学生对思政内容的低接受度也可能源于教师在讲解思政元素时，未能引发学生的共鸣。如果思政内容未能与学生的实际需求、未来职业规划以及日常生活经验紧密结合，学生可能会觉得思政内容与自身无关，缺乏现实意义。这种情况下，学生更容易表现出对思政内容的冷漠，甚至可能认为思政教育与他们未来的职业发展无关，导致学习主动性降低（邱伟光，2017）。例如，外语类院校的学生往往更关注国际热点事务，他们可能对一些国际性的议题产生较大兴趣，如全球化、文化多样性、国际公平正义等。如果教师不能将这些议题有效地转化为思政教育的切入点，学生很可能无法从思想深处真正认同课程中的思政内容，从而难以达到预期的思政教育效果。

2.3 思政教学内容设计的学科适配性问题

外语类院校的通识课程涵盖了广泛的学科领域，包括语言学、文学、历史、社会学、哲学、科学技术等不同领域的课程。每个学科的教学目标、方法以及内容都存在显著差异，这给课程思政内容的设计带来了挑战。思政内容的设计不仅需要结合各个学科的专业特点，还必须与学科知识的内在逻辑紧密结合，才能避免思政内容与专业知识的"割裂"现象（王学俭，等，2020）。例如，在文学类通识课程中，教师可以通过对经典作品的解读，探讨其中的价值观、文化传统以及人文关怀，进而引导学生思考个人与社会的关系。然而，在科学类课程中，如人工智能、数学等领域的课程中，如何引入与学科相关的思政内容则更加复杂。这类课程的知识具有高度的抽象性和客观性，如果直接加入思政内容，可能会显得突兀。因此，如何在不同类型的学科中寻找恰当的切入点，将思政元素自然地融入课程内容，成为课程设计中的一大难题。

另一个挑战在于跨学科课程的思政内容适配性。一些跨学科通识课程可能涉及多个领域的知识，如果不能协调好这些学科知识与思政元素的关系，可能会造成学生的学习困惑。例如，在跨文化交流课程中，既要涵盖语言学、社会学等方面的知识，还需要引入思政教育，帮助学生树立正确的人生观与价值观，树立文化自信。如果思政内容与其中单一领域脱节，学生都将难以理解课程整体的逻辑结构，思政教育效果自然大打折扣。

为了应对这一挑战，课程设计者不仅需要具备广博的学科知识，还必须拥有跨学科的思维能力与丰富的教学经验。设计者需要深入挖掘每个学科知识背后的价值观，并将其与思政元素结合，通过具有启发性的教学方式传递给学生。这一过程不仅需要大量的时间与精力投入，还需要设计者具备较高的教学创造力，才能实现思政内容与学科知识的有机融合。

3. OBE 理念与外语类院校通识课程思政建设的内在联系

3.1 结果导向教学在外语类院校通识课中的意义

OBE 理念的核心之一是"结果导向"，即在课程设计的初期就明确学生需要达到的学习成果，并以此为导向制定教学目标、内容和方法（姜波，2003）。外语类院校传统的学科结构以语言学习为核心，培养具备语言技能的学生。然而，随着我国在国际事务中发挥的作用日益显著，社会对复语复合型人才的需求愈加迫切。大部分外语类院校逐渐从以语言为主的单一学科模式，发展为涵盖多学科、多专业的综合型大学。外语类院校的学生不但需具备语言技能，还需具备专业领域知识、跨文化交际能力和全球视野。OBE 强调课程与真实生活需求与经验的联结（Spady et al., 1991）。通过 OBE 理念，教师可以根据国家对标国际化人才的需求，明确学生需要具备的综合素质，通过设定成果导向，在课程中融入家国情怀和民族责任感的教育目标，使学生在学习过程中树立家国情怀和文化自信。

3.2 学生中心理念对外语类院校通识课的适用

OBE 理念吸收了人本主义"以学习者为中心"的思想，这一理论强调最大限度地激发学习者的内在动机，培养具备应对变化的能力，并促进个性全面发展（张星男，等，2020）。斯派蒂（Spady，1994）提出教师的权威性逐渐减弱，教学应向以学生为中心的模式转变。该模式下的课程设计关注学生的学习需求、兴趣和个性发展。通识课程的学生来自不同的学科、年级，具有明显的跨学科特点，需要确保不同层次、不同兴趣的学生都能从通识课程中获得知识与价值观。通过采取学生为中心的教学方式，围绕学生的兴趣点与时事热点，抓取能够体现家国情怀、民族精神和文化自信的案例，将思政教育内容与专业知识点相结合。此外，教师可以设计丰富多样的教学活动，如小组讨论、情景模拟、案例分析等，采取多样化教学活动，让学生成为课堂的主角，教师从知识的"传授者"转变为"引导者"。让学生在自主思考探索的过程中自然而然地接受思想政治教育，真正做到入脑入心。

3.3 可持续化教学与外语类院校通识课的契合

OBE 理念中的持续改进原则，强调运用多样化的教学策略和评价工具来满足学习者的学习需求，再根据每个学习者的学习需求进行持续的反思与分析的基础上不断调整和优化教学设计（李志义，2015）。这一理念与外语类院校通识课程的课程思政实施紧密契合，尤其在评估与反馈机制的建设上，能有效提高教学质量和思政教育的实效性。传统的评价方式往往过于依赖考试成绩，难以全面反映学生的学习成果。OBE 理念主张通过多样化的评价手段来考察学生的学习成果，教师可以结合形成性评价与终结性评价，全面考察学生的思想政治觉悟和学术能力。例如，在通识课程中可以引入小组展示、课题研究等方式，评估学生对思政内容的理解与运用情况。通过学生的学习成果和社会反馈，教师可以不断调整课程内容和教学方法，确保课程思政的实施与时俱进，构建动态的课程思政优化模式。例如，随着全球局势的变化和国家战略的调整，教师可以更新相关案例和讨论话题，使课程内容紧跟时代发展的步伐，确保思政教育能够有效适应社会需求。

4. OBE 理念下外语类院校通识课课程思政建设的实施路径

"教育国际化与跨文化交流"是外语类院校面向全校本科生开设的通识类课程，综合了教育学、社会语言学和心理学等领域的理论和观点，从理解教育、文化和交际之间的关系出发，引导学生观察和思考教育国际化前沿热点，对中外高校学制体系、教学理念、教学方法进行差异分析，同时通过案例向学生展示在教育环境中的真实跨文化交际场景，讲授实用学习技能。该课程在OBE理念的指导下，通过明确学习成果、丰富教学内容、创新教学方法和优化评价机制等途径，将思政教育有机融入课程中，培育兼具家国情怀与全球视野的国际化人才。

4.1 明确学习成果，由单一技能传授转为综合素质培养

"OBE理念重视人才培养的整体性，课程体系及每一门课程都是围绕着学生学习成果进行设计和组织"（肖章柯，等，2023）。根据OBE理念，课程设计的第一步是明确学习成果，在课程思政建设中，这一点尤为重要。作为外语类院校的学生，他们未来从事外事外交、国际教育、跨国企业等相关领域的工作概率较高，因此在校期间他们不仅需要夯实语言和专业知识基础，还需要培养跨文化交际能力，增强对全球事务的理解与应对能力，为将来在国际舞台上讲好中国故事奠定基础。面向此类学生开设的通识课程，应从单一学科知识技能的传授转向综合素质的培养，强调语言技能与文化理解、全球视野、批判性思维等能力的融合，树立家国情怀、文化自信。

在"教育国际化与跨文化交流"课程中，学习成果包括专业知识和思政素养的双重目标，学生不仅需要掌握教育国际化和跨文化交流的相关理论和实践知识，还要理解中国在全球事务中的独特地位与责任；不仅需要掌握多文化背景下有效沟通与协作的能力，还应增强文化自信和民族自豪感。

在课程框架设计上，教师结合全球教育热点议题，选取不同国家的教育模式、教育政策作为案例分析，通过对比各国教育系统的差异，帮助学生掌握全球化背景下教育体系的多样性。同时，针对那些计划赴海外学习或有志于从事外事工作的学生，课程还特别关注跨文化沟通与适应能力的培养。例如，可以通过模拟跨文化场景、分析跨文化适应问题等实际案例，帮助学生为未来的学习和工作做好准备。为此，课程内容分为四个板块，分别为教育国际化前沿热点、世界主要留学目的国、跨文化交流在教育环境中的体现和跨文化交流实用技能。这种由宏观到微观、由理论到实践的递进式教学，使学生能够从全球视野逐步深入理解跨文化教育中的挑战与机遇，并贯穿文化自信和家国情怀的培

养，帮助他们在未来积极参与国际事务中发挥作用。

4.2 丰富教学内容，促进专业本领与家国情怀相融合

在以学生为中心的教学思路中，首先需要深度分析和厘清学生的学习需求，确保教学内容与学生个人需求和职业发展紧密相关。在"教育国际化与跨文化交际"课程中，学生们来自不同专业，包括外语专业（如英语、法语、日语等）和非外语专业（如国际关系、法学等）。外语专业学生可能对跨文化交际和全球化议题有较高兴趣，而非外语专业学生则可能因为学术兴趣或未来职业规划而选修本课程。此外，部分学生在本科阶段即有机会前往海外交流或学习，另有一部分学生计划在毕业后继续深造，前往国外攻读硕士或博士学位。这使得他们渴望了解全球教育趋势，深入了解他国的教育体系和政策，掌握跨文化交流技能，以便更好地适应未来的学习环境。为了满足这些需求，课程设计应充分考虑到学生的多样化背景、多元需求与职业规划。

为此，该课程坚持以学生为中心设计教学内容，避免出现专业教育与思政教育脱节的问题。根据课程内容的四个板块，从宏观层面的全球教育热点到个人层面的跨文化技能，围绕学生的学习需求和兴趣点，将专业知识与思政教育紧密结合。宏观层面上，讨论全球教育热点问题，如"高等教育国际化""国际教育服务贸易""全球教育治理"等，帮助学生了解全球化背景下的教育趋势与挑战。在每个单元都注意选取中国参与全球教育事务的典型案例，使学生了解我国对国际社会做出的贡献，认识到中国在全球的大国地位和责任。中观层面上，介绍各国高等教育概况，帮助学生缩小视角，从全球议题逐渐聚焦到具体国家的教育政策与实践。通过比较不同国家的教育体系和政策，学生能够理解不同教育模式及其背后的文化和历史背景。在讲解他国教育概况的同时，加入中国相关案例，让学生分析共性和特性。例如，在讲授"美国高等教育概况"中，通过将清华大学年度财报与哈佛大学年度财报进行对比，学生可以清晰地看到中国高校对学生的投入与重视。这种对比不仅让学生理解不同国家教育系统的运作方式，还能让他们认识到中国在全球教育领域中的竞争力和优势。微观层面上，通过实际案例和模拟课堂，课程展示了各国日常教育的文化差异与教学方法。学生在真实的教育场景中体验跨文化沟通的复杂性，并学会

如何适应和处理跨文化交际中的挑战，注重对中华文化的传承和弘扬。教师在案例分析和课堂讨论中引导学生思考中华文化在全球化背景中的独特价值与优势，讨论如何在多元文化环境中自信地表达和传播中华文化。例如，学生可以通过对比中西方教学方法与文化理念，理解中国传统教育理念如"尊师重道"与西方个性化教学的异同，从而增强对自身文化的认同感与自豪感。最后在个人层面上，讲授跨文化实用学习技能与自我提升方法，使得学生在国际化的语境中有效的传递信息。例如在学术论文写作中使用全球认可的学术框架或理论来解释中国现象，帮助学生在国际学术交流中讲好中国故事。

4.3 创新教学方式，激发学生思政学习主动性

以学生为中心设计教学方法，突出学生是课堂的主体，教师的角色转变为指导者、组织者和引导者（刘献军，2012）。这一模式下，教学从"教师教"向"学生学"转变，从"教师传授知识"转向"学生发现和创造知识"，形成了"传授模式"到"学习模式"的转变。

通过案例分析方式，加深学生对理论知识的理解。例如，引入跨文化沟通中的实际案例，让学生分析中外文化在表达方式、沟通风格上的差异，培养他们对中外文化差异的敏感性，引导学生用简明、易懂的语言表达复杂的中国理念和文化内涵。

采用问题导向方式，引导学生展开自主思考。例如，在讨论我国与他国进行高等教育国际合作时，教师可以提出一系列层次分明的问题，逐步引导学生思考："该项目设立的背景是什么？""项目中采用了哪些措施来促进学生流动和学术交流？""项目是否存在不足，如何进一步优化？"这些启发式问题不仅引导学生从多个角度思考问题，还能够将学生的思维从基础知识扩展到更为复杂的思辨领域，帮助他们理解如何在全球合作中维护国家利益、推动社会公平和正义，增强社会责任感。

设计系列课堂活动，例如角色扮演和模拟国际会议等。例如，在跨文化沟通角色扮演的情境中，教师设计场景让学生扮演不同国家的代表进行沟通交流。在此过程中，要求学生不仅要展示对他国文化的尊重与理解，还要有意识地展示中华文化的内涵。例如，在讨论两国如何进行教育合作或文化推广时，学生可以通过运用中国优秀的传统文化元素，如儒家思想中的"和而不同"理

念，向国际伙伴解释中国的文化观念与价值主张。这种场景让学生在解决实际问题的同时，体会如何在多元文化环境中有效传播中国文化，增强他们的文化自信。在国际模拟谈判活动中，学生还会发现不同国家在国际事务中的利益诉求和合作策略，进而从实际情境中思考中国在全球事务中的角色和责任。

在整个教学过程中，教师采用问题导入—案例分析—课堂活动—点评总结的方式，形成完整的思维闭环。在每一个环节，教师通过多次提出相关问题，引导学生从多个角度思考问题，而不直接提供答案。通过合理的引导，学生可以在自主探索的过程中构建自己的思维路径，逐步从被动接受转向主动参与。最终，学生不仅在课堂上能够获得知识，还能够在多样化的教学活动中提升思维能力和跨文化沟通技巧，增强社会责任感和家国情怀，为他们未来的参与全球事务打下坚实基础。

4.4 优化评价机制，落实课程思政的实施效果

OBE 理念强调学习过程中的持续性评价（倪晓丹，2020），通过"评价—反馈—改进"反复循环的持续改进机制，持续跟踪教学效果，达到不断优化教学的目的。

首先，构建过程评价与结果评价相结合的多元化评价机制。在"教育国际化与跨文化交流"课程中，过程评价是教师及时调整教学策略的重要依据。过程评价的特点在于及时性与动态性，教师可以根据学生的学习表现，灵活调整教学进度与重点，确保每一阶段的学习目标都得以有效达成。例如，通过课堂辩论、小组讨论、案例分析以及模拟国际会议等形式，教师能够了解学生对知识的掌握程度和思政素养的提升。教师通过个性化评语、小组讨论反馈、阶段性成果展示等方式，帮助学生认识到自己的优势与不足。同时，终结性评价如期末论文则偏重学生对课程核心知识的综合运用能力，确保他们具备必要的知识储备和能力水平。这种双重评价体系将过程与结果结合，既确保了学生在学习过程中得到充分支持，也保证最终学习成果的准确反映。

其次，采取知识、能力与思政素质的立体考核体系。不同于传统的知识性考核，这一考核体系注重学生的综合素质发展。例如，在模拟国际会议中，学生不仅需要展示其对国际关系、全球化背景下的教育合作等相关知识的掌握，还要通过团队合作与口头表达，展现其跨文化沟通技巧和对全球事务的理解。

与此同时，教师需关注学生在此过程中表现出的国家认同、文化自信与国际责任感，通过观察与评估学生如何在实际情境中平衡国家利益与全球责任，进而强化课程思政教育目标。通过这种立体的考核体系，学生的学习成果得以全方位展现，不仅关注学术能力，还兼顾思想素质的成长。

第三，设定明确的思政导向评价指标。除了知识点的考核外，教师可以通过设定明确的思政导向评价指标来量化学生的思政素质，更加客观、精确地跟踪学生在课程中的思想成长。在"教育国际化与跨文化交流"课程中，除了知识点的考核外，通过将思政素质细化为可量化的指标，客观地评估学生的思政素质，并及时给予反馈和指导。这些评价指标涵盖了文化认同与自信、家国情怀、社会责任感等核心思政要素。例如，学生在完成案例分析或小组讨论时，可以通过他们对中国文化的理解、对多元文化的包容态度以及在国际事务中的自信表达，来评估其文化认同与自信。具体指标包括学生是否能够清晰地表达自己对中国文化的认同，是否能够在跨文化交流中维护国家利益与形象，以及是否能够对其他文化表现出足够的尊重与理解。在课程的期末论文中，设置家国情怀、文化自信等相关的评价标准，评价学生是否在论述中体现了对中国文化的理解与自信。通过设定明确的思政导向评价指标，并结合量化评估，教师不仅能够更加精准地把握学生在思政素质上的发展，还能够为他们提供有针对性的反馈与支持，促使其在知识、能力与思政素质方面实现全面进步。

5. 结语

基于 OBE 理念的外语类院校通识课课程思政建设，为培养具有全球视野、跨文化交际能力和社会责任感的高素质人才提供了可行路径。通过以成果为导向、学生为中心的教学设计，通识课程能够将知识传授与思政教育紧密融合，达成知识与价值观共同提升的目标。通过不断反馈与持续改进，外语类院校可以在通识课程中有效推进思政教育，培养出兼具家国情怀与专业素养的复合型人才，为国家提供智力支持和人才保障。

参考文献

SPADY W G, 1994. Outcome - based education: critical issues and answers[M]. Arlington: American Association of School Administrators.

SPADY W G, MARSHALL K J, 1991. Beyond traditional outcome-based education [J]. Educational Leadership, 49（2）: 67-69.

高宁，张梦，2020. 高校"课程思政"建设中的主要矛盾及解决思路 [J]. 北京教育（高教版）（3）: 43-45.

姜波，2003.OBE: 以结果为基础的教育 [J]. 外国教育研究（3）: 35-37.

李志义， 2015. 解析工程教育专业认证的持续改进理念 [J]. 中国高等教育（3）: 33-35.

刘献军，2012. 论"以学生为中心"[J]. 高等教育研究，33（8）: 1-6.

倪晓丹，2020.OBE 理念下通识教育和专业教育融合路径研究 [J]. 教育评论（1）: 48-55.

邱伟光，2017. 课程思政的价值意蕴与生成路径 [J]. 思想理论教育（7）: 10-14.

王学俭，石岩， 2020. 新时代课程思政的内涵、特点、难点及应对策略 [J]. 新疆师范大学学报（哲学社会科学版），41（2）: 50-58.

肖章柯，刘佳，王晓婷，2023. 基于 OBE 理念的通识教育与专业教育融合路径探析 [J]. 北京教育（高教）（2）: 62-63.

张男星，张炼，王新凤，孙继红，2020. 理解OBE: 起源、核心与实践边界——兼议专业教育的范式转变 [J]. 高等工程教育研究（3）: 109-115.

高校外语教师数字素养能力提升策略与思考[1]

——基于《2023 地平线报告（教与学版）》的分析

潘雨亭[2]

摘要： 高校外语教师数字素养能力提升是高等教育外语教育数字化实现的必要条件。美国高等教育信息化协会《2023 地平线报告（教与学版）》阐述了影响未来高等教育领域的五大宏观趋势与六项关键人工智能技术。《教师数字素养》行业标准为教师数字素养提升提供了明确的指标框架。两项重要成果可结合应用。高校外语教师可从完善外语教师数字素养知识结构、优化外语教师数字素养考核与晋级体系、构建外语教师数字素养系统化培训模式、营造良好外语数字教学互动生态方面，提升自身数字素养，推动外语教育向数字化教育转型。

关键词： 数字素养；地平线报告；高校外语教师；教育数字化

1. 引言

党的二十大报告提出："推进教育数字化，建设全民终身学习的学习型社会、学习型大国。"教育部在 2019 年发布的《中国教育现代化 2035》要求加快信息化时代的教育转型，实现智能化校园建设、人才培养模式升级、教育服务模式创新和教育治理方式更新。2022 年 11 月，生成式人工智能的代表 ChatGPT 的问世，在全球范围引起高度关注。同月，教育部发布了《教师数字素养》行业标准，明确了教师数字素养框架。在此背景下，美国高等教育信息

1　2023 年中国高校外语慕课联盟课题"高校外语教师数字素养能力提升策略与思考——基于《2023 地平线报告（教与学版）》的分析"（项目编号 cmfs–2023–0026）。

2　潘雨亭，任职于北京外国语大学教务处，研究方向为美国研究、高等教育教学管理。

化协会（EDUCAUSE）在 2023 年 5 月发布了《2023 地平线报告（教与学）》，阐述了当前和未来影响全球高等教育教学发展的十五种重要趋势。预测了未来高等教育教学四种可能的走向与情景。这对我国的外语教育教学和外语专业学生的未来走向也提供了一定的借鉴。因此，我国外语教育教学应积极拥抱数字化浪潮，认真学习领悟国际先进经验，强化高校外语教师数字素养的实践要求，培养能够适应数字时代发展的外语专业人才。

2. 文献回顾

数字素养作为信息时代不可或缺的核心能力，其概念最早由以色列数字研究领域的学者约拉姆·埃谢特－阿尔卡莱（1994）首次提出，但"数字素养"这一概念及内涵等未有明确界定。保罗·吉尔斯特（1997）首先对这一概念做出了明确界定，指出"数字素养是获取、理解并使用互联网信息的综合能力"。约拉姆·埃谢特－阿尔卡莱（2004）将"数字素养"的研究范畴从技术维度拓展到社会情感维度，明确了"数字素养"是包含数字设备操作技能以及认知和社会情感在内的一种综合性能力。国内这一概念最早由王晓辉（2006）提出，对"数字素养"定义进行了阐述并分析了数字素养的重要性。欧盟（2013）制定了适用于全体欧洲公民的数字素养框架 DigComp1.0 版，将数字素养划分为信息素养、交流素养、内容创建素养、安全意识素养、问题解决素养，两年之后在 1.0 版本基础上推出了数字素养框架 2.0 版和 2.1 版。美国新媒体联盟在《地平线报告》（2014）中提出了"数字素养"的定义是"利用信息和通信技术来寻找、评估、创造和交流信息的能力"，自此有关数字素养的研究逐渐增多。

在教育领域，数字素养的研究日益广泛。李德刚（2012）指出数字素养教育是媒介素养教育未来发展的新方向，能够有效弥合"新数字鸿沟"。许欢等（2017）提出应借鉴国际先进经验，倡导给予交互式数字媒介空间构建多主体参与的数字素养教育模式。在外语教学方面，张薇（2006）认为基于数字素养的研究型评价模式，可以构建以英语数字素养为评价目标的评价模式，可有效评价学生搜索、筛选、组织信息及用英语表达研究成果的能力，为大学英语评价改革提供了借鉴。胡杰辉等（2023）研究外语教师数字素养的信念与实践特征及二者关系，指出外语教学中的较薄弱环节体现在数字化测评和人工智能外语教学模式变革这两方面。

综上所述，数字素养已成为衡量外语教师数字化教学的重要标尺，外语教师逐渐认识到提高个人数字素养的重要性和迫切性。现阶段外语教育教学向数字化教学转变中面临一些挑战和问题。例如，高校外语教师主动了解最新高等教育教学发展趋势的人数仍属少数，能深刻认识到数字化教育的高校教师并不是教师队伍主体，具备符合教师数字素养行业标准的外语教师还有待培养。因此，加强对国际先进高等教育相关研究成果的分析和学习，提高外语教师对数字素养的理解与认知，指导高校外语教师应用数字化资源和工具，是目前高校外语教师提升数字素养的有效路径。

3. 《2023 地平线报告（教与学版）》与《教师数字素养》行业标准

3.1 《2023 地平线报告（教与学版)》

报告从社会、科技、经济、环境和政治五个维度深度分析高等教育的未来发展趋势，探讨并总结出以全球化视角出发的高等教育将产生的关键性影响及未来发展趋势。

社会趋势将推动灵活便捷的学习方式，公平包容的教学方式，微证书逐渐势盛并趋于技术成熟。技术趋势主要表现为人工智能成为技术主流，在线学习与面对面学习的边界即将被打破，简化复杂程序的代码技术将协助人类创造数字内容。经济趋势体现在学生选择高等教育时会考虑经济负担成都和投资回报率，高校办学效能受到公立高等教育资金减少的影响，终身学习和职业学习的需求将增加。环境维度带来气候变化将影响人类日常生活，环境问题将在科研项目及学校机构运营中体现，科技在降低环境影响方面发展落后。

报告通过列举"支持预测和个人学习的人工智能应用"（6 项）和"生成人工智能"（6 项）、"模糊学习边界"（6 项）、"灵活学习"（6 项）、"微认证"（6 项）、"支持学生归属感和联系感"（6 项）的关键技术应用案例，展示了创新技术的持续发展，技术升级为高等教育提供了新的发展机遇，为各层级、各阶段的教学实践提供了变革推进的最新工具。

3.1.1 支持预测和个人学习的人工智能应用

预测性人工智能技术的引入，预示着教育领域正从"通用化"教学模式向高度个性化的学习体验转型。此类 AI 工具不仅能自动化评估材料的编制与语法校正，还能提供即时形成性反馈，显著提升教学效率，使教师得以专注于更高层次的互动与教学任务，如深度信息整合与知识创新。然而，关于预测性 AI 工具的数据收集、存储与应用的伦理边界问题正引发广泛讨论。多数教师认为他们肩负着利用新兴技术优化教育质量的责任，但同时也需审慎处理数据隐私、公平性与透明度等伦理议题。

3.1.2 生成式人工智能的潜力与挑战

生成式人工智能作为数字化时代的前沿技术，以其高度仿真人类创作的能力，对教材编纂、教学评估等教育领域构成深刻影响。教师可利用其生成教案、报告与学术手稿，提高工作效率。然而，这一技术的普及亦伴随着对学生作弊风险的担忧，可能影响其原创性思维与表达能力的培养。同时，生成式 AI 促使教师重新评估现有评估体系，探索更为有效且意义深远的教育实践路径。为此，培养学生对 AI 工具的批判性认识，包括其局限性与伦理考量，成为教育准备阶段的必要内容。

3.1.3 学习范式界限模糊化的教育影响

随着教育技术的革新，不同学习范式的界限日益模糊，推动了教学模式的多元化发展，旨在满足学生在混合学习环境中的多样化需求。此现象促进了学习公平与包容性的提升，但同时也揭示了基础设施不均等问题，如软硬件资源、高速互联网接入及适宜学习空间的匮乏，可能加剧数字鸿沟。

3.1.4 混合弹性课程模式的探索与挑战

混合弹性课程模式允许学生根据个人需求灵活选择现场或在线学习方式，被视为挖掘高等教育潜力的有效途径，适用于各类学习者群体，包括传统学生、职业发展需求者及终身学习者。然而，该模式的实施面临设计、教学支持与质量保障等多重挑战，要求高校在确保课程包容性与公平性的同时，克服资源分配与效率提升方面的障碍。

3.1.5 微认证与微学习的教育价值与实施障碍

微认证与微学习作为新兴学习模式，为构建个性化、灵活的学习路径提供了创新路径，通过在线平台扩大了教育机会，丰富了教与学的选择。然而，其在主流高等教育体系中的接受度有限，部分归因于高校在政策制定、教学实践等方面的滞后性。此外，劳动力市场就业标准的传统性，即多数雇主仍偏好拥有传统学位与证书的应聘者，也是阻碍微认证普及的关键因素。

3.1.6 促进学生归属感与联系感的策略

在高等教育环境中，学生的归属感与联系感对其学术参与、社会融入及整体发展至关重要。缺乏归属感的学生往往表现出较低的活动参与度。为促进学生快速适应并融入高校，教师需发挥关键作用，通过识别与强化学生个人优势、明确学习目标及指导社区活动等方式，构建支持性社交网络，帮助学生重建角色认同，增强归属感与联系感。

3.2《教师数字素养》行业标准

2022年，教育部推出了《教师数字素养》作为教育行业标准，该标准由教育部教师工作司、科学技术与信息化司、教育技术与资源发展中心等部门，联合北京师范大学、华中师范大学、华东师范大学等师范类高校共同起草。文件明确了教师数字素养框架，"包括5个一级维度、13个二级维度和33个三级维度。"对数字化意识、数字技术知识与技能、数字化应用、数字社会责任、专业发展五个一级维度做出了明确的定义和分析。

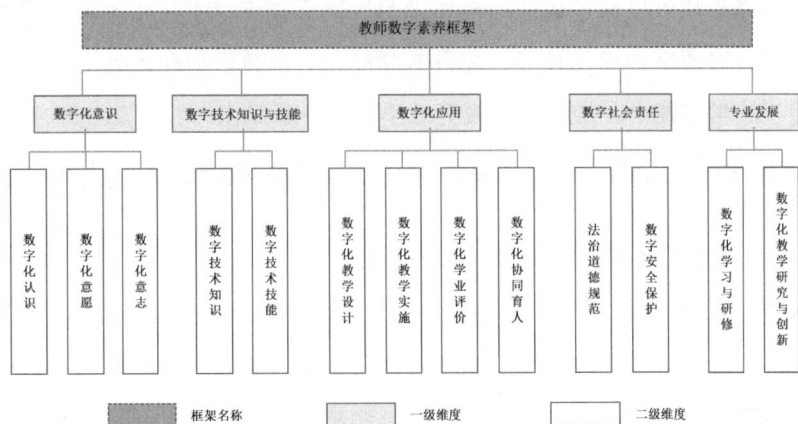

图1 教师数字素养框架

高校外语教师的教育素养，特别是数字素养逐渐成为推动教育现代化、实现教育强国的关键因素。因此，外语教师应对照此行业标准对外语教学全过程进行指导与评估。

数字化意识是高校外语教师提升数字素养的起点。具备高度数字化意识的外语教师，能够敏锐地感知数字技术带给外语教育的效率与准确，主动探索并适应数字化教育环境，有助于教师形成正确的社会主义现代化教育观，激发教师运用数字技术改进教学的内在动力。

数字技术知识与技能是教师实现数字技术与教育教学深度融合的必要条件。外语教师教学中的基本信息技术操作能力，包括计算机操作、网络应用等知识技能，多媒体教学软件与在线教学平台的搭建与管理等，有助于外语教师将数字技术融入课堂，丰富教学手段，提高教学互动效果。

数字化应用是教师实现数字化教育教学的核心使命，高校外语教师需要在实际教学中，灵活运用数字化工具，优化教学设计，创新教学模式，变革教学评价体系，提升教学质量。通过数字化应用，高校外语教师可以更好地满足学生的多元化需求，完善教学反馈机制，促进学生的全面发展。

数字社会责任是高校外语教师在数字时代背景下应肩负的社会责任，这包括遵守网络安全法律法规、维护信息安全、保护学生隐私等。高校外语教师必须树立正确的网络道德观念，引导学生正确使用网络资源。

专业发展是高校外语教师适应数字时代外语教育高质量发展需求的重要途径。外语教师可以通过培训、自主学习、同行交流、参与相关研究课题等方式，不断拓展数字知识与技能，提升教学能力。在教学科研活动中，将研究成果应用于教学实践中，推动外语教育教学改革不断深化。

3.3 《2023 地平线报告（教与学版）》中关键技术与《教师数字素养》行业标准的应用结合

3.3.1 支持学生归属感和联系感与数字化意识

报告中关键技术之一，支持学生归属感和联系感的技术应用，不仅有助于提高学生与外语教师的情感联系，还有助于反向促进外语教师加深自身数字化认识和数字化意愿，坚定外语教师数字化意志。通过报告中此项应用技术的实践案例可知，数字智能技术的互动不仅帮助学生在学习过程中获取知识，也在师生的情感交流中承担了重要角色。数字化认识由此形成，师生意识到数字技术应用于教育教学过程中产生的教学模式、教学方法的创新改革。以此推动外语教师与学生塑造主动地学习和使用数字技术资源的意愿，达成愿意开展教育教学创新实践的目的。随着良性循环的不断生成，战胜外语教育数字化实践中遇到的困难和挑战的信心与决心也不断增强，由此师生的数字化意志也逐渐坚定。

3.3.2 微认证技术与数字技术知识和技能

微认证在高等教育领域的应用促进了数字技术与技能的传播和使用。首先，微认证与微学习的新型模式，有利于帮助高校外语教师了解多媒体、互联网、大数据等数字技术知识，习得虚拟仿真课程建设等方式，认识人工智能辅助外语教学的高效性。通过掌握相关知识，可以拓展外语教师的数字技术技能，引导外语教师在教育教学过程中正确选择数字化设备、软件、教学平台等。其次，微认证技术促进了终身教育理念的深化，使高校外语教师能够根据自身需求、研究课题、教育教学改革方向逐渐形成终身学习的理念和习惯。此外，微认证技术还推动高校外语教师为复合型、复语型学生定制个性化数字技术资源，既为学生提供了具有针对性的高质量教学方案，增强了学生的就业竞争力，也为学生提供了便捷多元的学习渠道，帮助学生灵活应对快速变化的人力市场需求。

3.3.3 个性化学习的预测性人工智能技术与数字化应用

通过使用支持预测和个人学习的人工智能技术，可以为教学领域带来多维度的革新机遇。首先，在教学工作层面，该技术的应用促使教师角色发生转变，从单纯的知识传授者向教学策略的设计者与优化者过渡，通过采用智能化学习工具，教师得以释放更多时间用于构思课程设计、参与跨学科交流及教学合作，从而提升外语教学质量与创新。其次，从教学实施视角来看，人工智能的融入整合了外语教学资源，促使教学管理及应用平台不断升级服务，向全面智能化支持转变。大型学习管理系统公司已率先响应，为融合人工智能的软件提供技术支持，预示着未来完全由人工智能驱动的学习管理系统平台有望成为行业标准，引领教育模式的新一轮变革。最后，人工智能技术的应用有助于深化协同育人模式改革，通过拓展数字技术资源，有助于丰富数字技术开展德育工作和心理健康途径。通过提升数字化工具的准确性和效率，有助于增强学校与家庭协同育人的成效，为外语教育的学习体验带来质的飞跃。

3.3.4 生成式人工智能技术与数字社会责任

生成式人工智能在高校外语教育领域的应用，敲响了强化人工智能伦理与数字安全保护的警钟。使用生成式人工智能技术需严格遵守有关互联网法律法规，自觉规范上网行为，杜绝剽窃、抄袭、造假等违反法律、道德的侵权行为。同时，高校外语教师应加强对学生技术伦理与责任感的培养，合法、合理使用数字产品和服务，培养学生尊重知识产权的意识。在此基础上，加强对自身数字安全保护的宣传，做好个人信息数据安全及网络安全的维护与防护。

3.3.5 模糊学习边界和灵活学习技术与专业发展

模糊学习边界技术和灵活学习技术的应用，有助于推进高校外语教学数字化教学研究与创新的进程。随着学习范式界限的模糊化以及混合弹性课程的广泛应用，深入探讨并精准匹配学习需求的数字化教学技术、丰富多元的数字教学平台等成为高校外语教育教学实践中的核心要件。这就要求外语教师通过创新教学模式与学习方法，改进教学活动，转变学生传统的学习模式，开展数字化教学研究，帮助学生消除传统课程学习中的物理与技术障碍。

4. 高校外语教师数字素养提升策略

4.1 完善外语教师数字素养知识结构

针对教师群体，为了适应数字化时代的教育需求，应积极推动其知识结构的全面升级与综合素养的提升（孔令帅，2023），这要求外语教师不仅要具备扎实的语言基础和教学能力，还需深入了解并掌握数字素养的相关知识。具体措施包括：鼓励外语教师主动参与数字技术实操，如数据分析、在线协作工具使用、多媒体教学软件操作等；引导外语教师将数字技术融入教学设计，创新教学方法，如采用翻转课堂、混合式学习等模式；同时，外语教师还应关注外语专业数字教学的前沿动态，积极参与学术交流与研讨，以开放的心态接受新观念、新技术，不断提升自身的教学与研究水平。例如，教师通过学习了解 AI 的工作原理、潜在风险，熟悉安全使用 AI 的方法，有助于教师更好地利用 AI 工具进行教学和学习，也有助于更好地理解、识别和防止 AI 的误用（Pavlik，2023）。

4.2 优化外语教师数字素养考核与晋级体系

为了激励教师积极提升数字素养，高校应构建科学的教师评价体系与职业发展路径（丁蕊，2024）。在教师考核评价体系中，数字素养应作为重要的考核指标之一，与教学质量、科研成果等共同构成教师的综合评价体系。具体而言，可以将教师在数字化教学方面的创新实践、成果展示、学生反馈等作为评价依据，确保评价的公正性与客观性。同时，在职称评审、年终考核等关键环节中，应充分体现数字素养的重要性，给予积极运用数字技术的教师更多的发展机会与奖励。此外，高校可对数字技术应用效果好的教师予以表彰，作为技术应用标兵或示范推广榜样宣传（方旭，2022）。最后，高校还应建立激励机制，如设立数字化教学奖励基金、优秀数字化教学案例评选等，以激发教师的积极性与创造力。

4.3 构建外语教师数字素养系统化培训模式

为了系统地提升教师的数字素养，高校应设计并实施全面的数字素养培训模式（吴砥，2023）。该体系应覆盖数字知识、数字技能、数字教学法等多个方面，确保教师能够全面掌握数字化教学的理论与实践。在培训内容上，应重点加强数字技术的基础理论与操作技能培训，如数字化教学平台的使用、在线课程设计、多媒体教学资源制作等。同时，还应注重培养教师的数字化教学方法，引导教师将数字技术融入传统教学模式，创新教学方法与手段。在培训方式上，可以采用线上与线下相结合的方式，充分利用互联网与多媒体技术的优势，为教师提供灵活多样的学习平台与资源。此外，还可以组织专家讲座、教学研讨会等活动，促进教师之间的交流与分享，共同提升数字素养水平。高校可参考剑桥大学为教师和教育管理者提供的数字素养入门指南，通过制作《剑桥数字素养胜任力》手册培养教师使用工具搜索和创造数字内容、解决问题与创新、在线分享和互动等方面的数字技能，并对提高数字素养技能的培训活动提供了实用的想法和策略（Cambridge，2023）。

在此基础上，学校应重视教师在数字素养培训后的反馈。其核心在于深入审视数字化培训对高校教师教学实践产生的实质性影响，不能仅将培训时长、参与次数等量化指标作为外语教师参与程度的统计标准。高校教师发展中心应着重吸纳外语教师对于数字化技能应用的困难与建议，以此作为评估培训成效的重要参考，并为之后组织设计数字素养培训提供修改方向。

4.4 营造良好外语数字教学互动生态

为了营造有利于教师数字素养提升的良好环境，高校应致力于构建积极、开放、互动的数字教学生态系统（周刘波，2023）。首先，高校应完善数字化校园的基础设施建设，包括升级网络带宽、优化教学资源库、配备先进的多媒体教学设备等；同时，还应加强数字化教学平台的建设与管理，为师生提供便捷、高效的在线教学与学习服务。高校可加强数字教材的研发进程，引导教师参与建设虚拟仿真课程，推动智慧教研室的应用（吴砥，2024）。高校外语教师通过使用虚拟现实（VR）、增强现实（AR）动作感应等数字技术，充分调动学生的身心与学习环境产生互动，创造富有沉浸感的学习空间，加深学生对知识的认知与记忆。其次，高校还应积极营造鼓励创新与共享的文化氛围，鼓励外语教师勇于尝试新的教学理念与模式，积极分享数字化教学的经验与成果。利用慕课（MOOC）和私播课（SPOC）等在线课程平台，灵活便捷地开展自主学习。此外，还可以通过建立学生反馈机制、组织数字化教学展示与交流活动等方式，促进教师与学生、教师之间的沟通与互动，共同推动外语数字教学的持续改进与优化。

5. 结语

　　高等教育已步入数字化转型的关键时期，《2023地平线报告（教与学版）》和《教师数字素养》行业标准为中国高等教育提供了启示与参考。高校外语教师需认识到高等教育数字化转型的重要性，主动参与混合教学与在线教学领域的教育教学改革，充分利用数字化工具与资源，提升外语教学质量与效率。此外，高校应构建高质量的微认证专业及课程体系，这将促进外语教师实现终身学习目标的同时，也将成为学生持续学习、增强就业竞争力的重要途径。最后，将线上与线下教学有机结合，将成为未来高等教育数字化教学创新的关键，可以为学生提供更加丰富、灵活且高效的学习体验。这些策略有助于高校教师在高等教学数字化转型的浪潮中稳步前行，推动外语教育事业的数字化发展。

参考文献

ESHET-ALKALAI Y, 2004. Digital Literacy: A conceptual framework for survival skills in the digital Era [J]. Journal of Educational Multimedia and Hypermedia, 13（1）: 93-106.

European Commission, 2022. DigComp 2.2, The Digital Competence Framework for Citizens: With New Examples of Knowledge, Skills and Attitudes [EB/OL]. [2022-11-03].

FERRARI A, 2013. DIGCOMP: A Framework for Developing and Understanding Digital Competence in Europe [M]. Luxembourg: Publications Office of the European Union.

GILSTER P, 1997. Digital literacy [M]. New York: Wiley Computer Pub.

PAVLIK J V, 2023. Collaborating with ChatGPT: Considering the implications of generative artificial intelligence for journalism and media education[J]. Journalism & Mass Communication Educator, 78（1）: 84-93.

丁蕊, 2024. 信息技术影响下高校教师数字素养提升策略研究 [J]. 中国管理信息化, 27（6）: 215-217.

方旭, 窦慧敏, 王潇洒, 孙琳潇, 张颖, 罗雅婷, 许磊, 2022. 教育 4.0 时代背景下高等教育信息化发展——基于《2021 地平线报告（教学与学习版）》的分析 [J]. 软件导刊, 21（1）: 20-28.

胡杰辉, 张铁夫, 2023. 中国高校外语教师数字素养的信念与实践研究 [J]. 外语与外语教学（5）: 73-85.

金慧, 彭丽华, 王萍, 赵衢, 田新月, 2023. 生成未来：教育新视界中的人工智能与高等教育变革——《2023 地平线报告（教与学版）》的解读 [J]. 远程教育杂志, 41（3）: 3-11.

孔令帅, 王楠楠, 2023. 如何发展教师数字素养——联合国教科文组织的路径与启示 [J]. 中国远程教育, 43（6）: 56-63.

李德刚, 2012. 数字素养：新数字鸿沟背景下的媒介素养教育新走向 [J]. 思想理论教育（18）：9-13.

任友群，随晓筱，刘新阳，2014. 欧盟数字素养框架研究 [J]. 现代远程教育研究（5）：3-11.

王晓辉，2006. 革命与冲突——教育信息化的教育学思考 [J]. 中国电化教育（2）：9-12.

吴砥，陈敏，2023. 教师数字素养：教育数字化转型背景下的教师发展重点 [J]. 中国信息技术教育（5）：4-7.

吴砥，陈旭，2024. 智慧教育平台的典型特征、应用成效与发展路向 [J]. 人民教育（5）：61-64.

许欢，尚闻一，2017. 美国、欧洲、日本、中国数字素养培养模式发展述评 [J]. 图书情报工作（16）：98-106.

元英，刘泽峰，祁雪晶，方增泉，罗梁婧，2024. 数字中国视域下的数字素养研究新趋势——2023 年数字素养研究综述 [J]. 教育传媒研究（1）：22-30.

张薇，2006. 英语数字素养的研究型评价模式 [J]. 外语教学与研究（2）：115-121.

郑云翔，钟金萍，2023. 数字公民教育提升数字素养与技能：模式、路径与实践 [J]. 中国电化教育（11）：115-121.

周刘波，张梦瑶，张成豪，2023. 数字化转型背景下教师数字素养培育：时代价值、现实困境与突破路径 [J]. 中国电化教育（10）：98-105.

朱红艳，蒋鑫，2019. 国内数字素养研究综述 [J]. 图书馆工作与研究（8）：52-59.

外语院校少数民族预科教育管理模式探析

——以北京外国语大学少数民族预科培养为例

孟 媛 李莉文[1]

摘要：培育中华民族共同体意识事关民族团结、社会稳定和中华民族的伟大复兴。本文以北京外国语大学少数民族预科培养为案例，从三个方面探析预科教育管理模式（育德－实践－保障）：铸牢中华民族共同体意识，厚植学生家国情怀；发挥"传帮带"作用，营造优质育人环境；发扬工匠精神，完善服务保障体系。积极探索加强各民族学生交往交流交融的工作实践，深化"中华民族一家亲，同心共筑中国梦"的命运共同体关系。

关键词：外语类高校；少数民族预科培养；铸牢中华民族共同体意识

党的二十大报告强调："以铸牢中华民族共同体意识为主线，坚定不移走中国特色解决民族问题的正确道路，坚持和完善民族区域自治制度，加强和改进党的民族工作，全面推进民族团结进步事业。"少数民族预科教育是我国高等教育的重要组成部分，是国家加强民族团结、推动少数民族地区发展的重要措施，是广大少数民族学生步入高等学校学习、成才的"金色桥梁"。高等院校做好少数民族预科学生的教育管理工作对于促进青年学子成长成才、民族地区人才储备、深化民族团结进步、为党育人和为国育才具有重要意义。

自 2018 年承接少数民族预科项目以来，北京外国语大学坚持以习近平新时代中国特色社会主义思想和党的十九大精神为指导，深入学习贯彻落实党的二十大精神、贯彻落实习近平总书记在学校建校 80 周年之际给老教授们的回

---

1 孟媛，北京外国语大学专用英语学院辅导员，研究方向为民族教育。李莉文，北京外国语大学英语教授，博士生导师，研究方向为英语教学和高等教育管理。

信精神，铸牢学生中华民族共同体思想基础，落实立德树人根本任务，以培养"有家国情怀、有全球视野、有专业本领的复合型人才"为指引，积极创新教育形式和载体，做好少数民族预科生教育管理工作，为国家培养和输送优秀的少数民族人才。

1. 铸牢中华民族共同体意识，厚植学生家国情怀

习近平总书记指出："铸牢中华民族共同体意识就是要引导各族人民牢固树立休戚与共、荣辱与共、生死与共、命运与共的共同体理念。"铸牢中华民族共同体意识，促进各民族交往交流交融是全面建成社会主义现代化强国的必然要求，是实现中华民族伟大复兴的必然要求。学校高度重视对少数民族预科学生的思想引领，以铸牢中华民族共同体意识为主线，凝心聚力，精准施策，开拓创新，"培养新时代民族团结进步的践行者、促进者、守护者"（尤伟琼，2024），全方位推动新时代少数民族预科教育高质量发展。

1.1 把握重要节点，创新德育方式

中共中央、国务院 2019 年 10 月印发的《新时代公民道德建设实施纲要》指出："规范开展升国旗、奏唱国歌、入党入团入队等仪式，强化仪式感、参与感、现代感，增强人们对党和国家、对组织集体的认同感和归属感。充分利用重要传统节日、重大节庆和纪念日，组织开展群众性主题实践活动，丰富道德体验、增进道德情感。"学校高度重视重大节庆日、纪念日对于弘扬中华民族优秀传统文化和传承中华传统美德的重要意义，深入挖掘其丰富内涵，组织少数民族预科学生开展各类主题教育活动，创新德育方式，厚植家国情怀。

在改革开放 40 周年的重要时间节点，通过组织少数民族学生前往国家博物馆参观"伟大的变革——庆祝改革开放 40 周年大型展览"，深化开拓创新的进取精神；在中华人民共和国成立 70 周年时，通过开展"我和我的祖国：青春告白祖国"主题班会、中国人民抗日战争纪念馆参观学习活动、"伟大历程辉煌成就——庆祝中华人民共和国成立 70 周年大型成就展"参观活动，加强新时代爱国主义教育，弘扬爱国主义精神；在民族团结教育月，组织少数民族预科班学生与新疆大学外国语学院联合开展"民族一家亲·放飞青春梦"民族团结线上交流会，促进民族文化交流，深化民族团结，推进中华民族共同体建

设；在党的二十大胜利召开之际，组织开展以"少数民族心向党、诵读报告我担纲"为主题，党员教师与少数民族预科班学生接力诵读党的二十大报告（英本版）学习活动，创新德育方式，传递红色力量，厚植爱党情怀；在中国共产主义青年团成立100周年之际，组织"我的育人故事"主题分享会，邀请优秀教师代表分享在思政教育、教学科研、学生工作、社会服务等方面的典型事迹，以良好的政治素养、卓越的专业能力和深厚的育人情怀，发挥榜样作用，形成向上力量。

1.2 聚焦精准育人，推进课程思政

根据《教育部办公厅关于切实做好高校少数民族预科学生自主培养工作的通知》（教民厅函〔2018〕6号）文件精神，结合学校人才培养目标和少数民族预科生成长需求，北京外国语大学创新少数民族预科生培养模式，进行精准教学定位，以"预（科）本（科）贯通，双向衔接"的理念，重新优化人才培养方案，改变了过去"以补为主，以预为辅"的旧观念，适时做出了"以补为先，牢固基础，以预为主，增强能力"的精准教学定位。基于规范、和谐、全面的发展观，建立人才培养保障新机制，即创立管理制度，为教育教学的规范化管理提供制度保障；创设和谐环境，构筑民族团结的精神家园，为学生成长成才提供环境保障；创建评价机制，为学生的德智体美劳全面发展提供监督保障。

北京外国语大学党委书记王定华指出，积极构建以立德树人为根本，以思政课程为核心，课程思政为特色，实践课堂、网络思政协同发展的大思政课工作体系。少数民族预科教育教学以《习近平谈治国理政》"三进"项目和课堂思政各类项目和评选为契机，将社会主义核心价值观融入教学，培养学生的爱党爱国情怀，不断加强爱国主义教育。在教学过程中，落实"立德树人"根本任务，将"育人为本"贯穿课堂教学全过程，及时摸排并化解教学过程中存在的问题，加强基础教学组织建设，"在教育教学理念、内容、方法等方面加大改革力度，构建面向未来的知识结构，培养适应和引领未来的基本能力"（王定华，2024）。

1.3 依托外语优势，拓展社会课堂

"实践育人是思想政治教育体系的一个重要环节，是落实立德树人根本任

务的强有力抓手"（罗漫妥，等，2024）。习近平总书记在给北外老教授们的回信中强调："深化中外交流，增进各国人民友谊，推动构建人类命运共同体，讲好中国故事，需要大批外语人才，外语院校大有可为。"北外获批开设101种外国语言，欧洲语种群和亚非语种群是目前我国覆盖面最大的非通用语建设基地，是教育部第一批特色专业建设点。学校紧密结合国家战略发展需要，立足国内、国际两个大局，充分发挥自身特色优势，着力推动通用语种卓越发展，非通用语种振兴发展，非语言专业特色发展。少数民族预科学生已选的专业类别丰富，既包含了英语、法语、汉语言文学、俄语、阿拉伯语等通用语种专业，也包含了保加利亚语、匈牙利语、朝鲜语、泰语、塞尔维亚语、蒙古语、德语、柬埔寨语、克罗地亚语、拉脱维亚语、日语、马来语、阿尔巴尼亚语、斯瓦希里语、阿姆哈拉语、乌尔都语、老挝语、僧伽罗语、菲律宾语、缅甸语、捷克语、豪萨语、马达加斯加语等非通用语专业，还包含了法学、政治学与行政学、国际经济与贸易、新闻学、工商管理、外交学、汉语国际教育、传播学、世界史等非语言专业。学校组织开展"歆语工程"等系列实践育人项目，为预科学生深化思想认识创造了条件；预科阶段英语语言能力的培养与提升，为少数民族学生在各个专业深入学习打下了文化基础；校内开放包容的语言环境，为预科学生创造了探索多语种的氛围和机遇。

学校充分发掘外语优势，服务对外开放的国家战略需求，用外语搭建中外沟通的桥梁，让中国走向世界，让世界了解中国。学校组织学生积极参加2022年北京冬奥会和冬残奥会志愿服务活动，该活动能够深化学生的集体主义意识，强化奉献精神；学校组织学生参与"一带一路"国际合作高峰论坛服务项目，该活动能够深化学生的合作发展理念，增强使命担当；学校组织学生参加领事馆实习实践等活动，该类活动能够引导学生深入了解国情世情，强化责任担当。"多语言电话翻译志愿服务"项目获得2020年第五届中国青年志愿服务项目大赛金奖。

2. 发挥"传帮带"作用，营造优质育人环境

作为中国共产党创办的第一所外国语高等学校，北京外国语大学一直秉承红色基因，听党话、跟党走，为党育人、为国育才，以服务国家战略为己任。

八十余载,栉风沐雨,红色血脉代代传承。学校始终以铸牢中华民族共同体意识为主线,厚植源远流长的红色文化底蕴,发挥特色外语教育优势,为少数民族预科学生营造了优质的成长成才环境。

2.1 赓续红色血脉,营造优质育人环境

北京外国语大学从延安走来,生于抗日战争的烽火,成于新中国创业的磨砺,兴于改革开放的春天,意气风发地走进中华民族伟大复兴的新时代。可谓为党而生,与党同行,一路走来,始终坚持服务国家战略需求,服务人类命运共同体建设,积累了深厚的红色文化底蕴,潜移默化地融入每一个师生的血脉,"又红又专又雅"成为每个北外人的追求。学校结合自身实际和少数民族学生实际,重视加强预科生思想道德教育,将少数民族预科项目的建设与发展交由专用英语学院承担,由学校教务处和五个二级学院共管,落实主体责任,坚守责任担当。

专用英语学院党支部于 2018 年获批教育部首批全国高校"双带头人"教师党支部书记工作室,同年正值学院承接少数民族预科项目,党支部书记工作室以铸牢中华民族共同体意识作为少数民族人才培养的首要任务,展开少数民族预科生护航工程建设。工作室成员认真学习习近平总书记给北外老教授们的回信精神,自觉落实党史学习教育"为师生办实事"的重要举措,积极培养"三有"复合型人才,积极参与学校学业支持中心专业辅导活动,重点为少数民族预科项目等招录来源的大一新生,创新开展学业帮扶工作,提供专业课辅导以及心理健康与职业发展辅导等活动。工作室成员还参与学院少数民族预科生导师计划,在思想、学业、生活等方面进行全方位、精细化全程护航。工作室定期与少数民族学生谈心谈话,为其答疑解惑,保障学生能够平稳度过入学适应期,尽快融入大学集体生活。在少数民族预科生结业时,为学生提供心理疏导、专业选择指导、发展规划指引,切实保障每一届少数民族预科生都能够顺利结业。工作室注重少数民族学生的思想教育工作,重视加强学生的爱党爱国思想教育,目前超过80%的预科生加入了中国共产党或中国共产主义青年团。在党支部书记工作室和学院的共同努力下,少数民族预科学生思想政治教育工作稳步推进。

2.2 立足五育并举，打造专业师资力量

百年大计，教育为本；教育大计，教师为本。中共中央、国务院在《关于全面深化新时代教师队伍建设改革的意见》（2018 年 1 月 20 日）中强调："落实立德树人根本任务，遵循教育规律和教师成长发展规律，加强师德师风建设，培养高素质教师队伍。"高校应"建立专兼结合的高素质预科教师队伍，积极选派政治过硬、业务精良的教师和管理人员从事预科教育管理工作"（杨再锋，2023）。学校高度重视少数民族预科教师队伍建设，教师队伍必须师德师风高尚、政治素质过硬、熟悉民族政策、业务水平精湛。在少数民族预科教师队伍中，既有北京市高校教学名师、北京市课程思政示范课教学名师、全国高校教师教学创新大赛获奖教师以及获得校级本科优秀教学奖的党员教师，也有学院援疆优秀教师、海外归国教师、学校青年教师基本功比赛一等奖获得者、学生心目中的好老师等。他们奋战在少数民族预科培养的一线，奠定了外语院校少数民族预科教育的发展基础，持续推进少数民族学生的德智体美劳全面发展。为了进一步了解少数民族预科教师队伍的教书育人效果，学校对于任课教师开展课程评估，促进教师不断改进教学方法，提升教学质量，增强教育成效。

2.3 落实立德树人，配齐建强学工队伍

中共中央、国务院在《关于全面深化新时代教师队伍建设改革的意见》中指出："配齐建强高等学校思想政治工作队伍和党务工作队伍，完善选拔、培养、激励机制，形成一支专职为主、专兼结合、数量充足、素质优良的工作力量。"学工队伍是大学生思政教育和高校学生管理的组织保证，学校高度重视学工队伍建设，形成了一支兼备少数民族预科学生工作领导小组、骨干队伍和辅助力量的专业团队。领导小组统筹指导，在分管学生工作的校领导的带领下，教务处、学生处、专用英语学院、中文学院、国际商学院、计算机学院、马克思主义学院和体育教研部等部门负责人共同负责研究处理少数民族预科学生工作的各项问题，切实做好政治引领、方向统领和品格率领，从根本上把好方向、谋划项目发展。骨干队伍真抓实干，在学校层面，学生工作部创新开展学生工作，面向学生数量少于 200 人的学院特别设立一级管理辅导员岗位，委派少数民族专职辅导员指导少数民族预科学生所在学院的具体工作；在学院层

面，由党总支书记、学生干事、班主任组成的队伍上传下达、通力合作，全面负责少数民族预科学生的思想指导、心理疏导、生活服务等工作。辅助力量提质增效，面对新时期育人工作覆盖面不断扩大、针对性不断加强的迫切需求，扩大育人工作队伍、构建全员育人工作格局提上日程；针对少数民族预科学生个性化显著的特点，学院党总支委派优秀党员干部发挥榜样模范作用，作为少数民族预科生导师纳入工作队伍，对学生进行在读期间的全程辅导；此外，发挥专业课任课教师的作用，将其作为教育引导和管理的重要力量，在课堂教学、课业辅导、实习实践等形式下融入教育和管理，引导学生规范行为、提升素质。

为深入推进学习贯彻习近平新时代中国特色社会主义思想主题教育，落实立德树人根本任务，增强育人能力，提高育人水平，学院党总支加强与新疆大学等高校的合作与交流，开展学术共建活动，在党建思政、学生工作、教育教学等方面持续加强学工队伍建设，不断探索党建与教育教学深度融合，以高质量党建引领高质量发展。

3. 发扬工匠精神，完善服务保障体系

习近平总书记在 2020 年 11 月 24 日举行的全国劳动模范和先进工作者表彰大会上强调："劳模精神、劳动精神、工匠精神是以爱国主义为核心的民族精神和以改革创新为核心的时代精神的生动体现，是鼓舞全党全国各族人民风雨无阻、勇敢前进的强大精神动力。"北京外国语大学的教师们自建校以来，持续发扬着"执着专注、精益求精、一丝不苟、追求卓越"的工匠精神，为培育外语人才殚精竭虑、鞠躬尽瘁。正如习近平总书记给北外老教授们的回信中写道："你们辛勤耕耘数十载，矢志为党和国家培养外语人才，年事已高仍心系于此，这就是人民教师的责任担当。"建功新时代，奋进新征程，北京外国语大学教师将继续发扬工匠精神，不断完善学生管理服务保障体系。

3.1 成立学业支持中心

学业支持中心的成立是学校学习习近平总书记给北外老教授的回信精神、落实党史学习教育"为师生办实事"的重要举措，是培养"三有"复合型人才的生动实践和提高育人水平、建设一流人才培养方阵的有益探索。学业支持

中心重点面向国家专项、高校专项、少数民族预科、新疆协作计划、新疆内高班、西藏内高班等招录来源的大一新生开展学业帮扶工作。中心招募首批志愿辅导教师共计109名，覆盖全部本科教学单位，其中，中共党员占83%，教授、副教授占52%，处级干部占28%。中心在首个学期提供47类、99个专题、515周学时的针对性辅导，涵盖33种语言的写作与口语辅导、专业课辅导、公共基础课辅导、心理健康与职业发展辅导等，实现大一全部本科专业及开课语种全覆盖。该"全师资""全覆盖""点对点"的学业帮扶平台受到了学生的广泛好评，90%的少数民族预科生报名参加了学业支持中心活动，表达了对国家和学校重视学生学业帮扶的感激之情，表示将继续努力、实现价值、回报国家和学校。

3.2 健全学生资助体系

党的十九大报告强调要"健全学生资助制度"。北京外国语大学秉承着立德树人，资助育人的理念，不断提升优化学校资助工作，帮助许多学子完成学业，成长成才。当前，北京外国语大学既建立了包括国家奖学金、国家励志奖学金、校级奖学金、社会捐赠奖学金等在内的健全完备的奖学金体系，也建立了涵盖助学金、勤工助学、国家助学贷款、"绿色通道"、临时困难补助、"三助一辅"等各项措施的学生资助体系。"少数民族地区经济水平相对落后，学生家庭收入偏低"（艾麦提江·麦丁，等，2020）。据统计，少数民族预科学生大都来自云南、贵州、甘肃等西部地区，不少学生的家庭经济条件较为困难，而100%的困难学生都曾获得过各类资助。因此，学生资助体系的不断完善，为家庭经济困难学生实现人生梦想提供了强有力的保障，也激励更多学子潜心学习，报效祖国，回馈社会。

此外，学校还打造了"国励课堂"等品牌活动，实现了从保障型资助向发展型资助的重大拓展，培育受助学生的思想品德、创新精神、实践能力和人文素养，促进学生全面发展。近年来，"国励课堂"相继开设了外语、辩论、吉他、国画、Pr（Adobe Premiere Pro）、爵士舞、化妆等多种多样的课程，既满足了同学们学习实用技能的需求，也帮助他们提升自信，更好地融入大学生活。在多种奖助措施的助力之下，学校受资助学生中不断涌现出励志有为、品学兼优的优秀青年。获得过学生资助中心帮助的少数民族预科学生也同样怀揣外语梦想，全力以赴积蓄力量，立志为少数民族地区发展、国家外交事业等做出贡献。

3.3 完善心理咨询中心

教育部思想政治工作司指出："加强和改进大学生心理健康教育是促进大学生健康成长、培养造就拔尖创新人才的重要途径。"北京外国语大学高度重视大学生心理健康教育工作，不断改进规章制度和工作体制，制定明确的中长期工作规划和阶段实施方案。学校建有一支素质较高，专兼结合，专业互补，相对稳定的心理健康教育工作队伍；定期面向专兼职教师开展大学生心理健康教育辅导培训，对辅导员、班主任等一线工作人员开展专题培训；开展多渠道、多形式、多媒介的心理健康宣传教育活动和心理健康知识普及活动；充分发挥学生干部和学生心理社团的作用，积极推进朋辈心理互助。学校建立健全心理危机干预系统，面向全校学生开展个体心理咨询服务，定期开展团体辅导；每年对全体学生开展心理健康状况普查或心理危机排查，建立在校学生心理档案；完善心理危机干预工作预案，建立心理危机转介机制，有效减少危机事件发生。据统计，超过 30% 的少数民族预科学生表示曾前往学校心理咨询中心疏解心理困惑或心理问题，超过 50% 的预科生参加过心理讲座或心理社团举办的活动，超过 80% 的预科学生对于心理健康知识或心理健康类影视作品感兴趣。在心理咨询中心的不断完善以及与一线工作者的不懈努力下，少数民族预科学生未出现重大心理危机事故，学生的心理困惑或心理问题得到了有效疏解，进一步保障了少数民族学生的心理健康教育发展。

在学校和学院的共同努力下，少数民族预科生的培养工作卓有成效，至今已有 118 名预科生（覆盖达斡尔族、白族、布依族、藏族、纳西族等 18 个少数民族）顺利结业，进入全日制本科阶段学习。2020 级预科班获得北外"青春心向党"合唱比赛三等奖、2021 年校级"十佳班集体"荣誉称号；2021 级预科班获得校运动会"学生团体相对总分第一名"、"北外杯"女子五人制足球赛第六名；2022 级预科班获得"学习二十大，奋进新征程"大学生党的二十大知识竞赛校级优胜奖。2018 级预科生，现就读于日语学院的刘源（侗族），在做冬奥志愿者期间，两次接受日本媒体采访，为搭建中外沟通桥梁、讲好中国故事做出了贡献，该生于 2022 年获得第十三届"北外青年五四奖章"，现场答辩时他对预科阶段教师的鼓励和帮助表达了感激之情。

　　党的二十届三中全会审议通过的《中共中央关于进一步全面深化改革　推进中国式现代化的决定》明确提出了"健全铸牢中华民族共同体意识制度机制，增强中华民族凝聚力"的任务，在党的二十届三中全会精神指导下，外语院校少数民族预科教育管理将迎来新的发展机遇与前景。我们将继续带领少数民族学生紧密地团结在以习近平同志为核心的党中央周围，在"以中国式现代化全面推进中华民族伟大复兴"理念的指引下，落实立德树人根本任务，铸牢中华民族共同体意识，创新育人方式，服务国家战略，实现好、维护好、发展好少数民族预科教育和管理，矢志将外语院校少数民族预科生培养成为有家国情怀、有全球视野、有专业本领的复合型人才，为实现中华民族伟大复兴的中国梦贡献智慧和力量。

参考文献

艾麦提江·麦丁，麦热丹江·克依斯尔，2020. 新形势下内地高校自主培养少数民族预科生教育管理模式探究 [J]. 作家天地（23）：121-122.

罗漫妥，邓婕，2024. 铸牢中华民族共同体意识融入高校少数民族预科生思想政治教育的路径研究 [J]. 大学（6）：23-26.

王定华，2024. 找准教育强国建设的战略支点 [J]. 教育研究，45（3）：4-7.

杨再锋，2023. 关于办好新时代高校民族预科教育的几点思考——以新疆籍少数民族学生预科教育为例 [J]. 中国民族教育（3）：44-46.

尤伟琼，2024. 加强铸牢中华民族共同体意识教育（有的放矢）[N]. 人民日报，2024-09-09.

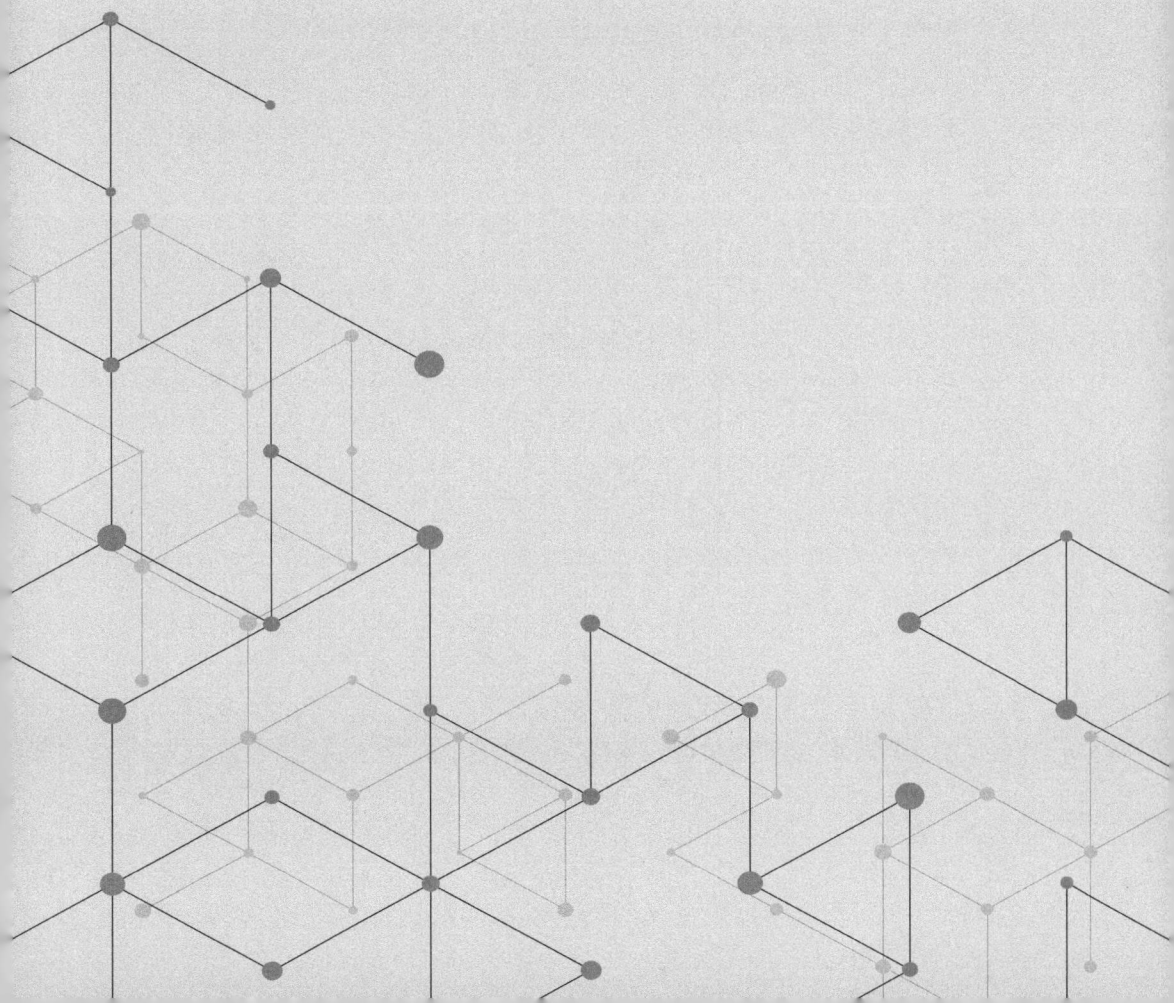

教学实践编

多层次资源、多场景应用、多元化测评 培养新时代复合型外语人才[1]

——"综合英语"教学创新成果报告

宋　楠[2]

摘要： 高等外语教育不仅是高等教育体系的核心组成部分，还是国家语言能力建设的战略需求。讲好中国故事、推动构建人类命运共同体需要大批高水平复合型外语人才，这对新时代大学外语人才培养提出了新的要求。"综合英语"是面向大学非英语专业本科一年级的一门必修课，旨在夯实学生的英语语言技能并提升其人文素养。针对该类课程传统教学中存在的"教学内容同质化""教学手段单一化"和"教学评价静态化"三大问题，本课程遵循外语教学中的产出导向法（POA）理念，实施三大教学创新：一是建设多层次教学资源，以资源分层分阶赋能学习个性化；二是科技助力构建多场景教学环境，以沉浸交互式课堂催化学生的语言应用能力；三是构建多元化测评体系，以师生合作教学评价激发学生的学习自主性。以上创新成果在教学实践中取得显著成效：一是通过创新举措的实施，学生的学习效果明显改善，学习专注度提高，并在多项重要赛事中获奖；二是主讲教师的教研水平显著提升，教学模式形成辐射效应。

关键词： 科技赋能；个性化学习；多元化测评

1　第四届北京高校教师教学创新大赛中级组一等奖获奖成果。
2　宋楠，北京外国语大学专用英语学院讲师，研究方向为大学英语教学法与跨文化交际研究。

1. 课程概况

"综合英语"是面向我校非英语专业一年级本科生开设的一门必修课,一个学期 64 个学时,4 个学分;以多种题材和体裁的英语语篇为文本,对学生进行全面的英语听、说、读、写、译技能训练和人文素养熏陶。

本课程始建于 1995 年。经多次改革教学,由最初的"语言训练"课程发展为"思政 + 思辨 + 语言"全方位语言、素养课程,目前已完成多轮线上线下混合式教学实践。课程建设历程如图 1 所示。

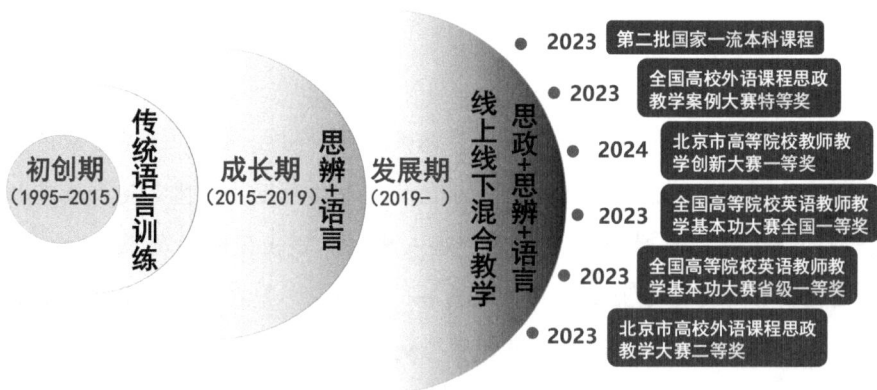

图 1 课程建设历程

本课程的教学目标是以语言知识为载体,全面提升学生的英语技能和人文素养。具体分为三个层面:

1.1 素养目标

帮助学生在英语学习中充分了解世界、在文化对比中提升民族自信,成长为兼具国际视野与家国情怀的新时代外语人才。

1.2 能力目标

引导学生提升文本阅读理解能力,以及口语、写作等语言输出能力;同时,在体会和学习英语语言运用之精之美的同时,帮助其提升批判性阅读、思维能力以及跨文化交际能力。

1.3 知识目标

帮助学生扩大词汇量、巩固语法知识和英语读写技巧;了解各单元文章涉及的关于英语国家的历史、社会、思潮背景，体会文字与文化、社会、历史的多方位关联。

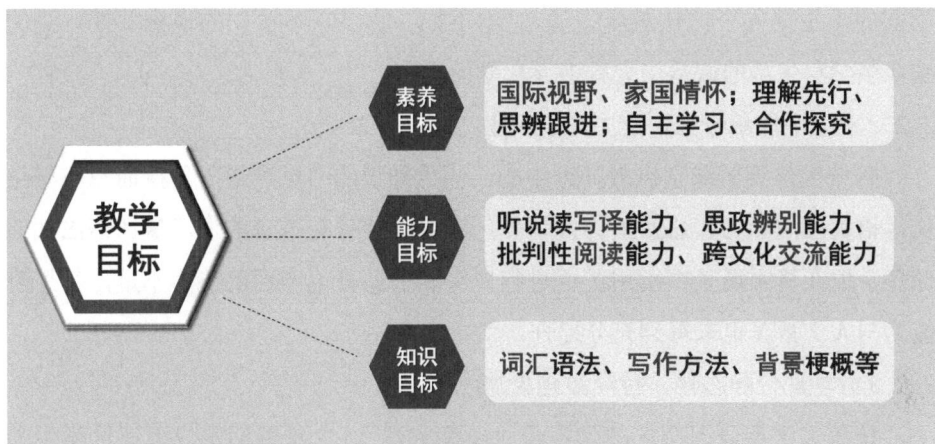

图 2 课程教学目标

2. 学情分析与教学问题

2.1 学情分析

每学期初，我们通过匿名问卷调查等方式，充分了解学生的英语基础及学习诉求，同时辅以课堂观察，发现如下学情特点：

2.1.1 英语学习基础好、意愿强，但仍需外部激励

学生高考前都高分通过了本校组织的英语能力测试，语言基础很好。未来职业岗位仍然需要用英语来沟通交流，因此学生的学习意愿强。但是，随着学期的推进和课程难度的提升，学生的学习积极性有所下降，需要更多的课堂互动和激励措施。

2.1.2 英语水平与学习需求存在差异

学生来自多学科专业，英语水平和学习需求存在差异，希望得到与自己学习基础和效率相匹配的资源与指导。同时，由于长期缺少真实语境的学习模式，学生的英语输出能力（口语、写作）普遍较弱，导致英语运用能力受限，且缺乏对语言文化内涵的感知与领悟。

2.2 教学问题

基于学情分析，归纳出三大教学问题。

2.2.1 教学内容同质化，因材施教不足

传统大学英语课堂的教学设计与教学内容同质化，无法为基础不同、效率不同的学生提供个性化教学资源，"吃不饱"和"吃不了"的现象并存，且无法在多学科生源的课堂中兼顾多元化学习需求。

2.2.2 教学手段单一化，能力短板突出

传统大学英语课堂以教师为中心，侧重知识的"单声道"传授而忽略学生实际语言应用能力和思辨能力的培养。学生虽然具有丰富的词汇量和语法知识储备，但在真实场景中运用英语进行口头和书面表达沟通的能力不足，其思辨能力与人文素养也未得到充分提升。

2.2.3 教学评价静态化，持续激励欠缺

传统大学英语课堂的教学评价"一锤定音"，主要用期末成绩评价学生的学习效果，其合理性和科学性有待商榷。一方面，这种评价模式局限于对语言技能的考察，忽视对学生思辨能力和思政素养的评判；另一方面，一次性、非动态的评判数据忽视师生互动、生生互动，既无法对学生学习效果中的自主探究做出有效评价，又不利于调动学生持续学习的积极性。

3. 创新理念与思路

本课程以外语教学中的产出导向法（POA）作为基本的教育创新理念，以信息技术为支撑，以能力提升为导向，以多元评价为手段，以思政思辨塑三观，以期实现"语言强化＋能力全面＋思政过硬"的三重外语人才培养目标。

教师以产出导向法（POA）为指引，将学生作为课堂主体，强调学习者"在做中学"（learning by doing）。教师不是在课堂上单通道向学生输出知识，而是在课前为学生提供个性化的资源与指导，在课堂上组织多种活动，设计多种"任务"，激发学生主动学习的兴趣，引导学生以课堂活动为依托完成各种语言产出任务，提升其英语实际应用能力，以及跨文化沟通、思辨等能力，提升其人文素养。

4. 创新举措

在以上教学理念指引下，课程着力从以下三方面进行创新。

4.1 建设多层次教学资源，赋能学习个性化

4.1.1 学情智能诊断，提前了解学情

在学期初，教师通过集中在线英语测试及在线调查问卷的方式进行学情诊断和能力分级，为三个学生群体提供个性化教学方案。

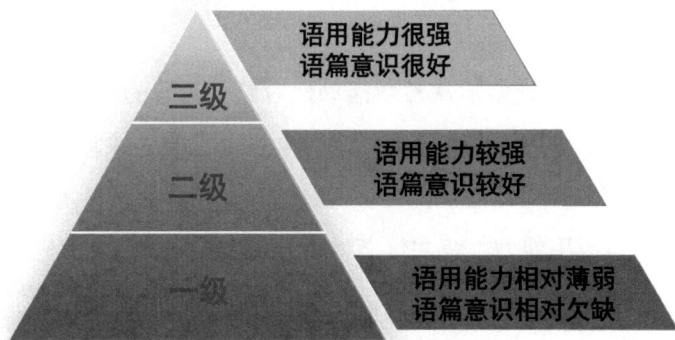

图 3 不同水平英语学习者分级

4.1.2 资源分级分类，赋能个性教学

本课程因材施教，建设多层次教学资源以适应不同层级学习者。这些教学资源包括三个难度层级的听、说、读、写、译习题库与任务库。这些线上资源为学生提供更多的学习选择。学生可根据自身的语言水平和学习需求选择学习内容，实现个性化学习目标。

图 4 三级在线"习题／任务库"（以本课程第 2 单元为例）

4.2 创设多场景教学环境，催化语言运用力

本课程抛弃了传统"以教师为中心、单声道知识传授"的语言教学方式，通过使用多种现代信息技术手段，在"课前—课中—课后"创建多种"真实语

言场景"，以培养学生不同层级的能力。

4.2.1 层层进阶，提升能力

线上阅读、视频观看、论坛发言等课前任务的布置与学生的自主学习，为课堂教学进行语言和思想的铺垫。线上课前的"知识"输入，为线下课堂的"能力"培养奠定了基础。

课中阶段，教师设计多层次教学活动，对课堂时间的使用进行重新规划。层层递进的"多形式、多场景"课堂活动使学生真正成为课堂的主体，不仅助力学生对语言知识的掌握，而且在语言实践活动、高阶思辨活动、文化对比活动中，促进其语言应用能力、跨文化交际能力、思辨能力的全面提升。

图 5 多层次教学活动设计

4.2.2 科技赋能，活化课堂

本课程使用多种信息技术手段，赋能大学英语课堂。这不仅为学生提供了丰富的学习和检测资源，为教师提供了高效的教学管理模式，而且帮助师生营造多种真实英语语言场景，活化课堂，提升效率，催化学生的语言实际使用能力与人文素养。

图 6 教学手段（活动 1 "优校园平台前测、后测"）

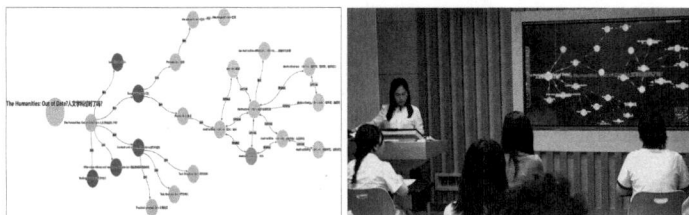

图 7　教学手段（活动 2 知识图谱展示"同词根单词列表"）

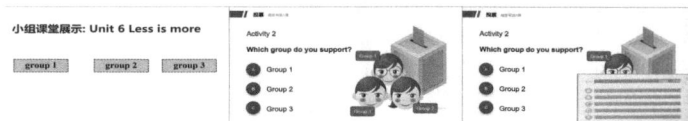

图 8　教学手段（活动 3 "小组项目展示"）

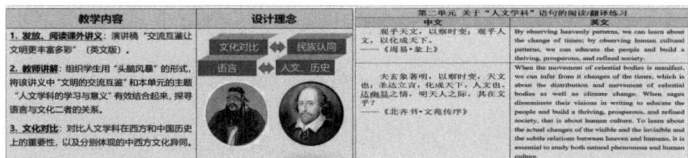

图 9　教学手段（活动 4 "补充课外资源、分组讨论"）

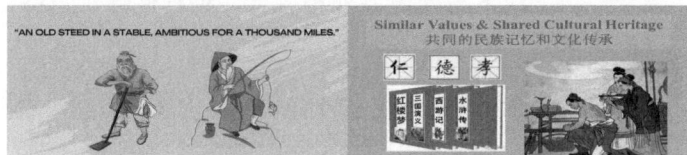

图 10　教学手段（活动 5 "跨文化思辨讨论"）

图 11　教学手段（活动 6 "课文主题探讨和辩论"）

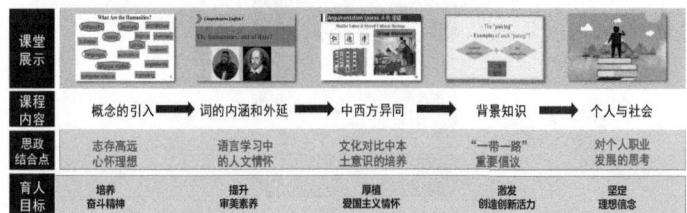

图 12　教学手段（活动 7 "教师讲解引导"）

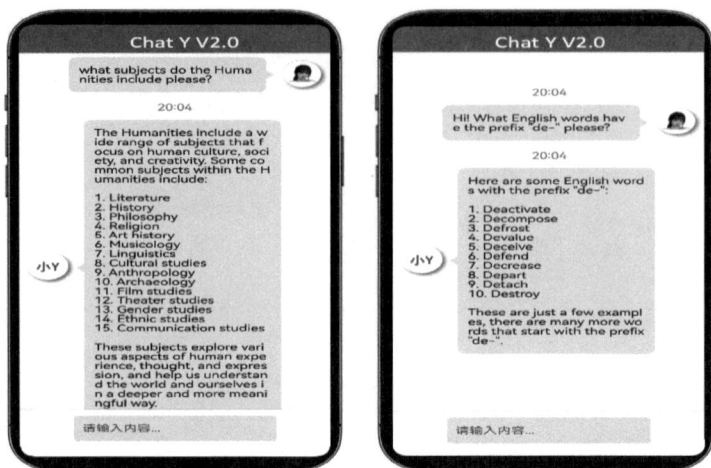

图 13　教学手段（活动 8 人工智能助手"小 Y"回复学生提问）

4.3 构建多元化测评体系，激发学习自主性

针对传统教学中测评形式过于单一、评价维度过于片面的问题，本课程构建多元立体测评体系。如图 14 所示，本体系将教师与学生（互评＋自评）测评主体相融合，线上线下与课内课外相融合，过程性评价与终结性评价相融合。

课前、课中、课后各阶段均采用多种有效的评价反馈策略，设置了"多元评价"的测评体系。

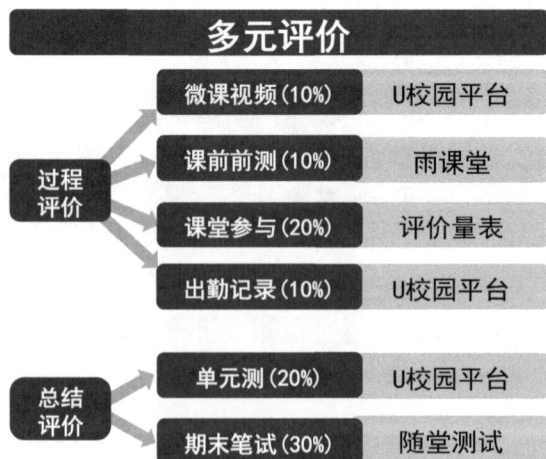

图 14　课程的多元评价体系

4.3.1 强化过程评价

本课程以学生在学习的不同阶段、不同模块中的多重表现综合提供评价依据。课前网络平台上的在线讨论记录学生共享观点、互助答疑的过程；课堂上，教师用"优校园"和"雨课堂"平台记录学生考勤、检查知识点的吸收和学生的课堂表现；课后评价内容包括学生在平台上的学习轨迹和作业完成情况。学生在这些模块中的表现都作为对学生的评价素材。

4.3.2 健全总结评价

主讲教师全方位、多模块考查学生的学习成效。除涵盖听、说、读、写、译五大技能外，本课程增加对学生的思政育人评价，即依据学生的课程反思等判断学生的学习态度、行为、价值素养等。此外，评价体系不仅有以分数为主的量化评价，还包含质化评价（采用观察、记录、访谈等方式收集学生实际表现和所取得进步的资料，将资料进行定性分析后，对学生进行评价），体现学生学习全貌。

5. 创新成效

针对该课程的三大问题，以上教学创新举措取得显著成效。

5.1 学生学习成效全面提升

实施教学创新以来，学生在网络平台讨论区及课堂上的互动比之前更为积极热烈。学生提出问题的难度和深度也反映出学生的主动思考和对知识的拓展。

本校学生成绩平台数据显示，本课程最近三轮授课期间（截至 2023 年秋季学期末），学生的平均成绩、优良率较之前有显著提升，不及格率显著下降。

来自不同学院和专业的同学在研修该课期间或之后在校内外多项英语技能和创新大赛中获奖。仅在 2022～2023 学年期，主讲教师指导学生参加大学生英语竞赛获得国家级和省部级奖项共 9 项。

5.2 教师教研水平明显提升

创新改革提升了教师的教学水平。近三年来（2020～2023），每学期期末的匿名评教结果显示，学生对创新改革后该课程的满意程度超过 98%，对教师的评教分数每学期都在 98.5 分以上，高于学校和学院各科评分的平均分数。

以本课程创新成果为依托，主讲教师在多项校、市及全国级别的教学比赛和教案评选中屡获佳绩。

表 1　近年来以本课程为依托所获部分奖项

2023.10	全国高校外语课程思政教学案例大赛	特等奖
2024.04	第四届北京市高等学校教师教学创新大赛	一等奖
2023.11	第八届全国高等院校英语教师教学基本功大赛	全国一等奖
2023.10	第八届全国高等院校英语教师教学基本功大赛	省级一等奖
2023.10	首届北京市高校外语课程思政教学大赛	二等奖
2022.10	北京外国语大学第六届青年教师基本功大赛	一等奖

主讲教师以本课程为依托获批科研、教研项目多项，成果受到广泛认可与好评。论文《线上线下混合教学法在大学英语课程中的应用》在"2023 年全国高等院校英语教学优秀学术论文"评选中荣获一等奖。主讲教师在多场教学研讨会分享推广本课程教改创新成果，均获专家与同行高度好评。

6. 总结

针对学科痛点，本课程重视因材施教，以学生为中心设计多层次学习资源，实现学生"个性化"学习路径；利用网络平台、人工智能模型、音视频资源等信息技术手段打造真实语言交互的多场景教学模式，使学生获得"沉浸式"学习体验，提升了语言的实际运用能力；同时构建多元化测评体系，实现教师和学生评价主体融合，激发学生学习的"自主性"与"持续性"。这些创新成果不仅提升了学生的学习效果，帮助他们在多项英语大赛中获奖，并且提升了教师的教研水平，取得了很好的教学成果辐射效果。

在今后的教学实践中，授课教师拟继续深入观察与改进，进一步深化课程创新成果，引导学生夯实语言知识，提升语用能力，加强与世界沟通交流，用英语讲好中国故事，进一步实现"语言强化 + 能力全面 + 思政过硬"的三重外语人才培养目标。

融合德语语言之"美"和经济规律之"妙"[1]

——"德语经济知识导论"课程教学创新成果报告

徐四季[2]

摘要："德语经济知识导论"是北京外国语大学德语专业的核心课程,是国家级教学成果"用德语开设的德国经济专业倾向课程系列"的重要组成课程。该课程用德语对经济基础知识进行专题讲授,提升学生与经济活动有关的德语语言交际能力并使其掌握基本的经济知识,以培养兼具德语人文和经济学科素养、能推动中德、中欧经济交流与合作的复合型外语人才。针对单纯语言习得意义被淡化、学生学术性思辨倾向偏弱和"育德"与"育知"分离这三个痛点问题,本课程在教学内容、教学理念、教学环境和教学评价等方面进行了一系列的融合创新:以经济学科知识体系为线索,重构课程内容;在新文科建设倡议下实现多学科的深度融合;在"内容-语言融合"教学理念下加强语言和学科知识的整合;坚持立德树人,将思政元素系统融入课程内容;用好数字技术与资源,跟踪时事和学术前沿;建立多维度、多元化的课程评价与反馈体系。

关键词:新文科;外语专业;融合创新;复合型人才培养

1. 课程概述

"德语经济知识导论"是北京外国语大学德语专业的核心课程,是国家级教学成果"用德语开设的德国经济专业倾向课程系列"的重要组成课程。本课程面向本科三年级学生开设,教学时数为 64 学时,计 4 学分。

---

1 "德语经济知识导论"课程被评为北京高校 2022 年优质本科课程,课程教案被评为北京高校 2022 年优质本科教案。
2 徐四季,北京外国语大学德语学院副教授。研究方向为德国、欧洲经济和中德、中欧经贸关系。

本课程的前身是 1994 年开设的"经济德语"课程。20 世纪 90 年代，我国外语界开始较大规模的学科改革实践，致力于培养复合型外语人才。"经济德语"课程定位于专业外语教学。1997 年，教学团队编写的高等学校德语专业教材《经济德语基础教程》由外语教学与研究出版社出版，受到学生和读者的欢迎。在此后多年的持续建设中，新的教学团队不断探索复合型外语人才的培养路径，进一步改革和补充了教学内容，并于 2011 年秋在我校德语专业"动态多元课程体系"下正式更名为《德语经济知识导论》。课程定位转为"外语 + 专业"的复合知识教学。2019 年，新教学团队编写的新经典高等学校德语专业高年级系列教材之《德语经济知识导论》由外语教学与研究出版社出版，受到一致好评。近年来，本课程全方位推进新文科建设，致力于实现多学科（外国语言文学、中国语言文学、经济学和管理学）的交叉融合。2022 年，"德语经济知识导论"课程被评为北京高校优质本科课程，课程教案也被评为北京高校优质本科教案。

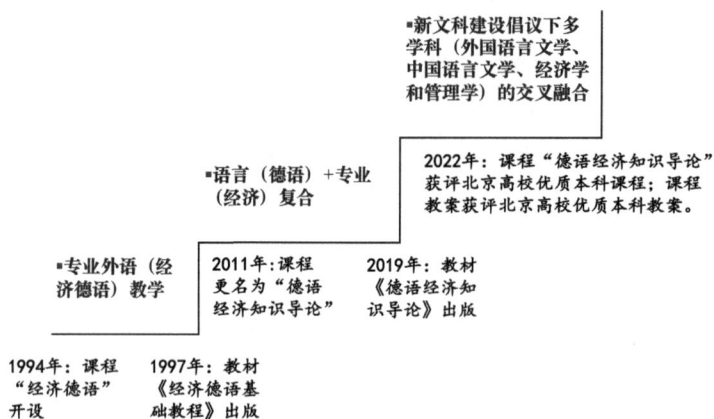

图 1　课程发展历史沿革

本课程用德语对经济基础知识进行专题讲授，提升学生与经济活动有关的德语语言交际能力并使其掌握基本的经济知识，以培养兼具德语人文和经济学科素养，能推动中德、中欧经济交流与合作的复合型外语人才。具体教学目标为：

1.1 知识目标

掌握与经济活动相关的德语语言知识和基础的经济知识，了解德语国家的基本经济情况及与我国经济发展的依存关系，形成跨文化的认知方式和跨学科的知识结构。

1.2 能力目标

①语言运用能力。具备熟练运用德语完成经济交际活动的能力，能用德语就常见经济现象和问题顺畅表达自己的见解。

②国情研判和跨文化能力。具备对德语国家经济发展状况及与我国的经贸关系走向做出准确研判的能力，积极寻求异域经济与文化的有效沟通途径，能在实践中推动双边经贸往来。

③思辨与创新和自主学习能力。具备科学的思辨性和创造性思维，能自主发现问题、探索方法和解决问题，初步具备对德语国家经济及与我国的经济交流和合作进行研究的能力。

1.3 素质目标

具有家国情怀和国际视野，良好的德语人文和经济学科素养，自觉促进我国和德语国家的经济交流与合作。

2. "三情" 与痛点分析

在本课程建设中，教师团队通过走访用人单位、学生问卷和教师访谈等方式对相关社情、学情和教情进行了跟踪调研，剖析发现传统教学实践中的三大痛点。

2.1 社情分析

据统计，我校德语专业毕业生有超过 1/2 在经贸领域就业，致力于推动中国与德语国家的经济、技术合作和投资、贸易往来。随着人工智能技术的发展，中低端翻译越来越多地为机器翻译所替代，单纯语言知识与技能的习得意义被淡化。北京中德产业园运营公司副总经理孙海龙在座谈中直言："产业园迫切需要高素质德语人才，我们需要的是精通德语、英语，具备跨文化沟通能力，懂经济、明法规、通技术的复合型人才。"

由此可见传统教学实践的痛点一——单纯语言知识与技能的传授不再能满足新时代对复合型经贸外语人才的需求。

2.2 学情分析

本课程的授课对象为我校德语专业本科三年级的学生,具有以下突出特点:①扎实的德语语言基础。他们经过两年基础阶段的德语学习,98%的学生通过了德语专业四级考试。这为用德语学习专业知识提供了前提条件。②鲜明的思辨倾向特征。实证研究结果表明,相较于其他专业本科生,外语专业学生在社会性思辨倾向上具有优势,表现为更加开放,对不同意见的包容度更高,更愿意抵制自己的偏见,更能避免盲从等。同时,他们在学术性思辨倾向上亦有明显弱势,表现为分析问题的逻辑性不够,执行计划和克服困难的意志力不强,对解决复杂问题的自信心不足。③多样的信息获取兴趣。当代大学生生活在新媒体时代,新媒体实现了符号、图像、音视频等的传播符号的有机结合和迅速发展,受到年轻人的追捧。

秉承"以学生发展为中心"的教育理念,不难发现本课程教学的痛点二——外语专业学生在深入理解经济学原理及其论证过程、构建学科知识体系方面面临困难,其学术性思辨倾向亟待提升。

2.3 教情分析

"人才培养是育人和育才相统一的过程",课堂教学作为人才培养的重要阵地,应将知识传授和价值引领相结合,在专业课程中贯穿价值观培养,这就是课程思政。不少教师在访谈中提及当下课程思政建设中行政推动和学术发展之间的"矛盾",以及部分实践中出现的"喊口号""贴标签""强行挂钩""特色趋同"等尴尬境遇。如何以专业事实的更深认知为基础促进价值导向的更高认同,如何通过专业"硬知识"实现价值"柔引领",是专业教师需要用心解决的课题。

教情调研暴露了传统教学实践的痛点三——"两张皮"式的课程思政意味着"育知"和"育德"的分离,不能产生实际效果,不能实现立德树人的根本目标。

3. 创新思路与举措

针对上述三个痛点问题,本课程在教学内容、教学理念、教学环境和教学评价等方面进行了一系列的融合创新:以经济学科知识体系为线索,重构课程内容；在新文科建设倡议下实现多学科的深度融合；在"内容-语言融合"教学理念下加强语言和学科知识的整合；坚持立德树人，将思政元素系统融入课程内容；用好数字技术与资源，跟踪时事和学术前沿；建立多维度、多元化的课程评价与反馈体系。其目标是更好实现复合知识传授、思辨能力培养和核心价值塑造三位一体的教学目的，使学生具有家国情怀和国际视野、良好的德语人文和经济学科素养，初步具备开展我国与德语国家经济交流、从事德语国家经济研究和向德语世界介绍中国经济的能力。

图 2　课程融合创新思路

3.1 以经济学科知识体系为线索，重构课程内容

为帮助学生建立学科知识体系，本课程改变了过去以话题为主线传授专业语言（经济德语）的内容，改为用德语对经济基础知识进行专题讲授。专题设置以经济学的基本分类为线索，第一学期集中在国民经济领域，第二学期则转入企业经济领域。

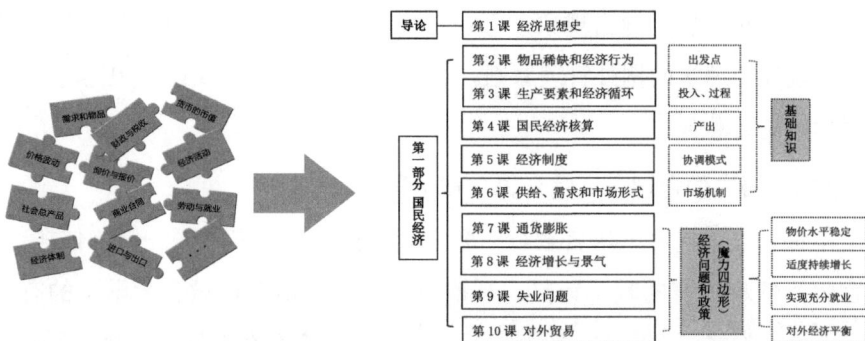

图 3-1　第一学期教学专题重构

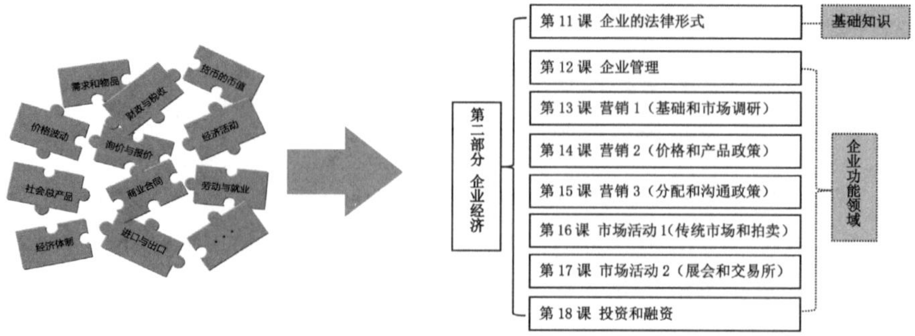

图 3-2　第二学期教学专题重构

3.2 在新文科建设倡议下实现多学科的深度融合

本课程在"语言（德语）+ 专业（经济）"复合的基础上推进新文科建设，努力实现外国语言文学、中国语言文学和经济学、管理学的交叉融合，培养学生综合性的跨学科学习能力。

例如，在"第 16 课　市场活动 1"讲解知识点"第二价格密封拍卖（维克瑞拍卖）"时让学生阅读德国《法兰克福汇报》上的一篇短文《起源于歌德，应用于易贝》（德国文学家歌德曾于 200 多年前用此办法将叙事诗《赫尔曼和多罗泰》的手稿卖给了出版商，现在为在线拍卖平台易贝所沿用），分析此拍卖程序的价格形成优势（学术上的最早提出者、拍卖理论的开拓者维克瑞教授因此获得 1996 年的诺贝尔经济学奖）。这个知识点的讲解实现了外国语言文学和经济学的交叉融合。

又如，在"第 12 课　企业管理"讲解知识点"例外管理"时从汉语成语"丙吉问牛"的历史典故引入，启发学生思考西汉宰相丙吉外出巡视时为什么不过问命案，而是关心牛喘气（在丙吉看来，命案自有地方官员按例行规章去惩戒，而牛喘气属于异常现象，可能影响农事和民生，必须格外重视），这其实就是现代管理学的例外管理原则。这个知识点的讲解实现了中国语言文学和管理学的交叉融合。

3.3 在内容语言融合理念下整合语言和学科知识

本课程在"内容－语言融合"教学理念指导下，采用语言训练依托内容、内容教授依靠语言的教学策略。其核心是内容与语言在教育教学中的有机融合，不再人为将二者割裂。没有脱离语言载体孤立存在的知识内容，而脱离知识内容的语言也是没有意义的语言。内容语言的融合符合语言发展规律和知识建构规律，有助于激发学生对语言习得和学科知识学习的兴趣，培养学生的自主性和创造性，提升学生的思辨能力和综合素质。"德语经济知识导论"正是在用德语传授专业知识，同时通过专业知识的学习来促进语言技能的提升。

例如，在"第 10 课　对外贸易"探究"国与国之间为什么要进行对外贸易"这个中心问题时，首先从德语视听练习《丝绸之路的故事》引入，通过对丝绸之路起源（古罗马女人酷爱当时只有中国能生产的丝绸衣料）的解答认识到开展对外贸易的第一个原因（购买本国不能生产的产品）。新知识的输入是融合在语言训练中完成的。也就是说，学生看似在完成教师布置的传统语言练习，实则在进行专业知识的渐进式建构。

其后在重点讲解对外贸易的第二个原因（成本优势）时，安排有连环画故事讲述，学生在内容上完成对绝对和相对成本优势的系统复述，在语言上可尽情发挥，理想情况下创作出具有一定文学性的连环画小故事。专业知识的习得提升了语言技能。

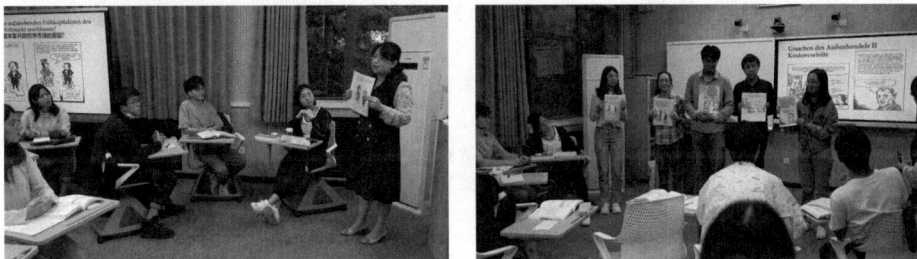

图 4　师生课堂讲述连环画故事

3.4 坚持立德树人，思政元素系统融入课程教学

本课程贯彻课程思政的方针，将马恩经典论述融入教学内容，以中外重大时事为教学案例，致力于培养马克思主义理论指导下，既有国际视野、又具家国情怀的新时代外语人才。

例如，在第一学期，课程通过思政元素的融入基本完成了马克思主义政治经济学核心思想（包括价值论和危机论）的系统传授，带领学生研读了马恩经典著作《共产党宣言》和《资本论》选段，并深入研究了我国经济实践对马克思主义理论的创造性发展。

表1　第一学期国民经济部分的课程思政元素一览表

教学单元	知识点	思政元素
第1课	经济思想史	介绍马克思主义政治经济学
第2课	物品稀缺	阅读《资本论》节选："商品"
第3课	生产要素	学习马克思主义劳动价值论
第4课	国民经济核算	讨论GDP指标衡量社会发展的局限性，介绍各种幸福指数
第5课	市场经济和计划经济的比较	研究我国经济制度创新：有中国特色的社会主义市场经济
第6课	市场垄断	理解资本主义发展为（国家）垄断资本主义的必然性
第7课	通货膨胀危害	了解德国历史：在两次世界大战后所经历的恶性通货膨胀
第8课	景气波动因素	了解资本主义经济危机史，尤其1847年的经济衰退催生了欧洲1848年革命；朗读马恩1848年发表的《共产党宣言》
第9课	失业现象	讨论《资本论》谈"失业"：相对过剩人口、工业储备大军
第10课	对外贸易	了解世界贸易史，特别是世界市场的形成；认识我国在推进世界自由贸易方面的重要贡献：古有丝绸之路，今有RECP

3.5 用好数字技术与资源，跟踪时事和学术前沿

本课程利用Blackboard平台进行全程"数字化"教学管理：课件、补充文本和音视频资料全部上传Blackboard平台供学生进行预习和复习，通过留言板进行生生、师生讨论和互动；课后辅导的作业，学生也都通过Blackboard平台提交，教师在线批改并反馈。除教材外，本课程还引进德国经济学系列辞典（GABLER Wirtschaftslexikon）线上、可引用版作为重要的教学资源，学生可在上课过程中适时从线上百科全书中查阅概念定义、检索经典案例。

本课程重视理论联系实际，开展丰富的"第二课堂"和实践教学活动，引导学生养成跟踪时事动态和学术前沿的习惯，并锻炼学生用新媒体分享自己学习成果的能力。例如，每月的沙龙活动是一组同学分享自制的小视频"德语经

济新闻月度播报"（10 ～ 15 分钟，包含我国经济、德国经济要闻和经济学学术动态），师生自由轻松交流。又如，本课程教学团队和高科技企业合作，带领学生投身"华为德国数字种子项目"，与德国青年在数字经济和创新文化方面进行深度交流。

3.6 建立多维度、多元化的课程评价与反馈体系

本课程的考核采用形成性评价和终结性评价相结合、教师反馈和同伴反馈相结合、笔试和口试相结合的方法。具体考核组成：总评成绩 = 课堂表现（10%）+ 小组作业（30%）+ 期末笔 / 口试（60%）。其中，小组作业在平时完成，师生共同对其成果进行评价（反馈权重为 1:1）。

表 2　课程考核与评价体系

	课堂表现（10%）	小组作业		期末考试（60%）
		同伴反馈（15%）	教师反馈（15%）	
第一学期	Blackboard 记录	口头辩论，示例：角色扮演 "当亚当·斯密遇上卡尔·马克思……" （假设有一天，亚当·斯密偶遇卡尔·马克思，一起讨论要给天堂新成立的国家选择怎样的经济制度。谁能说服谁，用了哪些论据？他们最终可能设计出怎样的方案？请分别扮演两人角色并进行辩论。）		笔试 德语标准化试题
第二学期	Blackboard 记录	制作手抄报，示例： 营销特刊"从零到一百的传奇" （请采访一家推广新产品并取得营销成功的企业，记录其故事，并运用所学知识分析其采用的营销手段，解析其成功秘诀，制作一份德文小报。）		口试 小课题研究成果汇报 答辩式考核

4. 创新思路与举措

经过教学创新，本课程将德语语言之"美"和经济规律之"妙"有机融合起来，更好地实现了复合知识传授、思辨能力培养和核心价值塑造三位一体的教学目的。具体而言，创新成效首先体现在"学"与"教"两个方面。

4.1 学生乐学善学，综合素质提升

教学创新举措实施后，本课程深受学生欢迎，在我院高年级阶段"动态多

元课程体系"中一直保持较高的选课率，历年评教成绩优异。

积极主动的学习态度使得学生们的主观能动性和学习潜能得到了充分发挥。他们的综合素质提升很快，近年来在创新创业、学科竞赛和科学研究中取得了丰硕成果：2020级本科生余紫萌主持的团队项目"情寓于竹，四海翻花——文化强国战略下用德语向世界展示空竹文化之美"荣获2023年度大学生创新创业训练计划项目国家级立项；2018级本科生邸若楠主持的团队项目"'德语充电站'线上德语学习互助平台"荣获2020年度大学生创新创业训练计划项目北京市立项；2019级本科生封韦帆荣获第二届全国高校德语专业本科生学术创新大赛二等奖；2018级本科生邸若楠荣获第二届全国高校德语专业本科生学术创新大赛三等奖；2017级本科生肖晓芸在CSSCI来源期刊《科技管理研究》上发表论文《德国人工智能政策文本量化研究》；2020级本科生王颖在学术期刊《国际公关》上发表论文《后疫情和后默克尔时代叠加下的中德经贸关系挑战》；2019级本科生聂文淇荣获2023年北京市普通高等学校优秀毕业生等。

4.2 教师乐教善教，育人能力提升

教师团队在教学创新的过程中增强了教书育人的使命感和责任感，进一步夯实了教学基本功，优化了教学方法和教学手段，巧妙地将课程思政理念融入教学实践中；师生互信、互动的课堂有力度、有温度，具有很强的感染力，受到了师生的高度认可。

近年来，主讲教师荣获了一系列省部级、校级教学奖励：2022年被评为北京高校优秀专业课（公共课）主讲教师；2021年获得北京高校第十二届青年教师教学基本功比赛文科类A组三等奖、校级青年教师教学基本功比赛外语类一等奖；先后荣获校级本科教学新秀奖、优秀教学奖和青年教学名师奖等。

经过十年打磨，主讲教师编写的新经典高等学校德语专业高年级系列教材之《德语经济知识导论》于2019年由外语教学与研究出版社出版，受到一致好评，先后推广至全国数十所高校的德语专业。该教材的配套电子资源也在线上持续更新。

4.3 课程质量提升，成果辐射明显

经过教学创新，本课程将德语语言之"美"和经济规律之"妙"有机融合

起来，让学生在系统习得德语的同时科学地完成经济学入门，实为外语专业复合型人才培养的一次大胆、有益和成功的尝试。

教育部高等学校外国语言文学类专业教学指导委员会德语专业教学指导分委主任委员贾文键教授认为该课程"在推动德语学科国别和区域研究方向课程的教育教学改革、提升复合型外语人才培养能力方面做出了表率"。

"媒介素养"教学创新成果报告[1]

翟　峥[2]

摘要： 人文通识类选修课"媒介素养"进行混合教学创新改革后，营造了支持个性化学习与协商式学习的三级学习共同体，通过项目式学习促进学生高阶思维能力，基于大学外语课程思政实施框架自然渗透思政教育，有效解决了大班选修课堂教学中面临的若干突出问题，教学效果优异，具有较高的推广价值。

关键词： 混合教学创新；项目式学习；思政教育融合；个性化学习共同体

1. 学情分析

本课程的主要学情特点如下：学生对"非专业选修课"重视程度有限，投入课程学习的时间精力不足，混合式学习经验较少。学时少（每周 2 课时）、班级容量大（130 人左右），学生专业背景和年级不同，对媒体内容的批判读解能力、对媒体技术的掌握程度，以及英语语言水平差异显著。当代大学生对在线学习、碎片化学习，以及利用手机 App 学习接受度高。

教学实践中存在的突出问题如下：课程知识点多、课时少，学生水平与需求各异，较难提供个性化、精细化指导。传统大班课堂以教师灌输理论知识为主，学生实践机会较少，较难提高学生的高阶思维能力和英语输出（口头、书面表达）能力。传统课堂以纸质教材为核心，较难引起选修课学生的学习兴趣与动力，不完全适应当代大学生的学习习惯，课程思政成效不够显著。

1　第三届北京高校教师教学创新大赛副高组三等奖获奖成果。
2　翟峥，北京外国语大学专用英语学院副教授。研究方向为英语教学、美国研究、跨文化研究。

2. 教学创新设计

针对上述问题，课程负责人对课程内容和教学环境进行了重构（见图1）。

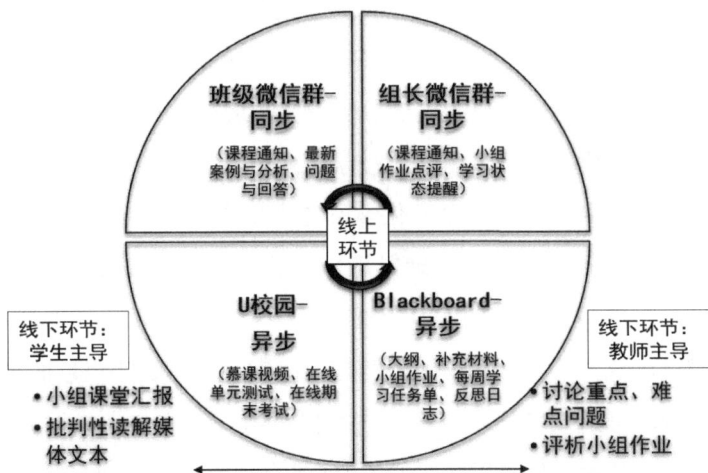

图1 "媒介素养"课程的混合式教学模式

课程负责人重新梳理并凝练教学内容，制作了"大众传媒与媒介素养"（英文）慕课课程，授课视频总时长约300分钟，有近200道客观题和8道开放式讨论题。此外，依托Blackboard（Bb）平台建设补充教学资源库。2022年春季学期课程资源库中包括27个总长145分钟的视频资源和7个非视频资源。学生共发布讨论帖212个，参与发帖学生总人数为173人，学生在线活动高度活跃。

课程负责人营造了线上＋线下、同步＋异步密切配合的混合教学环境。线上教学环节分异步和同步两种模式。在异步模式下，U校园智慧教学云平台是慕课课程平台，平台自动记录学生的学习时长、测试成绩，并对学生的答题情况进行自动分析。Bb平台是课程学习"主控板"：①教师除发布教学大纲和补充资源外，每周还发布学习任务单，学生根据要求自主学习慕课课程。②学生提交每周反思日志，并定期以小组为单位提交作业。在同步模式下，教师利用班级微信群发布重要课程通知，分享热点问题讨论，回答学生提出的问题。③利用组长微信群对小组作业进行点评，并对个别学生的学习状态（如迟交作业等）进行提醒，再由组长转达。线下教学环节紧密呼应线上教学内容，既有教师主导的活动，也有学生主导的活动。主要环节包括：①教师根据学生在反思日志中提出的问题进行重点、难点分析。②展示学生作业，与学生共同分析其优缺点。③学生以小组为单位围绕慕课教学视频进行简短课堂汇报，加深对重要知识点的理解，教师从汇报内容、PPT设计、英语语言等方面进行点评。④组织学生分组对时事新闻、电视广告等媒体文本进行批判性读解并予以点评。

上述创新式教学设计有效解决了教学实践中以下突出问题。

通过三级学习共同体实现个性化学习与协商式学习的有机融合。课程构建了三级线上、线下学习共同体，确保每一名学生都全程参与。在个人层面上，除了发言的同学能得到教师的即时点评外，每名学生每周都可通过Bb平台提交学习反思日志等方式与教师交流，打破了时空界限。在小组层面上，全班分为26个小组，每组5名学生，学生自行推举组长，协作完成相关学习任务。在班级层面上，学生不仅可以随时通过Bb平台观摩学习其他小组上传的作业，也可以从线下现场讨论和作业分享中获得灵感、互相学习。学生在进行个性化学习与协商式学习的过程中持续得到教师指导，从学习共同体中汲取知识、锻炼能力、陶冶情怀。

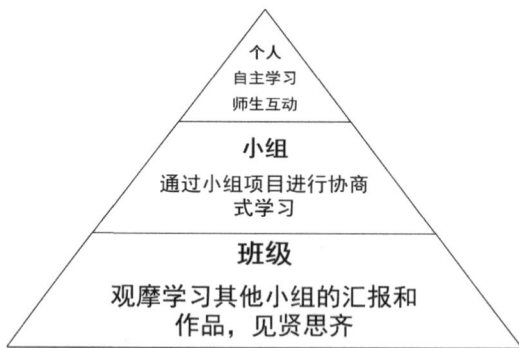

图2 "媒介素养"课程三级学习共同体

通过以建构主义为理论基础的项目学习（PBL）促进学生高阶思维能力和英语输出能力的发展。课程把大部分理论讲述迁移至慕课课程，供学生学习。线下教学环节则设计各类小组研习探究项目，激发学生的学习动力，使学生从知识的被动接受者转化为自主学习者和创造者，促进其思辨能力、媒体实操能力和可迁移能力（包括交流和表达能力、团队合作与人际沟通能力、组织管理和计划能力、解决问题的能力和创造能力等）等高阶思维能力的培养。项目式学习也为学生创造了大量真实的英语环境，学生的英语表达得到充分锻炼。课程还要求学生通过五次实践课以小组为单位从《习近平谈治国理政》（英文版）中挑选一篇与自己所学专业相关的论述深入研读，在真正领悟文章精髓的基础上用英语讲述一个中国故事，并在社交媒体上公开发表。这项作业为学生创建了一个真实、新颖且饶有趣味的情境体验，学生利用教师提供的各类在线资源学习相关技能，通过多次线上、线下作品展示，从课堂交流及社交媒体得到反馈，学习获得感显著提高。

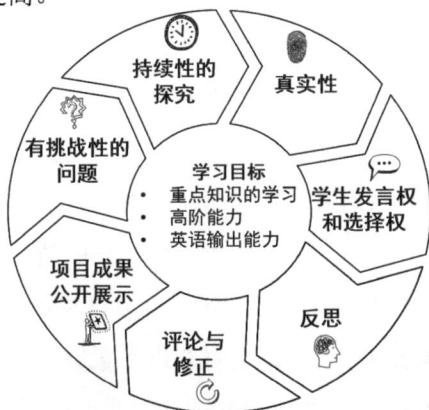

图 3　项目式学习促进学生高阶思维能力发展

基于大学外语课程思政实施框架自然渗透思政教育。课程以文秋芳教授提出的外语课程思政实施框架（即包含相互联动、同频共振的内容链、管理链、评价链和教师言行链的四条思政链）为指导，利用混合式教学的优势，有机融入思政教育。

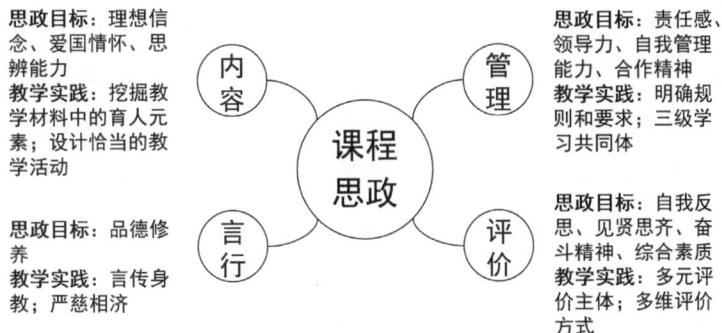

图 4　"媒介素养"课程思政链

在内容链上，教师通过对案例的选择，挖掘思政元素，引导学生认清西方媒体报道中的偏见与虚伪。在课堂讨论时，教师积极捕捉学生发言中蕴含的育人元素并加以展开。此外，通过学期大项目的创作，师生不断内化习近平新时代中国特色社会主义思想，进而实现将立德树人贯彻到课堂教学全过程、全方位、全员之中的设计初衷。在管理链上，教师制定了混合式教学课堂规章制度和行为规范，把复杂的学习任务进行细分和拆解，减轻了学生的压力与焦虑。学生通过不断达成阶段目标更容易产生获得感。同时，依规管理帮助学生培养良好的学习习惯和规则意识。通过小组自主研习实践把部分课堂管理权下放给学生，为学生搭建了一个动态的、多类型的支架，不仅调动了学生的自主性、创造性和积极性，也达成了既定的思政目标。在评价链上，重视过程性评价，关注实践应用能力，追踪学生态度与情感的变化。在促进学生反思成长的同时，也对教师不断提高教学质量产生促进作用，教师在监测学生慕课学习成果、通过评阅学生反思日志和作业时常有新发现、新感悟，并将这些发现与感悟带入线下课堂。在言行链上，教师始终以饱满的精神状态授课；每周阅读上百份学生反思日志并做出反馈；第一时间回复学生线上线下提出的各种问题；密切跟踪海内外媒体报道并挑选最新材料进行案例分析；对基础较弱或需要帮助的学生给予特别关注，通过各种方式肯定他们取得的进步，增强他们的自信；虚心接受学生提出的合理意见并做出相应调整。身体力行，为学生树立积极的榜样。

3. 教学评价改革

课程采用形成性评价和终结性评价相结合的方式，部分环节采用师生合作评价的方式，充分考查学生在课程学习过程中付出的努力、做出的贡献，以及取得的成果。评价观测点既涵盖课程显性教学目标的达成度（如通过客观题考查学生对知识点的掌握，对各阶段小组作业质量考查学生媒体运用能力的高低等），也涵盖隐性思政目标（如通过对作业是否准时提交的监测引导学生树立正确的学习态度，通过每周反思日志观察学生的进步与情感变化并在发现问题时及时干预，通过小组任务考查学生的团队协作能力和领导能力，通过学期大项目考查学生领会习近平新时代中国特色社会主义思想的深度等）。最终成绩由线上慕课学习成绩（50%）和线下活动部分（50%）组成，具体分值比例如图5。

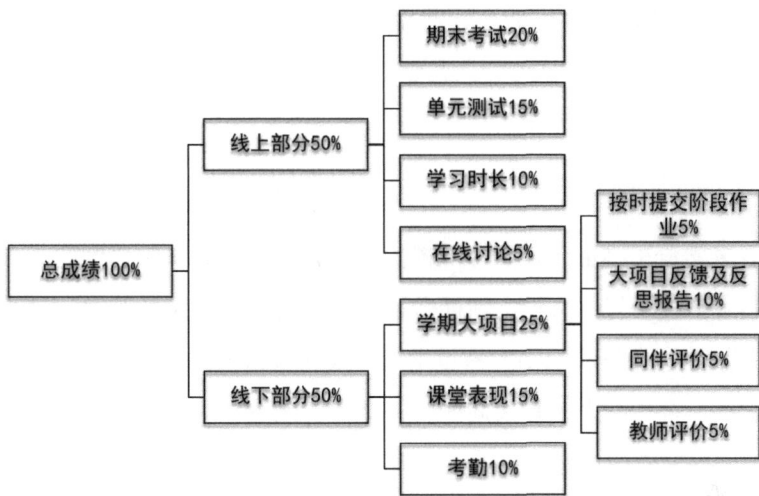

图 5 "媒介素养"课程成绩组成

4．教学成效

课程改革后，"痛点"问题得到有效解决，学生的学习获得感和满意度均有所提高，评教分数由 91 分左右上升至 95 分左右。以 2021 年和 2022 年部分学生的反思报告和主观评价为例加以说明。

大班课堂参与感、个性化教学和精细化指导程度显著提升——"线上课对大四学生非常友好，能够自由安排时间学习，可以回看相关内容和信息，线上线下相结合的方式提高了学习效率""本课程的教学是相对个性化和具有创造性的，课堂结构严谨且紧凑，小组合作目的明确，关键时刻也有老师的引导"。

学生的高阶思维能力和英语能力得到充分锻炼——"我们学会了如何鉴别假信息，如何理性分析，避免受假信息和别有用心之人的误导""成员来自不同专业，知识背景不同，相互补充、相互碰撞，克服一个个难题，呈现一个完整的项目""英语水平逐渐提高，听力和表达能力在课上得到训练""我将媒介素养课上学到的知识融入了其他课程学习中，得到了'其他'老师的好评"。

学生的学习兴趣与课程思政效果显著提高——"我对国家政策、现状和发展都有了更好的了解，更坚定意识到中国特色社会主义的优越""老师的课完美地把政治方面的内容和课程内容结合在了一起""这实际上是一个融合了多媒体以及媒介素养的，符合新媒体时代的一次成功的、寓教于乐的思政学习""作为青年人，项目作业也让我意识到自己肩上沉甸甸的责任，以及如何更好地吸收古今中外优秀经验，在新时代为讲好中国故事贡献自己的能量和声音"。

5. 主要创新点

体现多学科思维融合、跨专业能力融合，培养学生高阶思维能力。课程创造性地利用新技术将语言学、新闻传播学、教育学、艺术学等学科进行多元思维融合，培养学生形成独特的跨越学科界限的知识视野和思维方式，注重学生批判性思维、合作能力、复杂问题解决能力的培育，对新文科建设的人才培养和大班选修课教学改革进行了有益探索。

营造了线上线下结合的建构式学习共同体。在教学模式方面，综合运用人本化学习和建构主义学习原则，选择与学生自身经验高度吻合的材料，创造了一个基于"学习体验"的学习生态。在教学内容方面，对知识点进行了科学分解和重组。在任务设计方面，充分考虑了学生的差异化需求，多层次、多类型的任务有效促进了师生、生生互动交流，创造了个性化学习与协商式学习结合的"学习共同体"。在教学评价方面，构建了多元标准评价机制，不仅注重结果性评价，更强调过程性评价。

专业教学与思政教育同向同行，课程思政实现全覆盖、全融合。课程坚持显性教育与隐性教育相统一，挖掘学科教育中蕴含的思想政治教育因素和育人价值，突出思政育人的理念，注重培养学生的社会主义核心价值观、道德修养、分析能力、判断能力、审美能力、爱国情怀和社会责任感。在四条思政链的配合下，在潜移默化中坚定学生的理想信念、厚植爱国主义情怀、提升综合素质。

6. 推广价值

课程思想导向正确，内容规范完整，体现前沿性和时代性，共享范围广，应用模式多样，示范引领性强。线上＋线下、同步＋异步的混合教学环境设计充分发挥线上、线下教学优势，较好地解决了传统大班课堂教学面临的挑战。融入思政材料的项目式学习能够发挥学生的学习主动性，锻炼其高阶思维能力和实践能力，在寓教于乐中实现价值塑造。

活化理论 学用结合 铸魂赋能

——"马克思主义新闻思想"课程创新实践报告

高金萍[1]

摘要："马克思主义新闻思想"是新闻学和传播学本科专业必修基础课，旨在为国际传播拔尖人才强根固本、铸魂赋能，落小、落细、落实立德树人根本任务。本课程针对学生对马克思主义新闻观规律性认识不足、综合能力提升受限、情感和创新思维发展受限等教学痛点，以"活化理论、学用结合"创新理念贯穿教学全过程，教学内容注重将抽象观念现实化、具体化、生活化，展现马克思主义新闻观的思想伟力；创建"读评做"教学模式，引导学生在实践中"学"马新观、在国际传播中"用"马新观；运用多元教学方法，满足学生的情感需求和创新思维发展；构建多维评价体系，保障教学目标实现。通过构建学习者共同体，教学质量提质升级；学生家国情怀增强，综合能力较大提升；科教协同发展，教材建设获得北京市优质教材课件荣誉、获批马克思主义新闻观方向国家级重大科研项目。

关键词：马克思主义新闻思想；学用结合；活化理论；"读评做"教学模式

1. 课程概况与教学目标

1.1 课程简介

"马克思主义新闻思想"是一门讲授马克思主义新闻观核心观点、基本原则及其中国化历程的课程。习近平总书记在 2016 年"党的新闻舆论工作座谈

---

1 高金萍，北京外国语大学国际新闻与传播学院教授，博士生导师，马克思主义新闻观研究中心主任，国家社科重大项目首席专家，入选教育部新世纪优秀人才、北京市宣传文化"四个一批"人才、北京外国语大学卓越学术带头人。

会"上的讲话中提出"'先立乎其大者，则其小者不能夺也。'对党的新闻舆论工作来说，这个'大'，就是马克思主义新闻观。"教育部《普通高等学校本科专业类教学质量国家标准》规定，本课程是新闻传播学 7 个专业的主干课程。

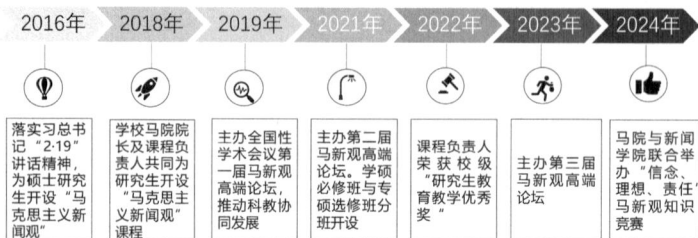

图 1　课程建设发展历程

"马克思主义新闻思想"是我校面向新闻学和传播学本科专业开设的专业基础课、必修课，教学对象是新闻学和传播学专业本科大三学生，2 学分，32 学时。先修课是新闻学概论、中国新闻史、外国新闻史、初级新闻采访写作。

1.2 教学目标

本课程以"知－信－行"贯穿教学全过程，通过系统介绍马克思主义经典作家的新闻实践及其新闻观点，培养学生辨是非（辨析马克思主义新闻观与西方新闻观）、明真理（树立正确新闻价值观）、知所为（结合媒介生态变革创造性运用马克思主义新闻观开展实践），以强根固本、铸魂赋能，成为具有马克思主义理论水平的国际传播拔尖人才。

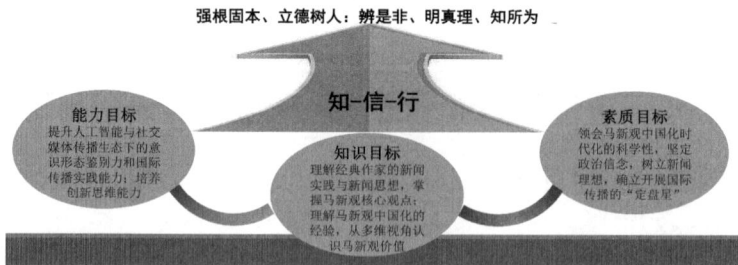

图 2　教学目标（能力目标、知识目标、素质目标）示意图

2. 学情分析与教学痛点

2.1 学情分析

团队使用"问卷星"对修读本课程学生进行的课前与课后调查结果显示：

学习动机功利性强，对马克思主义新闻观的认知度较低。学生对马新观的价值意义了解不足。有 11.7% 的学生认为自己未来是做国际传播的，重点在于了解西方媒体传播规律，学习马克思主义新闻观意义不大。有 21.2% 的学生依据课程名称及高中阶段形成的认知，认为本课程是思政课，内容枯燥，缺乏实际意义。

学习方式缺乏系统性，新闻理论素养较为薄弱。00 后学生对新闻传播实践有初步了解，虽然掌握了新闻传播学基础知识，但是理论分析能力较弱。传统新闻理论教育与传播实践的脱节，也影响了学生对理论的渴求度。

学习效果未达价值目标，新闻观处于混沌状态。受学校国际化氛围影响，学生外语能力强；长期收阅国外媒体报道，受西方新闻价值观影响深；同时，人生职业规划处于将明未明的转折阶段，尚未形成坚定的新闻理想，未养成敏锐的意识形态鉴别力和正确的新闻观。

2.2 教学痛点

本课程依托马克思主义经典作家的重要文本，从新闻传播角度阐述马克思主义基本原理，思政色彩突出。教学痛点在于：

一是理论学习兴趣阙如，对马新观规律性的认识不足。传统教学大多侧重马克思主义新闻观经典作家思想的阐释，对于马新观观念变迁及规律的阐释上稍显欠缺。

二是偏好新技术和传播实务，学生综合能力提升受限。网生的 00 后学生动手能力强，对各种传播技术稔熟，对影像技术上手快。业务能力只有以正确的新闻观和坚实的理论基础为依托，以对党和国家的认同为底色，才能实现综合能力的提升。

三是受"教"多、受"导"少，学生情感需求和创新思维发展受限。传统教学对学生的思维训练主要基于知识传授，当前迫切需要通过教学手段和评价方式改革，以学生为中心设定阶段性教学目标，分层要求、分类指导、激发兴趣，以满足 00 后学生的情感需求和创新性思维培育。

3. 创新思路与创新举措

本课程坚持"活化理论、学用结合"创新理念，着力培养青年学子对马克思主义新闻观的"知－信－行"，成为"有家国情怀、有全球视野、有专业本领"的国际传播拔尖人才。本课程从重构教学内容、创建教学模式、改革评价方式三方面进行了教学改革。

"全球传播理论与实践"课程体系

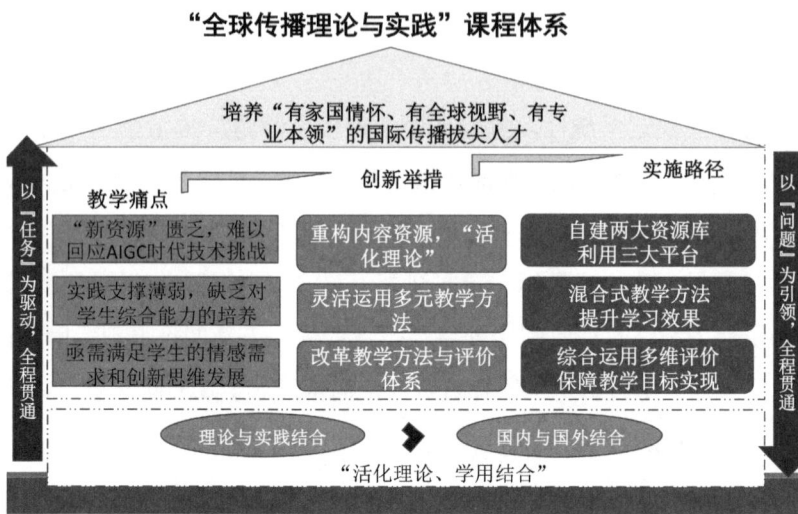

图 3 "马克思主义新闻思想"改革思路与创新举措示意图

3.1 重构内容资源"活化理论"，展现马新观思想伟力

针对教学痛点，本课程重构教学内容、整合教学资源，将抽象的理论阐述现实化、具体化、生动化。教学内容分为四大板块：总论（什么是马新观），2学时；马新观创立者的新闻思想（马恩、列宁），8学时；马新观中国化的百年历程，16学时；总结（马新观的核心观点及总体特征），6学时。在教学中分层推进学习任务，注重历史与现实结合、理论与实践结合、国内与全球结合。

教学内容注重将理论阐释与思政元素有机融合、与中国共产党的创新理论结合，先把理论还原生活实践，再将生活现象抽象为理论概念。自建"五大教学资源库"，用贴合现实的教学资源把抽象理论现实化、具体化、生动化——用流行文化产品（贺岁片、音乐作品等）诠释现实化的新闻传播观；用近期舆情事件分析具体化的新闻传播观；用中国特色社会主义新闻实践展现生动化的新闻传播观，由一线采编人员讲述如何践行马新观。

借力科教融合，教学团队自建"三大学术实践平台"，以主讲人为首席专家的马新观国家社科重大招标项目成果服务教学内容重构，将本领域最新科研成果融入教学，落小、落细、落实立德树人目标。

三大学术实践平台

"马克思主义新闻观研究与实践高端论坛"
全国性学术会议，隔年召开

"为公讲坛"系列学术讲座
每学期3-4讲

"千人百国"暑期海外实践
每年暑假1支团队，2名教师、10名学生

五大教学资源库

SPOC视听资源库
新华社、人民日报融媒产品(31)
B站(46)、FT中文网(25)

舆情事件库
国际传播案例(56)
中西新闻观比较案例(38)
新闻观与历史观、审美观案例（11）

"中国新闻传播大讲堂"系列课程
2020-2023年，每年32期

"马克思主义新闻观"国家社科重大项目成果库
论文106篇、舆情报告23篇

理论资源库
《马克思主义新闻观经典文献》(自编，18万字)
《西方马克思主义研究文献》(自编，9万字)

《马克思主义新闻思想》课程

图 4　教学资源及平台建设一览图

3.2 创新"读评做"教学模式，提升学生国际传播能力

本课程以"5E"教学模式（吸引、探究、解释、迁移、评价）为基础，围绕"活化理论、学用结合"创新理念，实施"读评做"（Read, Review, Practice，简称 RRP）教学改革：遵从"读原文、学原著、悟原理"宗旨，以学生为主体、以文献为核心，突出课前读文献、课上评文献/评报道、课后用文献/做报道分析/做海外实践三个教学环节，使用多元教学法，营造混合式学习情境，激发学生学习动力，共建师生学习共同体，强化在实践中学习马新观、在国际传播中应用马新观。

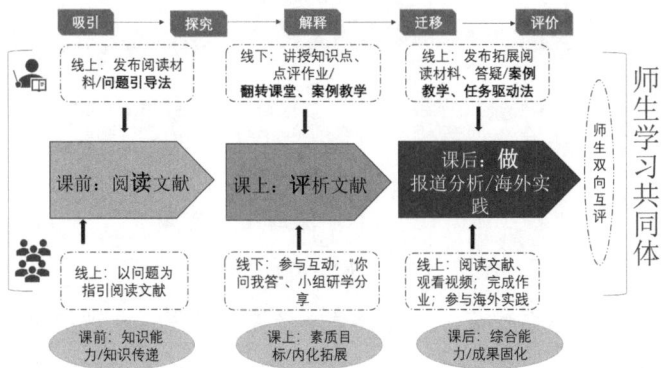

图 5　"读评做"（RRP）教学模式

课前——激发学习兴趣：教师通过线上设置问题、引导学生阅读马新观经典文献。课上——师生共同探究马新观思想精髓：教师与学生角色翻转，学生

提问、教师回答，评析文献的创作背景、内容观点和现实价值。课后——知识迁移应用：在教师指导下开展分组研学，反思如何从马新观视角开展国际传播实践。

"读评做"教学模式的高阶性体现在课后的"用"和"做"（实践）：一是小组研学，教师指导学生运用马新观对五类中国新闻奖获奖作品（重大主题报道、典型报道、突发事件报道、舆论监督报道、国际传播报道）进行研学，小组分享研究成果，教师点评引导学生进一步理解马新观的实践特色。二是期末论文研究，学生综合本学期理论学习和小组研学实践，论文选题聚焦新时代如何运用马克思主义新闻观点开展国际传播实践，推动学生把理论与实践结合、历史与现实结合、中国与全球结合。

3.3 运用多元教学方法，激发学生创新思维活力

运用多元教学法推动学生从多角度对马克思主义新闻观的核心问题持续求解，延伸对马新观的立体化认知；线上线下交融，塑造学生理论思维和创新思维。

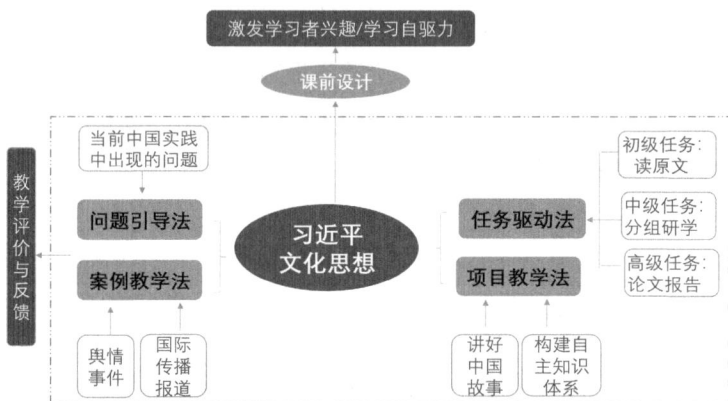

图 6　多元教学法应用示意图

3.4 优化多维评价体系，保障教学目标实现

通过多维评价体系改革，监督教学质量提升效果。从评价对象来看，对于学生采用形成性评价方式，强化过程学习、解决生成性问题。通过加分（参加线上讨论、课堂抢答等）和减分（未交作业等）提供正负评价，督促学习积极性不足的学生。过程评价结果进行量化，为学生实现自我进步创造条件。对于教学团队，采用同行听课（教学团队、学院同行、学校督导）、学生调查共四

类评价，综合考核知识目标、能力目标和素质目标的实现情况，为下一轮教改提供指向。

表1　课程考核评价与反馈改进机制

	总评成绩	过程评价（40%）			期末考核（60%）	学习目标
学生评价	课前	线上	阅读经典文献4次	5%	论文写作	知识拓展
	课中	线下	考勤	5%		理论实践融合创新思维培养
			课堂互动（抢答等）	5%		
			小组研学分享	30%		
	课后	线上	在线阅读拓展文献4次	5%		综合能力拓展
		线下	小组研学	20%		
			课后作业2次	30%		
		过程反馈				改进方式
反馈	反馈机制	线上学习	线下讲授		小组研学	
		线上问答、线上检查督促	课堂反馈、督导听课、教师听课		同学提问、教师点评	团队研讨、学情调查、访谈征集意见
教师评价	四类评价	团队成员互相听课评课5%	同行听课评课15%		督导专家听课30%	学生评师评教50%
	评价指标	课程目标落实（知识目标、能力目标、素质目标）教学实施情况（授课内容、教学策略、教学方法）教学效果（课程思政、师生互动、学生学习情况）				教学方法（互动性、启发性）教学内容（有益性、有用性）

4. 创新成效

4.1 构建学习者共同体，教学质量提质升级

线上线下的混合式情境教学拓展了学习空间，构建了全方位、全时域、立体化的学习空间，构筑了学习者共同体；线上线下交互为师生提供了意义建构的多元场域，丰富了师生对马新观理论的理解，拓展了师生实践马新观的维度。

围绕学习活动教师和学生皆为中心，增强了学生的获得感；教学团队入选学校优秀本科育人团队，主讲人荣获研究生教育教学优秀奖、优秀硕博士论文指导教师奖。

4.2 学生家国情怀增强，思政育人效果显著

修读本课程的学生树立了自信，创新思维和综合能力获得较大提升。2019～2023年，有5人获得国家励志奖学金、2人完成国家级"大创"项目；主讲人指导20级本科生参加"'一带一路'新视界全球短视频征集展播活动"，与全国选手同台竞争，荣获奖励。

学生积极参与北京冬奥会志愿服务以及"马克思主义新闻观研究与实践高端论坛"志愿服务，极大提升了家国情怀和综合能力。4名学生获得2022年北京冬奥会优秀志愿者荣誉称号；学生自主创作的图文设计（论坛海报），受到全国性学术会议与会专家的好评。

4.3 教改论文与科研项目并进，教研协同发展

2019～2023年主讲人在CSSCI来源期刊发表6篇教学论文在中国知网累计下载4322余次，引用26次。2023年，主讲人作为首席专家承担的马克思主义新闻观主题的国家社科重大招标项目已顺利完成中期检查。

表2 2019～2023年教学团队教研论文、教材及教学项目一览

类别	题目	发表或出版单位/资助单位	社会影响
论文	国际传播能力建设视域下的国际传播人才"三观"	《当代传播》2023年第6期/C刊	下载494次，被引2次
	习近平国际传播系列重要论述的核心要素及价值意蕴	《现代传播》2023年第5期/C刊	下载1190，被引3次
	新时代马克思主义新闻观教育的三重逻辑	《中国高等教育》2022年第9期/C刊	下载337次
	平台型媒体背景下意识形态研判路径创新研究	《湖南大学学报（社科版）》2022年第1期/C刊	下载697次，被引8次
	建设中国特色国际新闻传播教育体系	《中国高等教育》2021年第4期/C刊	下载475次，被引3次
	社交媒体时代马克思主义新闻观的现实境遇与创新发展	《中国编辑》2019年第10期/C刊	下载1129次，被引10次
教材	《全球传播导论》	中国人民大学出版社2023年版	国内首部全球传播领域教材
教改项目	习近平系列重要论述融入"全球传播理论与实践"教学模式改革创新	2023年校级教改项目	结项

4.4 教材建设频结硕果，获得荣誉奖励

主讲人将教改实践纳入教材建设，相关教材荣获省部级奖励；同时，教材编写又反哺教学实践。主讲人主编的教材《新闻学概论》荣获 2022 年北京市高等学校"优质本科教材课件"荣誉。主讲人主编的教材《全球传播导论》，入选中国人民大学"新编 21 世纪新闻传播学系列教材"。

5. 推广示范

5.1 "走出去"实践马新观，成果获得多家媒体报道

2023 年主讲人带队学生赴马来西亚开展暑期海外实践，在国际传播现场讲述中国主张、中国方案的传播现状与面临的挑战，推动学生探索用"中国话语"讲述"中国故事"，践行马克思主义新闻观，树立新闻理想。

该实践活动被东南亚地区最大的华文媒体《星洲日报》两次报道，国内人民网、中国教育网等 21 家主流媒体关注，共计发表相关报道 50 余篇，涉及中文、英语、马来语多个语种。

5.2 "读评做"教改模式成效显现，受到校内外广泛关注

"马克思主义新闻思想""RRP"教改模式在校内外获得好评。课程主讲人连续三年受邀参加华中科技大学主办的"新闻传播史论课程群教学改革研讨会"，向与会专家介绍本校马新观"RRP"教改模式；主讲人还受邀为中央财经大学文化与传媒学院、对外经贸大学文学与创意传播学院举办讲座，介绍马克思主义新闻思想教育教学最新成果。

6. 结语

过去，教学团队运用"读评做"教学模式，激发学生兴趣；通过多元教学方法应用，驱动学生创新思维发展；运用多维评价体系，促进了学生综合能力提升。本课程注重对习近平关于国际传播系列重要论述以及中国方案国际传播的阐发，要求学生从全球视野理解马新观的价值及其实践，着力提升课程的前沿性和挑战度。

未来，教学团队将进一步对标中国国际传播能力建设目标，瞄准国际传播拔尖人才培养方向，完善"读评做"教学模式，深化课堂教学质量多维评价应用，向全国外语类高校推广本课程教改成果，落实立德树人根本任务。

理解当代中国，传播中国故事

——"俄语演讲"课程思政创新报告

孙　芳[1]

摘要："俄语演讲"是俄语专业本科必修课程，属于外国语言文学类专业"理解当代中国"系列课程之一。本课程肩负立德树人、思政育人的重要任务，旨在将习近平新时代中国特色社会主义思想系统地融入俄语专业的实践课程之中，帮助学生在训练俄语演讲能力的同时掌握中国特色的话语体系，提高用外语讲好中国故事的能力。基于现阶段俄语专业本科生的学情特点，直面课程思政教学中理论性强、直观性有限、不易实操、难评价等痛点问题，积极探索如何在训练学生外语演讲技能的过程中贯彻课程思政的原则、提升课程思政的效果、实现课程思政的目标。教学团队协同合作研讨教学方法，共同探索语言与内容相融合的教学范式，重构教学内容、建设数字资源库、打造沉浸式情景课堂、改革教学考核评价，力求让学生亲身感受跨文化交际的场景，拓展学生的国际视野，培养学生的家国情怀，提高学生融通中外的跨文化传播能力。本课程教学成效显著，学生用俄语讲述中国故事的能力得以提升，在校级、省市级和国家级各项赛事中获得佳绩。主讲教师面向全国高校俄语专业教师进行"俄语演讲"课教学示范，受到业内同行的好评。

关键词：理解当代中国；讲述中国故事；俄语演讲；课程思政

1　孙芳，北京外国语大学俄语学院教授，硕士生导师，研究方向为区域国别学。

1. 课程概述

1.1 课程简介

"俄语演讲"为俄语专业本科必修课程，开设在三年级上学期，共 32 学时，计 2 学分。本课程属于高等学校外国语言文学类专业"理解当代中国"系列课程之一，以同系列的"俄语读写"为先修课程、"汉俄翻译"为后续课程。本课程旨在将习近平新时代中国特色社会主义思想系统地融入外语专业实践教学之中，帮助学生在训练外语演讲能力的同时掌握中国特色的话语体系，提高用外语讲好中国故事的能力，从而落实好在高等教育阶段思政育人、立德树人的根本任务。

1.2 课程建设历程

为贯彻落实党的二十大精神，加快构建中国话语和中国叙事体系，创新外语专业课程思政，2021 年中共中央宣传部、教育部联合启动了重点教材建设项目，全面推进《习近平谈治国理政》多语种版本进高校、进教材、进课堂（"三进"）工作。由此诞生了"理解当代中国"多语种系列教材，这套教材于 2022 年 7 月正式出版后，我校随即出台了落地措施，开始配合国家战略需要建设对应课程，"俄语演讲"课便应运而生。

我校俄语专业为国家级特色专业建设点和北京市重点学科、首批国家级一流专业建设点，在全国学科评估中被评为 A+ 级，专业教学团队力量雄厚，整体素质高。经过两个学年的努力，"俄语演讲"课已初见成效，于 2023 年底被学校推荐参评第三批国家级一流本科课程。

2. 课程目标

2.1 总体目标

引导学生树立正确的世界观和人生观，准确、到位地理解当代中国，用扎实、流利的俄语传播当代中国故事，向国际友人传播中国话语，推动中国更好地走向世界，让世界更好地了解中国。

2.2 知识目标

引导学生细读精选课文和原著，熟悉当代中国的发展状况和治国理念，掌握习近平新时代中国特色社会主义思想的基本观点和方法，在当今世界一体化和经济全球化的大背景下深入分析当代中国丰富多彩的改革开放实践，深刻理解中华民族伟大复兴的中国梦。

2.3 能力目标

使学生能够面对国际听众讲好中国故事，学生在跟随任课教师用俄语讲述当代中国的过程中，不断了解中国国情，拓展国际视野，训练用生动语言和丰富内容讲好中国故事的能力，不断提高融通中外的跨文化传播能力和思辨能力。

2.4 素质目标

充分发挥课程思政效果，使学生坚定"四个自信"，深刻理解习近平新时代中国特色社会主义思想，在跨文化交际过程中弘扬爱国精神、传播中国思想、讲好中国故事，最终成为具有家国情怀、有全球视野、能够担当民族复兴大任的时代新人。

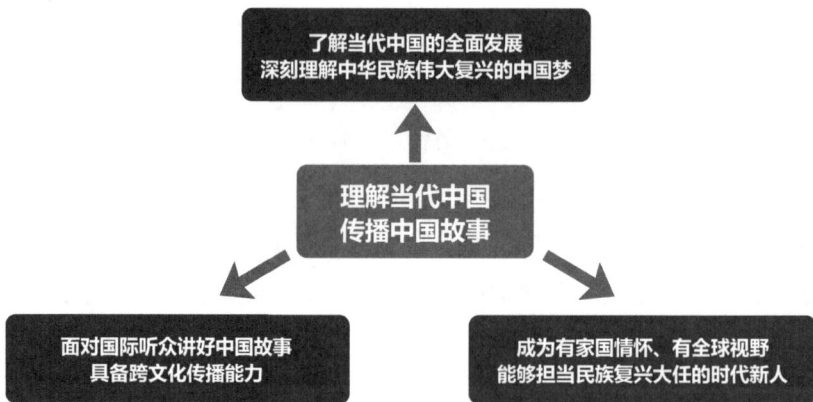

图 1　课程目标说明

3. 学情分析与教学痛点

3.1 学情分析

①教学难度分析。本课程用俄文讲授，教材也是全俄文书写，学生在克服语言障碍的同时需要用俄语阅读和理解习近平新时代中国特色社会主义思想，有超过 40% 的同学在理解上有较大难度。此外，学生要完成用俄语讲述中国发展成就的任务，传播中国故事，有超过 50% 的学生感觉在学习中需要克服较大困难。

表 1　你认为目前课程的难度如何？［单选题］

选项	小计	比例
非常难，无法学习	1	2%
有一定难度，但可以克服	26	52%
难度适中，可以正常学习	22	44%
不难，很简单	1	2%

表 2　你认为目前老师在课上使用全俄语授课的效果如何？［单选题］

选项	小计	比例
非常好，希望全俄语讲解	27	54%
有一些听不懂，但希望全俄语讲解	19	38%
有一大部分听不懂，希望减少俄语讲解的比例	4	8%
基本听不懂，希望用汉语讲解	0	0%

②学生水平分析。本课程针对的学生已掌握一定的俄语语言技能，此前已对听、说、读、写、译能力进行了一定训练，但对公共演讲相关知识并无系统接触，且对中国国家政策、国家治理、领导人讲话类型的俄译言语风格及主题词汇也接触较少，从未体验过用俄语演讲的形式来讲述当代中国的发展状况和发展理念。因此，本课程对学生来说具有高难度和挑战性，只有不到 50% 的学生能圆满完成演讲任务。

表 3　你认为每个单元最后的模拟演讲练习效果如何？［单选题］

选项	小计	比例
形式新颖，让我对公共演讲有了切身体验	39	78%
形式新颖，但我对公共演讲还是没有全面认识	9	18%
形式老套，我早就体验过这种课堂展示	1	2%
形式老套，我不感兴趣	1	2%

表 4　对自己本学期的模拟演讲表现作何评价？［单选题］

选项	小计	比例
还不错，对自己的表现很满意	20	40%
还可以，但仍存在提升的空间	26	52%
不太好，感觉自己还有一定差距	4	8%
很不好，感觉太难了，已经尽力了	0	0%

3.2 教学痛点

①思政内容贯穿教学全程，理论性强。俄语演讲课的教学内容是基于国家领导人的重要讲话语篇，用当代中国的治国政策和改革开放发展成就来论证中

国精神、展示中国力量。教学过程中无论课文还是习题均为此类内容，政治色彩浓厚，理论性强，难度较大。

②教学资源的直观性有限，学生渴望更具可视化程度的资料。以文字为主进行课程教学时容易抽象，学生理解起来有难度，这在一定程度上限制了课程思政的开展，而要补充丰富的数字资源就要求教师花费大量时间在网上查找相关数字资源，这也给教师的备课带来极大压力。

③思政主题与俄语演讲能力的融合不易实操，学生难以评判优劣。学生在多大程度上理解和接受了课程思政的内容，能否达到用俄语讲出这些内容的水平和要求，在课堂上进行实战操演并不容易，如何评判演讲创新性和演讲效果更是学生需要学习的一种思辨能力。

4. 教学创新举措

针对课程教学中存在的几个痛点问题，我们进行了教学创新。本着课程思政的原则和立德树人的目标，从教学内容、教学资源、教学活动、教学评价四个方面进行了探索，从而对标培养学生的理解思辨能力、运用融通能力、跨文化传播能力。

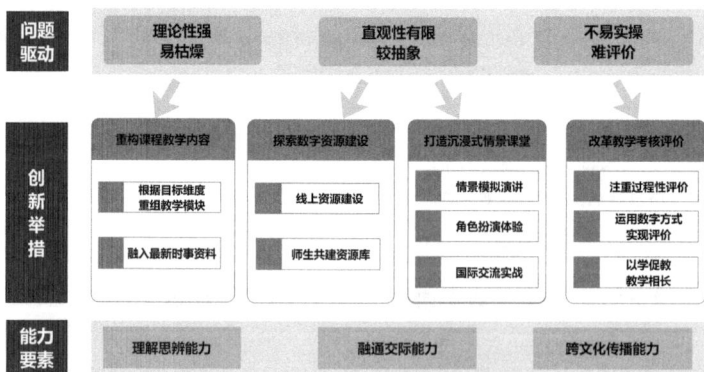

图 2　教学创新举措总结构图

4.1 重构课程教学内容

①根据目标维度重组教学模块

根据家国情怀、社会责任、国际视角这三个课程思政的核心维度，将现有的十个单元教学内容模块化，浓缩成政治治理、经济发展、价值观念、生态文明、外交思想五大主题，在一定程度上降低课程思政的难度，并使课程思政的开展思路更加清晰。

②融入最新时事资料

运用最新时政资料配合教学，通过案例分析、数据对比、线上延伸、情景再现四种方式设置形式多样的教学活动，加深学生对中国理念和中国实践的理解和认识，并使课程思政的内容有深度、接地气。

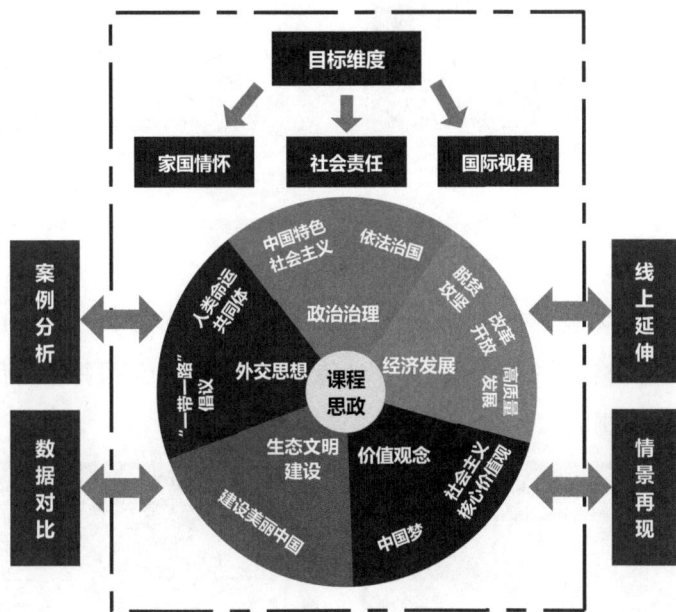

图 3　教学内容重构图示

4.2 探索数字资源建设

①线上资源建设。教学团队正在制作"俄语演讲"课程的慕课，未来将把教师讲解的部分内容放入慕课中供学生自主线上学习，把课堂上的更多时间用于进行课程思政实践训练，同时也计划引入虚拟仿真课堂，将充分利用数字资源的建设实现线上线下课程相融合的效果。

②师生共建资源库。教师和学生针对不同主题和思政模块共同积累丰富的数字资料，从类型上分为图片和视频两种形式，从主题上包括展示当代中国发展成就（如数字人民币、中国高铁、雄安新区），展示模范带头人物事迹（如袁隆平、屠呦呦、张桂梅），展示中国智慧和国家治理方案（如中国特色社会主义、中国梦、社会主义核心价值观）等，共同建设案例资源库。目前已积累了 10 个主题的近 1000 幅图片和 300 多个视频资料。

4.3 打造沉浸式情景课堂

①情境模拟演讲。实践课程思政的方法是让学生进入精心设计的场景中进行模拟演讲，使学生能够身临其境，理解和感受当代中国青年在实际跨文化交际场景中应如何坚定"四个自信"。

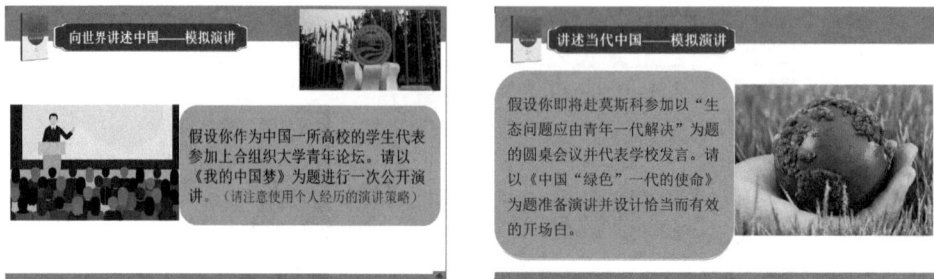

图 4 情景模拟演讲图示

②角色扮演体验。在特定的演讲情景中让学生分别扮演不同角色，体验不同视角的话语风格，并通过团队合作训练让学生体验如何发挥语言优势向外国朋友讲述当代中国。

图 5 学生体验角色扮演

③国际交流实战。创造真实的线下跨文化交际场合，让学生与俄语国家的留学生近距离沟通交流，实现课堂知识的学以致用，从而达到传播中国故事的终极目标。

4.4 改革教学考核评价

①多方面考察，注重过程性评价

采用过程性评价（50%）与形成性评价（50%）相结合的教学评价方式，尤其注重过程性评价，从思想内容、语言表达、整体效果三个方面进行考察。

思想内容：演讲者是否正确理解了本单元核心概念的内涵，演讲内容是否紧扣主题、观点是否鲜明，是否有演讲者的独立见解，演讲稿的逻辑性和思想性如何等。

语言表达：演讲者的俄语语音语调是否标准，口齿是否清楚，语句是否流畅，用词是否准确，有无明显的语法错误，体现出的整体语言能力如何等。

整体效果：演讲者的仪态是否端庄，表情是否自然，举止是否得体，是否恰当运用个人事例的策略来配合演讲，听众的整体反应如何等。

②多角度分析，运用数字化方式实现评价

为了检验课程思政的效果，教师会组织学生进行多方面评价，包括教师点评、学生自评、同学他评、小组互评等多个角度，通过语言评述、问卷发放、小程序打分等多种方法，关注思想内容、演讲效果、仪态仪表等多个环节，引导和启发学生们客观、中肯地进行思考和评判。

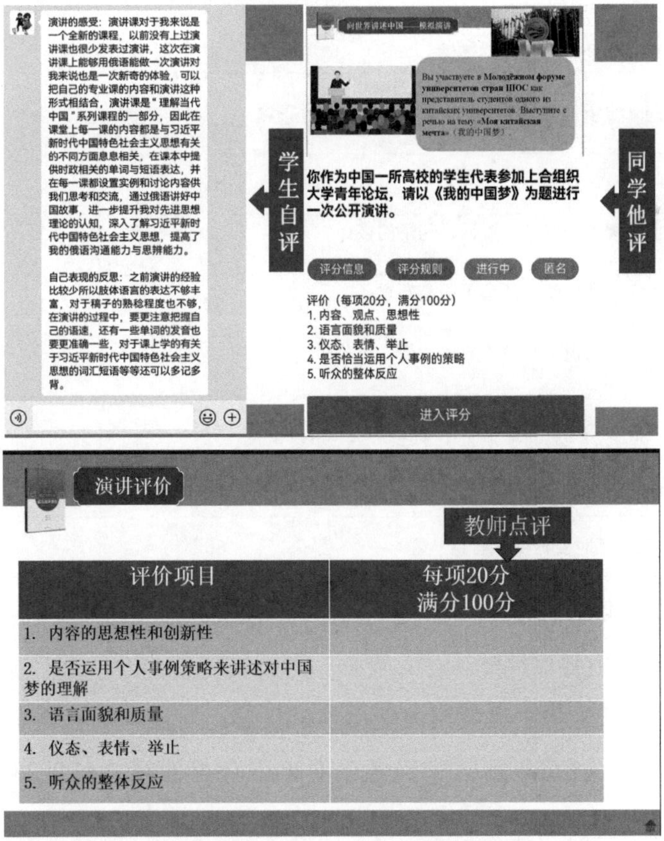

图 6　运用数字化方式实现考核评价

③以学促教、教学相长

教师组织所有上课学生对俄语演讲课程的授课情况和课程效果做出反馈式评价，主要采用问卷发放和语言评述的方法展开，教师通过良好的沟通与交流鼓励学生们在评价中实事求是，直面问题，从而在评价活动中实现教学相长的双向提升。

表5 你对教学过程中的哪个环节最感兴趣？［多选题］

选项	小计	比例
对重点词句进行翻译	24	48%
观看与主题相关的音视频资料	15	30%
阅读课文，总结全文脉络，概括中心思想	12	24%
讨论、分析与主题相关的实例	20	40%
思考青年人的行为和作用	21	42%
学习俄语演讲策略与技巧	26	52%
小组讨论或协作完成课后任务	10	20%
在模拟情景中进行公共演讲	30	60%

表6 本学期课程结束后你认为自己在哪些方面有了收获和进步？［多选题］

选项	小计	比例
掌握了教材中主题相关的词汇、短语、句子的俄译方法	35	70%
认识了中国的最新发展成就，了解了国家的重要方针政策	37	74%
对公共演讲有了全面认识，知道了应该如何面对公众进行演讲	31	62%
俄语口头表述能力有了显著提高	31	62%
能够对外国朋友讲述当代中国的发展进步	15	30%
面对公众讲话时变得更加自信从容	30	60%

5．创新成效及推广

5.1 学生综合能力得以提升

学生用俄语传播中国故事的能力得以提升，对课程和任课老师的评价较高，并在校级、省市级和国家级各项赛事中获得佳绩。在2023年度"外研社·国才杯""理解当代中国"全国大学生外语能力大赛俄语组国赛中，2020级本科生陈虹宇荣获金奖；在2023年度全国高校俄语大赛中，2020级本科生孟祥卓荣获高年级组一等奖、付晓蓓荣获高年级组二等奖；在第六届京津冀高校俄语大赛中，2020 级本科生陈纪言、黄雨昕荣获高年级组二等奖，陈艺凤荣获高年级组三等奖。

5.2 教师教学水平不断进步

任课教师在日常教学考核评价中得到同事、领导的好评。教学团队获 2023 年度"外研社·国才杯""理解当代中国"全国大学生外语能力大赛俄语组指导教师奖；主讲教师获 2023 年度校级青年教学名师奖，团队成员获 2022 年度全国高校俄语教师"微课 +"教学创新大赛优秀奖，京津冀高校俄语大赛优秀指导教师奖等。

5.3 课程思政实践成效得以推广示范

课程获得校级教改立项，并顺利结项。教学团队的三位老师均曾面向全国高校俄语专业教师进行"俄语演讲"课的教学示范，受到业内同行的好评。主讲教师曾参加教育部"理解当代中国俄语系列"虚拟教研室的线上教研活动，分享了"俄语演讲"课的教学方法，将创新教学改革的经验进行了推广，受到教育部外国语言文学类专业教学指导委员会俄语专业教学指导分委会的肯定。

未来，我们将继续完善"俄语演讲"课程的教学创新改革，完成慕课建设，并将虚拟仿真技术引入课堂，逐步实现线上线下教学的融合，坚持不懈地进行思政育人的根本任务，帮助学生更好地理解当代中国，助力学生在跨文化交际中更好地传播中国故事！

赋能学生讲好中国故事，培养复合型国际传播人才

——"跨文化国际传播英语"教学创新成果报告

刘沫潇[1]

摘要： 为助力新时代复合型国际传播人才培养，北京外国语大学通选课"跨文化国际传播英语"以"赋能学生讲好中国故事"为中心，着力回应中国故事讲述内容陈旧、讲述策略不当、讲述效果不佳三大关键问题。课程与时俱进，重耕教学内容，明确中国故事"讲什么"；以改良的 P-CLIL 模型为指导，重构教学方法，知道中国故事"如何讲"；设置多样化产出任务，重塑教学评价，重视中国故事"讲怎样"。课程建设成效显著：帮助学生实现专业知识学习、语言技能训练、传播能力提升的"三聚焦"；课程负责人主编了课程依托新形态教材《跨文化国际传播英语教程》，还获得第四届北京高校教师教学创新大赛优秀奖；课程获批校级"三进"专题课程建设项目和在线开放课程建设项目，并通过校内遴选，成为本校高考保送生四大先修课之一。

关键词： 国际传播；新文科；复合型人才培养；新形态教材

1. 课程概述

2021 年在中央政治局就加强我国国际传播能力建设进行第三十次集体学习时，习近平总书记提出要全面提升国际传播效能，建强适应新时代国际传播需要的专门人才队伍。这是国家重大战略。为更好地服务国家战略，2022 年秋季学期开始，主讲教师在北京外国语大学新开全英文授课的通识选修课"跨文

---

1 刘沫潇，北京外国语大学国际新闻与传播学院副教授，北京中外文化交流研究基地特聘研究员，国家大中小学外语教材建设重点研究基地特聘研究员，教育部、中共中央宣传部高校与新闻单位互聘交流"双千计划"入选人员。研究方向为新闻理论、国际传播、新形态教材与人才培养。

化国际传播英语"。

课程致力于培养新时代讲好中国故事的复合型国际传播人才，以"外语＋传媒"的有机融合为特色，共 32 学时，2 学分，全校各专业本科生均可选修。通过深入学习本课程，学生可达到以下知识目标、能力目标、素质目标。

知识目标：知晓文化间的差异及其导致的问题，掌握相关跨文化交际知识；了解西方对中国的偏见及其原因，掌握相关传媒知识；熟悉跨文化国际传播中的常见英语表达，学习中国媒体讲述中国扶贫、体育、环保等故事的经验。

能力目标：在辨识、分析、解决问题中开展跨文化对比思辨；在开阔的国际视野中对西方媒体的误读和偏见进行理性批判；在多样的主题研讨中实现英语语言技能和传播技能的双重提升。

素质目标：增进国际理解，提升跨文化素养；提升媒介素养；坚定"四个自信"，以融通中外的方式讲好中国故事。

2. 学情分析与教学痛点

本课程为具有交叉融合特色的新设课，与本课程密切相关的课程包括外语专业开设的跨文化类课程和新闻传播学专业开设的国际传播类课程。本校修课学生具备了一定英语语言能力，有一些跨文化交际经验，对中国故事的国际传播具有浓厚兴趣，喜欢案例驱动的、生动有趣的知识传授。但整体来看，同学们在中国故事的讲述方面仍存在讲述内容陈旧、讲述策略不当、讲述效果不佳等问题，这构成了本门课的三大教学痛点。

2.1 讲述内容陈旧，不太明确中国故事"讲什么"

外语专业开设的很多跨文化类课程教学案例偏陈旧，讲"传统中国"的内容多，讲"当代中国"的内容少，而"当代中国"恰恰是国际社会目前的兴趣点和讲好中国故事的重难点。相关知识输入和价值塑造的不足导致学生很难向国际社会讲好中国共产党为什么能、马克思主义为什么行、中国特色社会主义为什么好的中国故事。

2.2 讲述策略不当，不大知道中国故事"如何讲"

外语专业开设的跨文化类课程多聚焦人际交往，缺乏前沿国际传播案例介绍和新闻传播学知识传授；新闻传播学专业开设的国际传播类课程多以中文讲述为主，缺乏外语技能训练。以上内容与语言的割裂不利于学生运用熟练的外语，有技巧、有针对性地讲述中国故事。

2.3 讲述效果不佳，不很重视中国故事"讲怎样"

以往同类课程理论灌输多，实际应用少，导致学生在主题演讲、视频制作、报道撰写、社交媒体贴文回复等国际传播实用技能方面存在短板，故事讲述效果不佳。

3. 创新理念

针对以上三大教学痛点，本门课程以"赋能学生讲好中国故事"为中心，围绕中国故事"讲什么""如何讲""讲怎样"开展创新，实现家国情怀培养、专业素养提升和复合本领训练的育人目标。

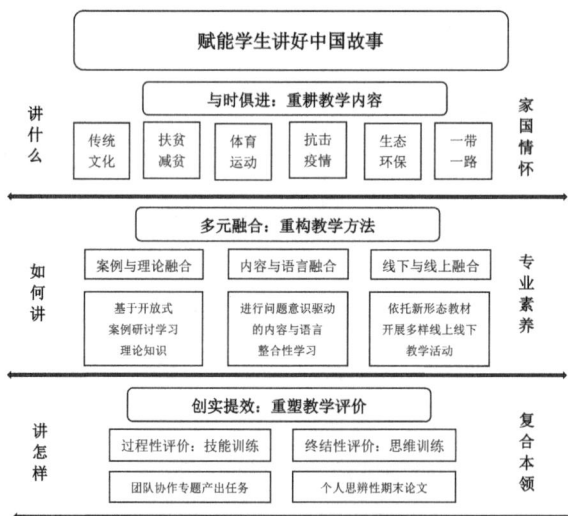

图 1　课程创新理念

4. 创新举措

4.1 重耕教学内容，把握时代发展脉搏，贯彻思政育人理念，明确中国故事"讲什么"

课程与时俱进，创造性地设置中国传统文化、扶贫减贫、体育运动、抗击疫情、生态环保、人类命运共同体六大时代热点话题，使学生既能讲好"历史中的中国"，又能讲好"发展中的中国"，展示真实、立体、全面的中国。为使授课内容紧跟时代前沿，课程负责人搜集新鲜传媒案例，设计生动的跨文化交际场景，及时融入新发布的政府白皮书信息。

课程以专题的形式授课，全面体现党的二十大精神，阐述我国的文明观、发展观、安全观、人权观、生态观、国际秩序观和全球治理观，培养学生的家国情怀。

表1　课程六大专题全面体现党的二十大精神

授课专题	相关授课内容	体现党的二十大报告精神
专题一　中国传统文化	中国传统文化符号及意涵	坚守中华文化立场，提炼展示中华文明的精神标识和文化精髓。
专题二　扶贫减贫	中国扶贫的经验与成就	中国式现代化是全体人民共同富裕的现代化。全面推进乡村振兴。
专题三　体育运动	北京冬奥会和冬残奥会的理念与特色	促进群众体育和竞技体育全面发展，加快建设体育强国。
专题四　抗击疫情	中国抗疫的成就与经验	健全公共卫生体系，提高重大疫情早发现能力，加强重大疫情防控救治体系和应急能力建设，有效遏制重大传染性疾病传播。
专题五　生态环保	中国应对气候变化的举措	中国式现代化是人与自然和谐共生的现代化。必须牢固树立和践行绿水青山就是金山银山的理念。
专题六　人类命运共同体	"一带一路"倡议与构建人类命运共同体	中国式现代化是走和平发展道路的现代化。促进世界和平与发展，推动构建人类命运共同体。

各专题内部以"如何讲好中国故事"为线索进行架构，包含环环相扣的"跨文化思辨""西方传媒""中国故事"三大板块，分别对应"国际理解""理性批判""国家认同"三方面的思政元素，实现思政元素全过程融入。

扎根中国、融通中外是讲好中国故事的基础。"跨文化思辨"板块以有趣生动的跨文化交际场景切入，引导学生进行开放式案例研讨，帮助学生了解跨文化沟通过程中的文化差异及其导致的问题，学习相关跨文化知识，提升跨文化素养。

自信、真信是讲好中国故事的前提。"西方传媒"板块选取西方传媒真实案例，从传媒专业视角批判、分析西方对中国的误读、偏见及其背后的原因，学习相关传媒知识，提升媒介素养。

能讲、会讲是讲好中国故事的关键。"中国故事"板块选取中国媒体对外报道优秀短视频案例，分析其开展国际传播的经验，引导学生运用新媒体技术和地道的外语表达，以国际社会易于接受的方式讲述中国故事，与此同时，将中国经验学理化，为学生讲述中国故事提供知识输入。

4.2 重构教学方法，以改良的 P-CLIL 模型为指导，通过多元融合，知道中国故事"如何讲"

课程以"新文科"建设为导向，重构教学方法，推动新闻传播专业与外语学科的深度融合，支持和赋能复合型国际传播人才培养。课程基于"内容与语言整合性学习理论"（Content and Language Integrated Learning，CLIL），提出"问题意识驱动的内容与语言整合性学习"（Problem-oriented Content and Language Integrated Learning，P-CLIL）改良模型。

改良模型在场景式的案例研讨中，通过技术赋能的线上线下教学活动，实现内容理解与语言应用的有机结合。整个教学过程以清晰的问题意识为导向，从初阶的辨识问题开始，逐步过渡到中阶的分析问题和高阶的解决问题。

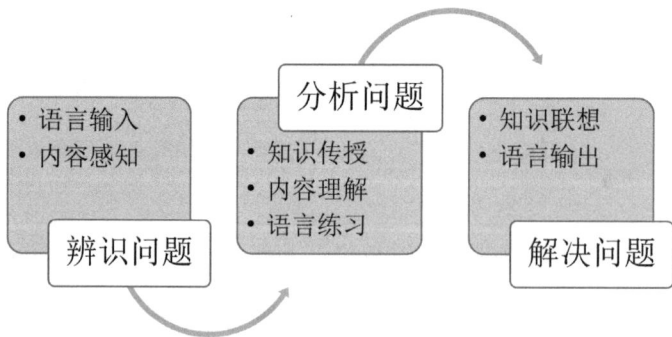

图 2　P-CLIL 模型

在 P-CLIL 模型下，通过案例与理论、内容与语言、线下与线上三方面的融合，实现专业知识学习、语言技能训练、传播能力提升的复合型人才培养目标。

案例与理论融合。课程在生动的跨文化交际案例和真实的国际传播案例研讨中展开，降低理论教学难度，提升学生的学习兴趣。案例涵盖跨文化广告、媒体报道、社交媒体图文、杂志文章、智库报告等。

内容与语言融合。课程破除学科壁垒，全英文授课，既包含跨文化交际知识和新闻传播学知识的教授，也包含语言技能方面的练习。

线下与线上融合。课程采用信息化手段，构建阶梯型、混合式教学模式。线下教师借助数字化工具创设互动式、研讨式课堂，线上引导学生观看新形态教材附带的视频微课、完成配套的习题演练，进一步巩固、拓展课内知识。

4.3 重塑教学评价，设置多样化产出任务，提高学生国际传播能力，重视中国故事"讲怎样"

课程根据当下国际传播的现实需求，重构教学评价，让学生通过完成考核任务，掌握讲述中国故事的多元技能，切实提升国际传播效果。考核包含过程性评价与终结性评价，技能训练与思维训练并重，团队协作与个人思辨结合。特别是每个专题设置了话题产出任务，引导学生基于所学，讲述自己眼中的真实中国故事，形成从学习、理解到应用的闭环。产出任务类型涉及目前国际传播所需要的技能，包括主题演讲、撰写报道、开展采访、制作视频、回复社交媒体帖文等。

5. 教学改革成效及推广

5.1 注重学用结合，提升学生的中国故事讲述能力

"跨文化国际传播英语"课程建设成效显著，获批北京外国语大学"三进"专题课程建设项目（结项优秀）并通过校内遴选，成为本校高考保送生四大先修课之一。课程主讲教师指导学生获第十一届全国大学生新媒体创意大赛三等奖和人气奖、2023"挑战杯"大学生课外学术科技作品竞赛（校级）一等奖，并在中国日报 bilibili 账号"TrendZ 自习室"和 Youtube 账号"CNTrendZ"发表多条视频作品。后续修课学生将继续根据中国日报等主流外宣媒体需求，进行定制化作品生产。

5.2 储备丰富教学资源，取得良好社会应用效果

首先，课程负责人主编课程依托新形态教材《跨文化国际传播英语教程》（外研社 2022 年版）。教材理念先进、话题新鲜，包含丰富音、视频资源，出版后广受欢迎。根据出版社提供的数据，截至 2024 年 9 月，已重印 4 次，销量 5 万余册，被北京外国语大学、四川大学、河北大学、河北科技大学、江西

师范大学等 30 余所国内高校采用。

其次，助力相关院校开展混合式教学实践。截至 2024 年 5 月，课程负责人依托教材出版社直播平台，开展了 3 场全国性云教研活动，累计 11000 人次观看了直播，赋能了相关院校的课堂教学。

最后，构建立体化教学资源。课程负责人制作并在出版社平台上线了课程配套课件，同名慕课 2024 年秋季学期上线中国高校外语慕课平台。

5.3 获得高级别教学奖项，发表高质量教研论文

课程主讲教师获第四届北京高校教师教学创新大赛优秀奖，《跨文化国际传播英语教程》第二主编依托教材撰写的教学案例获 2023 年全国高校外语课程思政教学案例大赛特等奖。课程主教讲师获批国家大中小学外语教材建设重点研究基地项目，在 CSSCI 来源期刊发表新形态教材研究文章，在《外研之声（本科版）》发表本门课程教学实践创新案例，推广优秀经验。

总之，"跨文化国际传播英语"以"赋能学生讲好中国故事"为中心，针对中国故事讲述内容陈旧、讲述策略不当、讲述效果不佳等问题开展创新。课程与时俱进，重耕教学内容，明确中国故事"讲什么"；以改良的 P-CLIL 模型为指导，重构教学方法，知道中国故事"如何讲"；设置多样化产出任务，重塑教学评价，重视中国故事"讲怎样"。课程有效助力了复合型国际传播人才培养，帮助学生实现专业知识学习、语言技能训练、传播能力提升的"三聚焦"。课程负责人主编的新形态教材出版后辐射效果良好，课程成为本校高考保送生四大先修课之一。

打造财务管理"决策课堂" 卓育新商科实践人才[1]

——"中级财务管理"教学创新报告

李思飞[2]

摘要："中级财务管理"课程以创新作为课程建设的主线，围绕企业财务管理的核心决策组织教学，通过大量多元化案例将我国经济和企业发展的生动实践融入课程，让学生在课堂上理解和分析企业现实决策，能应用所学解决企业现实问题。课程遵循本专业大学生的认知规律，融入时代发展主题，形成了价值引领、技术赋能、实践驱动三位一体的课程创新体系。课程创新力图解决思政融入难、学习参与难、实践育人难三个课程教学中的主要难题，通过重构教学内容、重组教学资料、重设教学活动、重置教学评价等教学环节的多维创新打造学生深度参与的"企业决策课堂"，有效实现了教学目标。课程创新在学生教师成长中取得了一定成果，并取得了一定的应用推广成效。

关键词：新商科；教学创新；实践育人

1. 课程概述

1.1 课程简介

"中级财务管理"是国际商学院财务管理专业三年级本科生的必修课程，会计学及其他专业的选修课程。课程每周讲授 3 学时，共讲授 16 周。课程支

---

1 第四届北京高校教师教学创新大赛正高组优秀奖获奖成果。
2 李思飞，北京外国语大学国际商学院教授，博士生导师，研究方向为公司财务与公司治理、家族企业传承与治理。

撑"国家级一流专业"会计学专业，通过打造"决策课堂"，培育具有崇高职业道德和社会责任、卓越实践能力的复合型人才。学生在完成先修课程"财务管理"的基础上，通过学习该课程，将进一步掌握较复杂的财务管理理论与方法，具备分析较复杂企业财务管理决策、解决企业财务管理现实问题的能力。

课程负责人自2012年开始讲授该课程，始终坚持立德树人的原则，通过多元化的案例教学及丰富的互动式教学活动，让学生了解习近平经济思想在中国大地上的生动实践。教师在课程建设中根据学生特点进行教学创新。2014年起将章节式授课调整为以决策为核心的专题模块式授课。2015年起该课程多次荣获学院专业核心课程优秀教学奖。2017年该课程获得校级教改项目立项，持续进行课程改革。2020年负责人获得校级《习近平谈治国理政》多语种版本"三进"工作专题教改研究项目，并以此课程作为"三进"工作的主要实践课程。课程负责人荣获国家级教学成果奖一等奖，北京市教学成果奖特等奖、一等奖各一项。

1.2 教学目标

该课程力图通过实现知识目标、能力目标和价值目标，培养具备崇高职业道德素养、良好专业知识储备以及具有应用所学解决企业现实问题能力的复合型人才。

1.2.1 知识目标

学生在学习"财务管理"课程的基础上，在完成该课程学习后，围绕企业核心财务管理决策，较为全面地掌握"中级财务管理"的核心理论和方法，理解各项决策的制定过程以及决策比较分析。

1.2.2 能力目标

学生在完成该课程学习后，具备应用所学理论与方法，分析企业的复杂财务决策，比较不同决策优劣，解决企业在财务管理中遇到的现实问题的能力。

1.2.3 价值目标

学生通过课程学习，塑造正确的人生观与价值观，培养财务工作的崇高职业道德，充分领会习近平经济思想在祖国大地上的实践，了解改革开放四十多年以来我国资本市场和企业财务管理实践的发展历程。

2. 学情分析及教学痛点

2.1 学情分析

本课程的教学对象为商科专业本科三年级学生，在思维模式、知识结构和实践能力上具有以下特点：

2.1.1 思维方式

学生思维活跃，有非常广泛的信息来源渠道，并且对于接触新鲜事物兴趣高。但是较难对复杂、枯燥的理论知识的课堂讲授投入较长时间的注意力。

2.1.2 知识结构

学生已经掌握了财务管理、会计以及其他管理学相关的基本知识，但是对于复杂的理论和方法掌握较少。同时，前期学习主要集中于基础理论的学习，对于商业伦理和职业道德的学习较少。

2.1.3 实践能力

学生虽然已经掌握了相关学科的基础知识，但是缺少对于资本市场和企业财务管理实践的了解，特别是缺少使用所学知识分析并解决企业现实问题的能力。

2.2 教学痛点

基于以上学情分析，本课程在教学中面临如下痛点：

2.2.1 思政元素融入财务管理理论与方法存在难度

本课程讲授中涉及较多复杂财务管理的知识、理论和方法，如何将思政元素有机融入专业知识讲授，同时结合财务管理理论与方法的特征融入职业道德和商业伦理的培养。由此导致实现课程价值目标存在难度，这是本课程的第一个教学痛点。

2.2.2 提升学生课程学习的参与度存在难度

本课程讲授内容相比较先修课程难度有较大幅度的提升，学生在学习中可能存在一定畏难心理，加上复杂理论和方法的学习难度较大，学生学习积极性和参与度都会降低，影响课堂教学效果。由此导致实现课程知识目标存在难度，这是本课程的第二个教学痛点。

2.2.3 培养学生解决企业现实问题的实践能力存在难度

本课程学习之前，学生着重于基础理论知识学习，对于资本市场和企业财务管理实践接触相对有限，因此缺少解决现实问题的能力。这种情况会在企业管理实践高速发展，而理论发展落后于商业实践的情况下更为严重。由此导致实现课程能力目标存在难度，这是本课程的第三个教学痛点。

3. 教学创新理念及思路

3.1 教学创新理念

根据以上学生特征以及教学中面临的痛点，本课程在建设中按照以下创新理念进行课程创新（图1）：

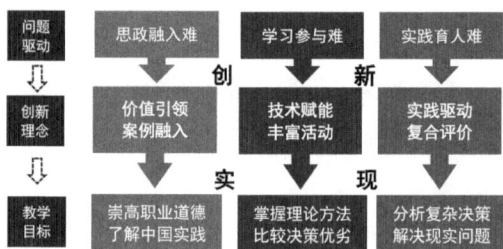

图 1　教学创新理念

价值引领，以多元案例融入思政元素。课程建设中坚持"价值引领、专业塑造"的理念，通过从各个维度反映我国资本市场发展和企业财务管理实践的多元化案例，让学生体会到改革开放四十多年来我国宏观经济和微观企业的蓬勃发展，以及企业实践的持续创新。

技术赋能，以丰富的活动吸引学生全程投入课堂教学。课程建设中全过程推行互动式教学，应用模拟投资软件、多媒体案例等多种技术手段，应用热点案例追踪、决策数据计算、角色扮演、模拟决策等多种课堂活动，吸引学生深度参与课堂教学全过程，提升课堂教学效果。

实践驱动，以复合评价培养知识应用能力。课程建设中着力于推动"实践育人"，打造真实情境的"决策课堂"，通过课堂中丰富的活动吸引学生关注企业实践，并计入平时评价。以深度案例分析作为重要评价环节，要求学生完成现实企业财务管理决策相关的深度案例分析，培养学生应用所学理论与方法分析并解决实际问题的能力。

3.2 总体教学创新思路

基于上述的教学创新理念，本课程在教学内容、教学资料、教学活动、教学评价等方面进行创新。

重构教学内容。摆脱传统的章节式教学内容，按照财务管理中的投资、融资、估值、并购以及公司治理五项核心决策设置专题为主要教学内容。

重组教学资料。以充分融入思政要素，融合多种媒体技术的案例作为主要教学资料，既展现我国改革开放四十余年波澜壮阔的历程，又展示我国企业发展的生动实践。

重设教学活动。将多元的互动式教学活动贯穿课堂教学的始终，在课前及课后也安排实现教学目标的教学活动，让学生持续深度参与课堂教学。

重置教学评价。把学生参与的每一项教学活动都纳入教学评价体系，提高平时课堂参与评价的比重。期末评价以学生深度案例分析与报告为主。

4. 具体教学实施

根据上述创新理念及创新思路，本课程在具体教学实施中在教学内容、教学资料、教学活动和教学评价等教学核心环节上进行了如下多维度的创新。

重构教学内容：财务管理决策为核心的专题式教学内容。

重组教学资料：融入思政要素，融合多媒体技术案例为教学资料。包括视频案例引发兴趣、短案例讲解知识点、数据案例展现改革历程、长案例进行深度研讨。

重设教学活动：课前、课中、课后贯穿互动式教学活动，模拟交易了解市场、热点追踪关注时事、模拟决策解决问题、课后练习紧跟实践。

重置教学评价：注重平时课堂参与，期末深度案例分析报告。

表1　教学评价项目、占比及内容

项目名称	占比	评价内容
课堂参与	40%	模拟交易分析报告 案例研讨参与 热点案例报告
期末案例报告	20%	学生自选案例 深度分析报告 教师评论反馈意见
案例分析报告	40%	学生根据教师反馈修改 撰写完成深度案例分析

4.1 以企业核心财务管理决策构建专题式教学内容

课程结合企业财务管理实践，设置分专题的模块化课程内容。每个专题侧重于企业一项核心财务决策，围绕该决策展开多个知识点。具体而言，主要包括企业的融资、投资、企业估值、兼并与收购和公司治理五大专题，在每个专题中讲授核心理论与方法，以大量企业案例进行说明展示（教学内容专题如图2所示）。

图 2　专题模块式教学内容

4.2 以多模态、多来源、多媒体企业案例为主要教学资料

教师依托资本市场及企业实践，开发整理大量教学研讨案例。在选取和开发案例时，注重对于企业核心决策的展示，以及对我国资本市场和企业发展的历程进行展示。例如，在介绍企业融资决策时，为学生介绍我国资本市场发展历史成就。在知识点讲解时辅以短篇幅案例进行演示，并就案例组织课堂问答；在每个专题内容讲授完毕后，使用完整长案例进行深度研讨。

在案例开发上采用案例库开发、教师自主开发以及教师指导下学生开发多主体开发方式，技术上充分融合文字、图片、视频、音频等多种媒介，整合新闻报道、媒体分析、企业家采访等多种形式。目前已建设完成包含用于课堂教学研讨的长篇商业案例50余个，用于知识点说明与演示的商业小型案例200余个，学生撰写案例报告近100份的综合案例库，汇集多主体开发、多模态、多来源、多媒体教学案例，并在不断丰富完善中。

4.3 以多样化教学活动贯穿课堂教学始终

教师在课堂教学全过程以学生为中心，以互动式教学为主要方法，在课前、课中、课后设计多样化的教学活动。所有教学活动以小组为单位，学生自由组成 3 ～ 4 人的活动小组。进行的主要教学活动包括：课前模拟股票投资、热点案例追踪，模拟投资记录及经验报告；课中案例研讨分析，进行热点案例报告及分析，进行复杂决策工具及模拟决策分析；课后根据所学内容进行案例应用搜索。

模拟股票交易。每个小组在每周利用股票模拟交易软件，根据市场现实情况进行股票买卖，给定 50 万初始资金，每组每周在课程讲授前报告本周交易情况并简述交易动因。在期末课程结束前，每组对本学期的投资进行收益汇总报告及投资心得报告。

热点案例追踪。课程讲授前，由学生组成小组对当前企业财务管理中热点事件进行追踪、信息搜集并进行报告展示。此案例也可以作为期末深度案例分析的备选案例。

案例研讨分析。在课程讲授中，持续通过案例进行问答，让学生保持对于所学内容的继续思考。在每个专题结束的深度案例研讨中，给学生发放供讨论后填写的企业决策数据分析表，企业决策相关的战略地图，企业项目资本预算表等企业实践中使用的决策工具，组织学生在案例给定情境下扮演不同角色进行模拟决策，并对比企业实际决策分析优劣。

案例应用搜索。在每节课程结束后，布置学生结合本节课所讲内容，搜索最新商业案例，可以选择在下节课前报告或在下节课内容讲解中进行展示。

4.4 以多维度的评级指标构建教学评价体系

本课程在教学评价上也配合教学实施过程进行了创新，以更好地实现教学目标。在评价结构上，课程将更为重视学生平时在课堂的参与，将课前热点案例报告、模拟股票投资、课堂案例讨论、模拟决策分析等贯穿于课堂教学全过程的教学活动表现都计入平时成绩。课程的最终考核将采取学生小组案例分析和报告的方式，根据所学专题自行选择现实案例，进行信息搜集和整理，并最终对案例进行自主的评述，由此体现学生运用所学解决问题的能力和技巧。在期末课堂案例报告部分，由学生进行课堂展示，展示后教师给予反馈和评论，学生进一步根据教师意见进行案例分析的修改，并最终完成对案例深度分析的书面报告。平时成绩、期末案例分析课堂报告、案例分析书面报告分别占比为40%、20% 和 40%（表 2）。由此将评价贯通于课程的始终，以及设置较高的平时成绩比例，激励学生可以持续投入参与学习的全过程。

表 2　课程评价体系

评价类别	教学活动	占比
平时成绩	热点案例报告	40%
	模拟股票投资分析	
	课堂案例讨论	
	模拟决策分析	
案例分析课堂报告	课堂进行案例展示	20%
案例分析书面报告	撰写提交案例分析报告	40%

5. 教学创新成效及推广

5.1 学生成长

"中级财务管理"是会计学和财务管理专业学生高年级最重要的核心专业课之一，该课程的教学创新有助于完善相关专业的培养体系。教学创新充分改善了课堂教学效果，让学生不仅学会，而且还会应用，能使用所学知识解决企业商业实践中的现实问题，为培育市场需要的应用型人才打下基础。学生对教学创新反馈良好，连续多年课程教学平均分在 95 分以上（百分制），学生反馈如下（摘录自教学评估系统）：老师的专业知识广博，课堂上所举的案例生动新颖。小组报告和展示能锻炼学生应用财务管理知识分析企业实际问题的能力。

学生在完成课程学习之后，对企业管理实践兴趣得到极大提升，实践能力和研究能力也得到了很好的培养，很多同学积极投入创新创业比赛中。本课程的学生多次参加"挑战杯"全国大学生课外学术科技作品竞赛，2019 年荣获国家赛二等奖，为当时学校的历史最好成绩，多次获得北京市赛一等奖、二等奖和三等奖。30 余位学生申请国家级、校级大学生创业项目并成功获得立项。多名学生参加 APEX 等商业挑战赛并取得优异成绩。

5.2 教师成果

课程负责人在建设该课程中也取得了一些成果。对于复合型人才培养的实践，与学校整体人才培养目标相一致，作为团队成员荣获国家级教学成果奖一等奖一项，北京市教学成果奖特等奖一项，一等奖一项，校级教学成果奖特等奖两项，作为第一完成人获校级教学成果奖二等奖一项。依托此课程与企业实践紧密结合的特征，课程负责人于 2022 年获得教育部产学合作协同育人项目，

2017 年获得校级教学改革项目立项并顺利结项。由于课程教学成绩优异，课程负责人荣获校级青年教学名师奖，多次获得学院教学优秀奖。

5.3 推广辐射效果

本课程以案例研讨为核心的实践育人方法在学院多门课程中得以推广。学院推出"本科生实践型学习"培养计划，遴选对商业实践有兴趣的学生通过企业参访、企业家导师指导、企业实习等多种方式开展实践型学习。课程教师开发以及学生撰写的案例构成内容充实的案例库，目前也包含 300 余个不同类别的案例，这些案例也在其他相关课程中得以应用。依托此课程，课程负责人于2023 年申请国家级一流课程，并已获得学校推荐。

5.4 课程持续改进优化

虽然本课程的创新取得了一定的成果，但是后续课程建设中还有进一步优化的空间。在后续建设中，本课程将采用更为多元的教学方式，在部分内容的教学中，引入翻转课堂的教学方法。学生在课下完成基本理论知识的学习，在课堂将主要以深度案例研讨为主的教学方式，让学生在更多的教学时间中深度参与互动式课堂教学。为更好推进实践育人，将通过邀请企业负责人进课堂、带领学生参访企业等多种方式让学生更加切身感受企业实践。为顺应数字化发展，本课程将尝试进行线上线下的混合式教学，课程建设成熟后将进一步孵化网络课程。

中国古典文献学

吴　娟[1]

1. 教学大纲

1.1 课程简介

课程名称：中国古典文献学　　　　　适用专业：汉语言文学

总学时数：32 学时　　　　　　　　总学分数：2

授课对象：本科三年级　　　　　　　课程性质：专业必修

先修课程：古代汉语、古代文学　　　开课院系：中文系

　　中国古典文献学是中国语言文学专业二级学科，是中文专业高年级本科学生的专业必修课，也是中文专业的入门课程。本课程主要介绍中国古典文献学的基本理论、发展历程、代表人物、前沿动态，以目录学、版本学、校勘学、辑佚学、辨伪学、编纂学这六大分支学科为基本授课框架，讲授中国古典文献学的基本概念、文献的形态、分类、流布、存藏、目录、版本、校勘、文献利用等相关专题，使学生了解并掌握古代文献的性质、范畴、基本构成及其对当今学术研究的重要意义，阐明中国古代文明传承的轨迹与机制，并结合在国家典籍博物馆的实践课程、动手制作线装书等活动，帮助本科生打下良好的古典文献基础，提高学生鉴别、应用古代文献并展开相关研究的能力。

1.2 课程目标

　　本课程的主要教学目标是培养学生古文献整理与研究的能力。通过课程学习，帮助学生初识从事古籍整理的门径，了解中国古代文献发生发展的历史，

1　吴娟，北京外国语大学中文学院副教授，硕士生导师。研究方向为唐宋文学、中国古典文献学。

掌握深入学习研究古代文学和文化必须具备的文献知识。具体来说，课程拟从知识、能力、价值三个层面达到育人目标。

1.2.1 知识层面

使学生了解中国古典文献学专业，包括基本概念、学科范畴、发展历程、代表人物、经典著作、前沿动态等，对六大分支学科目录学、版本学、校勘学、辑佚学、辨伪学、编纂学有准确的认识，对文献的形态、文献的整理方法、文献的鉴别、文献的分类与编目、文献的收藏、文献的形成与流变、各种文献的特点与用途、文献的检索等重点知识点有全面的把握。此外，还要求学生能够"辨章学术，考镜源流"，对整个中国古代学术乃至整个中国古代文明的传承历史有整体把握。

1.2.2 能力层面

能够运用中国古典文献学理论，在最短的时间内，从浩如烟海的中国古代文献中遴选出自己所需的文献资料；当文献资料存在多个版本时，能够判断出不同版本的优劣得失，迅速遴选出最佳版本，并科学地加以利用；具备直接阅读古籍原件或复制件，并进行简单古籍整理、加工的能力；在文献辨伪、版本鉴定等实践性较强的教学活动中，培养学生独立思辨的能力，帮助学生实现由知识性学习到研究性学习的转变。

1.2.3 价值层面

古典文献历经坎坷方才流传至今，每一页纸张都有上百年甚至上千年的历史，那泛黄的书页中沉淀着数千年来中国文化的结晶，是中华民族历史的血脉，是中华优秀传统文化的载体。"睹乔木而思故家，考文献而爱旧邦"，学习、研究中国古典文献学的终极目的是彰显文明古国深厚的文化底蕴，增强学生文化自信，鼓励学生树立传承历史文脉的高远志向，提高国家文化软实力。

1.3 教学安排

教学内容	学时分配	教学内容	学时分配
导论：古典文献学概述	2	五、古典文献的辨伪	2
一、古典文献的载体	2	六、古典文献的编纂	2
二、古典文献的目录	4	七、古典文献的辑佚	2
三、古典文献的版本	6	八、出土文献概述	2
四、古典文献的校勘	4	九、文献的检索与利用	2
期中实践：赴国家典籍博物馆实习实践	2	期末实践：包背装、线装书籍制作	2

1.4 教学重点、难点

1.4.1 重点

本课程的重点有三个专题：①文献的目录。重点在历代文献分类法的演变及分类依据，特别是六分法与四分法、即《七略》和四部的分合变迁。②文献的版本。重点掌握版本特征及其鉴别，善本的标准等。③文献的校勘。重点掌握对校法、本校法、他校法、理校法四种主要的校勘方法及其综合运用。

1.4.2 难点

①本课程涉及的主要讲授对象是古书，但本科生很难在生活中见到古书原件，难以建立直观印象，理论与实践相结合的难度较大。

②课程需要综合运用文献学、历史学、语言学等学科的知识，需要较广的知识面，这对本科生有一定难度。

③课程要求学生有一定的动手能力，需要合作装订一部线装书，并撰写序、跋。

1.5 课程评价

课程评价是授课的重要环节，旨在判定教学目标实现的程度，是课程改进的重要依据。本课程拟采用灵活多样的方式实现高效、准确的课程评价。

1.5.1 检查式提问

在课堂讲授时，注意穿插检查式提问，提问与本堂课已讲授内容相关的问题，第一时间掌握学生的课堂学习状态与学习效果。

1.5.2 复习式提问

在课堂讲授时，注意穿插复习式提问，提问与前几节课讲授内容相关的问题，以了解学生对一定时间之前讲授内容的学习情况。

1.5.3 作业与考试

通过课堂报告、撰写小论文等作业形式以及期中考试、期末考试，考查学生对讲授内容的理解、记忆情况。

1.5.4 走访、调研

注意在课下询问学生对课堂的意见与建议，也注意向辅导员及其他任课教师询问学生对课堂效果的反馈。同时鼓励学生以邮件、微信等形式主动向教师提出听课过程中遇到的困惑与提升课堂效果的建议。

1.6 教学理念

本课程基本教学理念是引导、生动、开放、尊重。

通过不断提问引导学生思考，培养学生的质疑精神和思辨能力，避免"满堂灌"式授课，增强学生的学习兴趣。由于古典文献学讲授内容的专业性，本课程难以彻底实现翻转课堂。但在教学中，授课老师会经常向学生提出问题，调动学生发掘知识、推导结论，立足 PBL（Problem-Based Learning）教学法，使学生成为课堂的辅助讲述者、重要参与者。课堂上传授的知识固然重要，但课堂的终极意义却并不在知识本身，本课程采用引导式教学的目的，也是帮助学生激发自身潜能、掌握自主学习思考的能力。

用生动的教学方式吸引学生，竭力提高课堂参与度。本课程教授内容是与古典文献相关的知识，难免令学生感到抽象枯燥、与现实生活有隔膜。因此本堂课采用多样灵活的教学方法，综合运用 PPT、视频、板书、古籍实物等多种教学工具，最大限度实现学生与古典文献在视觉、触觉上的直观接触，提升学习兴趣与课堂体验。

保持开放、包容的学术态度，鼓励学生有不同的观点、个性的思考，尊重学生的发散性思维，与学生建立亦师亦友的良性关系。鼓励学生主动与教师进行学术探讨，甚至质疑教师讲授的内容。教师在课上会通过提问、观察等多种形式关注学生对讲授内容的接受度、认可度，及时以平等讨论的方式答疑解惑。课下则会开放办公，鼓励学生与教师进行广泛的学术讨论。若学生因为时间安排、性格习惯等原因不愿意与教师当面讨论，教师也会鼓励学生通过邮箱、微信的形式进行讨论。

从以往教学经验来看，由于本科生知识基础、学术视野的限制，他们很难从一个完整的学术理论体系中观察一个具体问题，以致提出的想法、观点多有偏颇、稚嫩之处。不过，本科生提出的观点，大多出于个人阅读、思考，蕴含真情实感，思考独特，虽然不一定具有学术价值，但总体应予以鼓励，并就如何提升观点的全面性、系统性给予适度指导。

此外，教师注重建立平等的师生关系，不赞成在课上课下营造教师的绝对权威。教师和学生是真正的"同学"，一起学习，一起探求真理。在真理面前，老师、学生乃至所有人都是平等的。当然，本科生在独立学习方面普遍存在不足，与研究生仍然存在不小的差距，完全放任自流也不一定是对学生的真正尊重、负责，因此更倡导亦师亦友的师生关系与惟真惟实的学习态度。

1.7 建议阅读文献

1.7.1 教材

张三夕，2003. 中国古典文献学［M］. 武汉：华中师范大学出版社.

1.7.2 参考书

姚名达，1984. 中国目录学史［M］. 上海：上海书店.

黄永年，1985. 古籍整理概论［M］. 西安：陕西人民出版社.

陈垣，1997. 校勘学释例［M］. 上海：上海书店.

黄永年，2003. 古文献学四讲［M］. 厦门：鹭江出版社.

黄永年，2005. 古籍版本学［M］. 南京：江苏教育出版社.

李致忠，2007. 古书版本鉴定（修订本）［M］. 北京：北京图书馆出版社.

孙钦善，2008. 中国古文献学文选［M］. 南京：江苏教育出版社.

叶德辉撰，漆永祥点校，2008. 书林清话［M］. 北京：北京联合出版公司.

杨成凯，2023. 古籍版本十讲［M］. 北京：中华书局.

1.8 考核方式

期末考核形式为提交一篇课堂报告。内容须与版本、目录、校勘相关，要求以文献学的视角介绍一部你感兴趣的古籍。作业字数不少于 2500 字。对于本科生的读书报告，报告的质量自然是关键评价因素，但诚恳、踏实、勤奋、认真的治学态度，亦是重要评价因素。期末考核论文如有抄袭，一概以不合格论。

2. 示例一：古典文献中的讹误类型

2.1 课程简介

本单元课程的主题是"古典文献中的讹误"，介绍古典文献讹误的含义、类型，重点讲述讹文、脱文、衍文、倒文、错乱这五种常见讹误类型的产生机制、辨别方法、历史影响，揭示如何利用古籍校勘学、古籍版本学知识发现文献中潜藏的错误。

2.1.1 授课基本内容

①古典文献讹误的含义及研究意义。古书主要通过传抄、刊刻两种方式代代相传，在不断抄写、刊刻的过程中不免出现讹误。这些讹误有些被古人发现并改正，有些则未被发现而流传至今。研究、辨析古典文献的讹误对古籍整理、文化传承具有重大意义。

②古典文献讹误类型一：讹文。讹文就是文字错误，是最常见的古典文献讹误类型，又可分为形近致误、音近致误等情况。本单元课堂教师将详细介绍讹文的产生原因、分类及辨别方法。

③古典文献讹误类型二：脱文。脱文就是文字脱漏，往往是由于抄手抄写时串行、跳字所致。本单元课堂教师将详细介绍脱文的产生原因及辨别方法。

④古典文献讹误类型三：衍文。衍文就是误增文字，也是一种抄手抄写时的疏漏，是常见古典文献讹误的最后一类。本单元课程将讲授其产生原因、辨别方法。

⑤古典文献讹误类型四：倒文。倒文就是文字颠倒，是抄手抄写或刻工雕版时疏漏所致。其产生原因、辨别方法亦是本单元授课内容之一。

⑥古典文献讹误类型五：错乱。又称错简，既指雕版刻印以前的简帛书籍，因简、帛次序错乱而造成的错误，也指后世刊印书籍的错页。

2.1.2 教学思路

科学研究应当建立在可靠文献的基础上，而文献在形成与流传的过程中出现各种各样的错误是十分普遍的现象，校勘的主要任务就是尽可能地恢复文献的本来面目。为了做好校勘工作，在明确了校勘的含义与功用之后，需要向学生讲授古典文献中常见的讹误类型。

本堂课作为校勘学入门的第二堂课，共1个学时，授课学时50分钟，详述古籍中常见的讹文、脱文、衍文、倒文、错乱五种讹误类型，简述寻找古籍讹误的方法，为校勘学的实践打下基础。教学思路如图1。

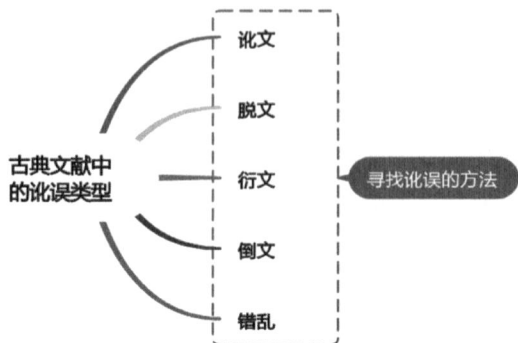

图 1 　古典文献中的讹误类型教学思路

2.1.3 教学目标

①知识层面。了解中国古典文献发生错误的原因及错误类型；了解古籍校勘学、古籍版本学在发现、纠正文献讹误上的功用；了解历史上典型的文献讹误案例及其消极影响。

②能力层面。初步具备发现古籍讹文、脱文等常见讹误的学术能力；初步具备以科学的方法对某部典籍展开校勘并确定正确文本的能力；培养学生的逻辑思维及学术思辨能力。

③价值层面。通过辨析古典文献中的讹误，引导学生树立严谨踏实、一丝不苟的学习工作态度；通过古代典籍讹误的典型案例，引导学生认识到"尽信书，则不如无书"，世间没有百分之百正确无误的古代典籍，唯有保持怀疑精神、掌握科学方法才能获得真知。

2.2 学情分析与应对策略

2.2.1 学情分析

现今学生阅读的典籍都是当代人重新校勘整理的，已经对古代文献的错误进行了大力修正。在这一背景下，学生很可能认为古籍中的讹误已成为历史，没有现实意义，进而产生厌学情绪，导致课堂氛围不活跃、授课效果不佳。

2.2.2 应对策略

①现代通行的古籍整理本虽然已经进行过校勘、整理，但并不是完美无缺的，也无法做到完全纠正古籍中的讹误。课堂讲授中，应注意穿插古典文献的

讹误仍存留在当今通行读本中的案例，让学生认识到古籍中的讹误很可能还存在于我们身边，对我们的学习、科研产生消极影响，古籍整理、校勘以及对古籍讹误的辨析纠正任重道远。如此一来，古今讹误之间建立起桥梁，学生便不会存在隔阂，也不会认为所学无用，进而提高学习热情。

②古籍中的讹误不止误导今人，也误导古人，这会影响我们对古代学术、文化的正确认识。如清代学者认为宋代大儒朱熹的《仪礼经传通解》有不少文字错误，但这些错误实际上大多是明清重刻《仪礼经传通解》时产生的，宋代刻本并没有错。如果只信从清代学者的观点，而不能从文献学的角度加以辨析，则会曲解朱熹原意，对朱熹产生不应有的消极评价。在课堂讲授中，应注意适当穿插古籍讹误对古人的误导，让学生认识到古人之间的批评，可能也是因为古籍讹误造成的"乌龙"，不可尽信。

2.3 教学重点、难点及应对策略

2.3.1 教学重点

本节课授课重点集中在学习掌握辨析古典文献讹误的类型。

校勘学上经常提到一句话："书经三写，乌焉成马。"意思是一部书经过多次传抄或刊刻，由于各种各样的原因，很容易发生变化，可能"乌""焉"就会被写作"马"。古典文献在流传过程中主要依赖手工传抄和刊刻，难免因为疏忽产生错误。从文献学已有研究成果来看，几乎每一次古籍的重抄、重刻都会产生新的错误，古籍流传时间越长，文本准确性越差。中国是文明古国，拥有丰富的文化遗产，这些遗产流传下来的主要途径是古典文献。对古典文献的错误进行科学分类、辨析、纠正，不仅具有文献学学科内部的意义，对国家民族文化传承也具有战略价值。因此本堂课重点要介绍古典文献中讹文、脱文、衍文、倒文、错乱这五种错误类型，此外，还要传授辨别、纠正这几类常见古典文献讹误的思路与方法。

2.3.2 教学难点

本堂课难点集中在古今文献形态的重大差异使得学生较难理解古典文献讹误产生的原因。学生在本堂课之前，虽然已经学习过文献学的基本理论、文献的载体，对文献学与古典文献已有一定认识。但本堂课讲授的内容是古籍的讹

误，而学生日常阅读的经典读本则是现代整理本。古籍原本繁体竖排，以雕版印刷为主；现代整理本简体横排，以印刷胶订为主，二者差异巨大，这会大大增加学生理解古籍讹误产生机制的难度。如古籍中常见的因字形相近产生的错误（形近致误），在古籍繁体字状态下相近的字形在现代简体字中可能根本不相近，上文提到的"焉"误作"马"就是典型案例。"马"的繁体是"馬"，与"焉"形近，但简体的"马"则与"焉"的字形存在较大差别。又如，雕版印刷的古籍，是先刻成书板再刷印，书板是木质的，极易损坏，损坏时往往从四边开始，因此书板四周的文字相对书板中央的文字更容易产生错讹，然而现代读本都是激光复印，已不存在写样这一环节，学生很难理解这种致误机制。再如，古籍中有些错误是相邻两行的文字互相干扰造成的"串行"之误，然而古籍竖排、现代读本横排，原本相邻的文字可能已相距甚远。

2.3.3 应对策略

①在课堂讲授中，介绍五类讹误类型之余，投入较多时间与教学资源讲解学术界辨析古典文献讹误的经典案例，以深入的个案讲解启发学生理解掌握辨析古典文献讹误的实践能力。

②课前要求学生提前登录中国国家图书馆、日本宫内厅书陵部、中国台北"国家图书馆"等重要藏书机构的网络数据库，大量浏览古籍原件的高清照片，根据授课时间灵活组织学生参观国家图书馆、北京大学图书馆等单位举办的古籍实物展览，提前建立直观印象。

③课堂讲授中，携带教师收藏的部分古籍原件与复制件，在教师指导下，请学生观看、触摸，进一步增强学生的直观认识。

④课堂讲授中，不使用当代通行的经典读本，直接从古籍原件图像入手进行讲解，在讲解中不断穿插古典文献形制与现代书籍差别的解说，最大限度帮助学生跳出现代书籍的束缚。

2.4 教学过程

设计意图	教学内容	教学形式	时长
从耳熟能详的典故引入，激发同学对古书错别字的兴趣，调动课堂积极性。	【课堂引入】 从高中课文"触龙说赵太后"的典故引入，但翻阅古书会发现宋元以来通行的战国策版本几乎都称"说赵太后"的人是触詟。	问答互动 究竟是触龙还是触詟？谁错了？	1分钟

设计意图	教学内容	教学形式	时长
用经典著作中也会有错别字的案例引出授课主题"古典文献讹误类型"。	王念孙认为是触龙，作"触詟"是因为古书直行竖写，龙言二字误合成了"詟"字。	课堂讲授	1分钟
教授学生运用二重证据法解决学术争议问题。出土文献材料可以纠正传世文献中的错误。	马王堆汉墓出土的帛书证实了王念孙的观点。	多媒体展示	1分钟
衔接新旧知识	正如抱朴子中所说"书三写，鱼成鲁，虚成虎"。简单介绍古典文献中的五种讹误类型。	课堂过渡 古典文献中类似的讹误还有很多。	1分钟
采用案例教学法，循循善诱，引导学生反思，不迷信古书。	【新授知识点一：讹文】 举《颜氏家训》所载"蹲鸱为羊"的典故，讲解讹文中的形近致误。通过讲解，明确"羊"是"芋"字之误。对比二者字形，并分析错误原因。总结归纳致误原因：形近致误。	板书＋讲授	5分钟
通过案例教学法与比较分析法相结合，帮助学生理解脱文。	【新授知识点二：脱文】 以具体案例引入新知识点。以张孝祥词《水调歌头》题目为例，两部宋本为什么一部题目作"汪德邵无尽藏"，另一部作"汪德邵作无尽藏楼于栖霞之间，取玉局老仙遗意，张安国过，为赋此词"？	课堂讲授	5分钟
图片教学法与讲授教学法相结合，形象、生动地帮助学生记忆、理解新知识点。引导学生思考脱文会对我们的阅读造成何种不良影响。	1. 通过对比书影，总结分析脱文的危害：脱文无形中增加了我们理解这首词的难度，甚至还会带来词义理解上的偏差。 2. 讲解校勘学当中的"对校法"。	问答互动 脱文有哪些危害？	2分钟
通过案例教学法，生动形象地讲解衍文及其危害。	【新授知识点三：衍文】 举《太平御览》误引鬼谷子语的例子。 按照《太平御览》的体例，"鬼谷子曰"当作"又曰"，应当是荀子所说的话。"鬼谷子曰"四字属于衍文，而这样的衍文不容易被发现，因此需要结合文献学的专业知识进行综合判断。	课堂讲授	6分钟
结合"字倒""句倒"实例，帮助学生快速理解倒文。	【新授知识点四：倒文】 倒文有"字倒""句倒"等类型。通过校勘实例，重点讲解字倒及句倒。 字倒： 1. 举《汉书·食货志》："钱金以巨万计。"→"钱金"当作"金钱"。 2.《淮南子·人间》："家富良马。"→"良马"当作"马良"，与"家富"相对。	多媒体展示	5分钟
	句倒：如《老子》今本第十四章"迎之不见其首，随之不见其后"，马王堆帛书乙本作"随而不见其后，迎而不见其首"，唐广明元年焦山道德经作"随之不见其后，迎之不见其首"，可知今本二句误倒。	课堂讲授	2分钟

设计意图	教学内容	教学形式	时长
结合考古资料，帮助学生准确认识古典文献讹误中的错乱。	【新授知识点五：错乱】 1973年马王堆三号汉墓出土的帛书《老子》跟今本序不同，盖今本传写失次。	课堂讲授	4分钟
巩固新学五个知识点并引入"多重错误"的概念，明确古籍讹误并非单一，阅读古籍是要细心谨慎。	【新授知识点六：多重错误】 学生分组开展"挑错"小游戏，再由授课教师讲解校勘学的多重错误。通过对校法发现《唐人说荟》本、《说库》本作"长安士女"。分析异文，确定正确文本形式当为"士女"。	师生互动 请大家齐声朗读《开元天宝遗事》中《斗花》一则，并在课堂游戏中寻找文字讹误。	6分钟
讲授教学法与小组讨论式教学相结合，帮助学生发现讹误、纠正讹误。	【新授知识点七：如何发现古典文献的讹误】 讨论并归纳古典文献产生讹误的原因，思考如何发现讹误。	小组讨论 讨论古典文献产生讹误的原因	6分钟
引导学生明确古籍整理、研究、利用是一项事关赓续中华文脉、弘扬民族精神、建设文化强国、助力民族复兴的重要事业。	1. 知识点总结：回顾古籍中五种讹误类型及致误原因。 2. 延展思考：通过多媒体展示党的十八大以来，党和国家对古籍整理工作的关切、重视。"让收藏在博物馆里的文物、陈列在广阔大地上的遗产、书写在古籍里的文字都活起来"。然而通过以上实例，让学生意识到古书中的讹误会导致读者对内容的理解出现偏差。我们想要继承优秀的文学遗产，必须要借助科学的方法，正本清源，从而恢复古籍原本的面貌。	课堂总结 多媒体展示	2分钟 1分钟
让学生明确学习校勘学的意义，培养学生的责任心和问题意识。	通过今天的学习我们发现无论是"蹲鸱为羊""汪德邵无尽藏"还是"长安王士安"，这类错误多了无疑会影响我们对古籍内容的理解，不利于弘扬和传承优秀的传统文化。	课堂讲授	1分钟
课后巩固	请学生结合实际分析古籍讹误对于学习造成的不良影响。	布置作业	1分钟

2.5 教学创新点

2.5.1 在课堂讲授中穿插小组讨论

传统课堂是教师讲授、学生听讲，这种"满堂灌"的教学形式效果欠佳，亟待改变。本单元课程拟穿插小组讨论，在讲授完古典文献几种讹误类型后，先不讲授讹误的形成原因，而是组织学生分小组讨论，并派代表陈述小组观点，以此增强学生参与度，促使学生主动思考，活跃课堂氛围。

2.5.2 结合课堂小游戏展开互动式教学

古典文献中的讹误需要耐心、细致的考察研究才能发现，为锻炼学生发现错误的灵敏度、激发学生学习兴趣，本单元除了课堂提问，还通过课堂游戏的方式展开师生互动。首先请学生和教师齐读《开元天宝遗事》中"斗花"的故事，再分小组布置游戏任务，请同学们迅速找出"斗花"的时间、地点、人物、情节，然后比赛挑出这则故事文字中出现了哪些讹误类型，找到信息最快、最多的小组将获得奖励。

3. 示例二：伪书与辨伪

3.1 课程简介

本单元课程的主题是"伪书与辨伪"，主要介绍伪书的定义、伪书产生的原因、常见的作伪手段以及辨伪的方法，重点讲述古典文献中伪造藏书印、伪造卷次、以假掺真等常见作伪手段及从接受源流上辨伪、从文体上辨伪、从文章风格上辨伪、从特殊语词的起源辨伪等常用辨别方法，培养学生鉴别伪书的实践能力。

3.1.1 授课基本内容

①伪书、辨伪的含义。伪书并不是假书，文献学意义上的伪书指作者不真、年代不实的书，而辨伪就是辨别伪书。②伪书产生的原因。伪书产生的原因可分有意、无意两种。有意作伪即将某部古籍故意假托他人姓名，以实现谋取名利的效果。无意作伪则是因为史料缺乏，后人确实无法得知某些书确切的作者，因而混淆了书的作者和年代。③古书作伪的主要手段。古书作伪手段繁多，主要有作者伪造藏书印、伪造卷次、以假掺真、窜乱旧帙、假托他人、后人改题著者、割去序跋、伪撰序跋、沿袭旧名而作新书、节采某书更易新名、缀合群书造为新编、变乱旧例以充新编、自著自注、书以篆籀而充古本等。④辨别伪书的方法。书籍作伪之法虽多，但真伪毕竟不同，伪书定有破绽，辨别之法亦有多种，如从接受源流上辨伪、从被依托的人辨伪、从首先传出该书的人辨伪、从该书与作者行事的矛盾辨伪、据当世人的揭发辨伪、从文体上辨伪、从文章风格上辨伪、从特殊语词的起源辨伪、从声韵系统和时代的矛盾辨伪、从因袭上辨伪、从称引上辨伪、从佚文上辨伪、从史实的先后辨伪、从称谓上辨伪、从制度上辨伪、从地理沿革上辨伪、从本书与作者的思想观点矛盾辨伪、从被依托者的学术水平与本书矛盾辨伪、从被依托者的学术专长与本书矛盾辨伪、从学术思想发展史的倒置辨伪等。⑤伪书的价值。伪书只是年代、作者不实的书，并不是假书，只要正确认定伪书真正的年代、作者，我们仍可从中发掘史料、文学、语言、思想等方面的价值，不可偏废。

3.1.2 教学思路

在中国古典文献中，存在着一部分伪书，而造成这部分伪书的原因十分复杂。我们进行科学研究，需要了解伪书的概念、古人作伪的手段以及辨别伪书的方法。这堂课作为辨伪学的入门课，共 1 学时，授课时间 50 分钟。为了使课堂上的讲解逻辑清晰、层次分明，拟在章节之内再分为"伪书的定义""伪书产生的原因""常见的作伪手段""辨伪的方法""伪书的价值"五大板块进行讲解。内部又有所侧重，略讲伪书的定义及其产生原因，详述作伪手段及辨伪方法。

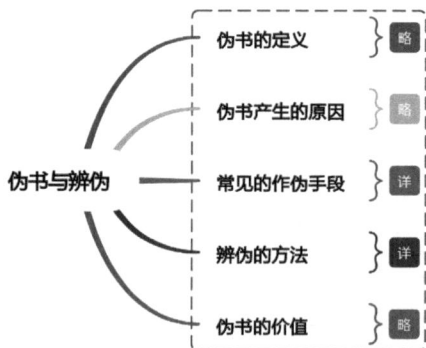

图 2　伪书与辨伪教学思路

3.1.3 教学目标

①知识层面：了解伪书及辨伪的含义；了解古籍作伪的常见手段和历史上典型的古籍作伪案例，明确各种常见作伪手段的特点；了解辨伪的基本方法；了解历史上有名的古籍辨伪学家和具有代表性的辨伪理论。

②能力层面：初步建立古籍作伪手段的系统认识，具备鉴别常见古籍作伪的能力；通过学习、实践古籍辨伪，锻炼学生的逻辑推理、思辨能力，帮助学生建立独立解决难题的自信。

③价值层面：通过认识古籍作伪的历史与常见手段，让学生了解中国传统文化遗产有精华也有糟粕，需要辨证看待，取其优长，弃其糟粕。通过课堂讲授，潜移默化地培养学生求真务实、诚实守信、踏实勤奋的学习生活态度。

3.2 学情分析与应对策略

3.2.1 学情分析

通过前期学习，学生已初步了解古籍的载体及主要流传方式，并进行了简单的古籍鉴定演练，文献学专业基础训练已基本完成。但学生前期课程学习的内容有一个大前提，那就是古籍都是真的、不必怀疑的。其实，除了前期课程讲授的真的古籍，也还存在伪的古籍，且这种"伪"并非捏造，而是有意、无意把古书的年代、作者弄错了。对于这种特殊的古籍现象，学生是完全陌生的，也与之前建立的对古籍的信赖与热情略有矛盾。

3.2.2 应对策略

在讲授时注意概念的辨析，避免学生陷入误区。首先强调伪是不真，不等于假。伪书并不是假书，而是年代、作者认定有问题的古书。古书的纸张、形制、内容都有极其特殊的要求，现代人很难凭空捏造一部令专家都无法辨别的古书。不能一听伪书、辨伪，就对存世古籍大加怀疑，目前存世的古籍绝大多数都是古代真实存在的书籍。在讲授时注意通过实例强调伪书的重要价值，引导学生科学、全面地看待伪书。

3.3 教学重点、难点及应对策略

3.3.1 教学重点

中国历史悠久，典籍宏富，古籍整理研究是传承中华优秀传统文化重要而基础的环节。但是，流传至今的古籍并非毫无问题，有些古籍的年代、作者存在错误，直接影响了我们对古籍的有效利用，需要加以甄别。本单元课程和核心内容、教授重点是如何在阅读、利用古籍时，辨别古籍中年代、作者之伪。

3.3.2 教学难点

本堂课内容较多，难点集中在如何灵活利用多种辨伪方法进行古籍辨伪。

古籍辨伪方法有从接受源流上辨伪、从被依托的人辨伪等 20 多种，而每部古籍都是独特的，采用哪一种或哪几种方法进行辨伪？优先使用哪些辨伪方法？如果不同辨伪方法得出的结论存在矛盾该如何处理？这些问题均须灵活处理，并无一定之规，这对学生的辨伪理论水平和实践能力要求较高。

3.3.3 应对策略

①在课堂讲授中，介绍伪书基本含义及其产生原因之余，投入较多时间与教学资源讲解辨别伪书的方法及学术界辨伪的经典案例，以全面的理论讲解和深入的个案解析帮助学生理解、掌握辨别伪书的实践方法。

②辨伪方法虽然多达 20 多种，但辨伪方法的重要性、普适性是不同的，

在课堂讲授时要帮助学生进行辨伪方法的分类、分层。如辨伪方法中的从接受源流上辨伪、据当世人的揭发辨伪这两种方法，其前提条件是被辨伪古书要在古代史料中有记载，若被辨伪古籍不出名、不见于古代史料的记载，则不适用于这两种辨伪方法。但是，有些辨伪方法则对任何一部古籍都适用，如从文体上辨伪、从文章风格上辨伪，任何古书都包括若干篇章，只要有篇章就一定有文体、文风，这些文体、文风是否符合所处时代的整体风格，是判断古书真伪的有效手段。总之，要让学生明白，哪些方法是通用的，哪些方法是在一定条件下才可以使用的。

3.4 教学过程

3.5 教学创新点

设计意图	教学内容	教学形式	时长
提高学生的课堂参与度，帮助学生快速进入课堂状态。	【课堂导入】 我国最早的医书和药书分别是什么？	互动问答	1分钟
引导学生思考早期经典著作作者的归属问题。	请问《神农本草经》的作者是神农？《黄帝内经》的作者是黄帝吗？	递进提问	1分钟
潜移默化中教授学生发现问题、解决问题的思路。	经过讨论后，到权威的《中国大百科全书》中寻找答案。根据《中国大百科全书》记载，《黄帝内经》《神农本草经》并非黄帝和神农所作。	动手查书	2分钟
自然引出授课知识点——伪书的概念。	【伪书的概念】 文献学意义上的伪书：作者不真、年代不实。	课堂讲授	3分钟
增强学生对课程的重视程度，提升学生专注力。	【辨伪的意义】 引导学生思考，作为大学生为什么要学习辨伪？确定经典著作的作者及年代本身是历史研究的基本任务之一。了解作者及其创作时代有助于帮助我们更好地解读作品。	课堂讲授	3分钟
借助名人名言，引导学生在阅读、研究时要注意辨别伪书，确定可靠文本。	【伪书的数量】 历史上存在大量伪书，因此辨伪是进行任何科学研究的基础。	历史上的伪书多吗？	2分钟
充分了解古人作伪的动机，为辨伪的实践打下基础。	【伪书产生的原因】 历史上为什么会有这么多伪书？原因比较复杂，依据胡应麟《四部正讹》归纳为两大类，即"有意作伪"和"无意作伪"，再结合礼书多托名周公、兵书多托名诸葛亮等实例具体讲述。	课堂讲授	5分钟

设计意图	教学内容	教学形式	时长
通过案例教学法，让学生积极参与问题的分析和解决，培养学生独立思考和解决问题的能力。	【常见的古籍作伪手段】 详细介绍三种常见的古籍作为手段 1. 伪造藏书印。以国家图书馆藏清影元抄本《鸡肋编》中王元伯、王蒙两方伪印为例。	讲授＋讨论	4分钟
	2. 伪造卷次。以上海图书馆、北京大学图书馆藏宋刻《四六标准》为例。	讲授＋讨论	5分钟
	3. 以假掺真。以刘炫伪造《连山》《鲁史记》为例。	讲授＋讨论	4分钟
应用情境教学法。把辨伪和警察审讯犯人的情境相结合，寓教学内容于具体形象的情境之中，激发学生兴趣。 采用案例教学法，生动具体、直观易学，使学生明确伪书具有误导性，会对我们学习造成不良影响。	【辨伪的方法】 辨别伪书的方法很多，课堂上集中介绍四种。可以回答几个问题，书是"谁写的""哪来的""写的什么""怎么写的"。 1. 核之撰者以观其托。 2. 核之传者以观其人。	课堂讲授	6分钟
	3. 核之事以观其时，以书贾将刘过《龙洲集》伪造成苏过《斜川集》为例。	讲授＋讨论	3分钟
	4. 核之文以观其体。	课堂讲授	3分钟
培养学生辩证思维，用全面的眼光看待事物。	【伪书的价值】 经过辨伪，只要确定了伪书真实的作者及年代，就变成了"真书"。把这部书放到它产生的历史语境中去，同样具有史料价值、文学价值、语言价值和思想价值。	学生讨论：伪书是否全无价值？	4分钟
帮助学生把握课堂学习的重点，深化对课堂学习内容的理解和掌握，提高学习效果。	历史上存在大量伪书，所以要有"尽信书不如无书"的思想认识，要有怀疑精神和批判态度。辨别伪书需要火眼金睛，而练就这套本领需要丰富的学识、严谨的态度、艰苦奋斗的精神，不仅读书治学如此，做人做事也应如此。 辨伪是我们进行任何科学研究的必须工作，而古籍辨伪则是古典文献学的重要任务，更是继承与发扬优秀文化传统的基础性工作。如果我们连真伪都无法辨别，又如何去分辨传统文化中的精华和糟粕？如何利用优秀传统文化为当今社会服务？	课堂总结	3分钟
通过课后作业，巩固所学知识。	简答题：在《尚书》学史上，《古文尚书》的辨伪是一个非常重要的问题，请同学们自行梳理《尚书》辨伪的历史，并分析不同学者是采用什么方法辨伪的，前后有何继承与发展。请大家提交一个不少于500字的课堂报告。	布置作业	1分钟

3.5.1 将理论与实践相结合

本单元课程既重视伪书概念、伪书产生原因等理论层面的讲授，也重视古籍辨伪方法等实践能力的训练。理论讲授为实践能力训练做铺垫，实践能力训练反过来加深学生的理论认识水平。

3.5.2 引导学生进行辩证式学习

古籍作伪是一种负面行为，其直接结果是产生年代、作者信息不实的伪书。使用伪书会严重误导我们对历史的认识，但若能正确认识伪书的产生年代、作者，伪书仍然具有很大的史料价值。鉴于本单元讲授内容的特殊性，教师会利用本单元教学内容引导学生进行辩证式学习，打破非黑即白的刻板学习，学会用辩证、全面的思路进行学习、实践。

4. 示例三：中国古代典籍的聚散

4.1 课程简介

本单元的课程主题是"中国古代典籍的聚散"，介绍中国古代典籍聚集、散佚的历史进程，重点讲述古代典籍聚散的原因，培养学生的古籍保护意识，激发学生的古籍研究兴趣，激励学生勇于承担国家文化传承的重任。

4.1.1 授课基本内容

①中国古代典籍的聚集。中国古代典籍聚集工作主要由中央官府和地方官府的藏书机构及私人藏书家承担，而其中的主力无疑是中央官府的藏书机构。历代中央官府藏书机构都注意收藏、整理、保护古籍，如大汉王朝尚未建立之时，萧何进入咸阳城就不取财宝，专取秦朝宫廷所藏律历图书，成为日后西汉王朝宫廷藏书的基础，为西汉国家治理、文化发展起到了关键作用。本单元课程教学内容之一，就是讲授古代典籍收藏的大致历史脉络和几次重大的典籍收藏活动。

②中国古代典籍的散佚。凡事有聚有散，古书也是如此。虽然中国历代王朝都很注意收藏、保护古籍，但战乱、天灾等意外情况的频繁出现，也导致古代典籍在不断聚合的同时也在不断散佚。本单元课程教学内容之二，就是讲授古代典籍散佚的大致历史脉络和几次惨痛的典籍散佚事件，并分析典籍散佚的原因。

4.1.2 教学思路

文献学中古典文献的辑佚专指将散见于现存图书文献中的散佚、亡佚文献的残篇散句等各种佚存之文逐一摘录出来，按照一定的方法原则加工后编辑成册（篇），使之集中复现流传的文献整理活动，或以此为手段的研究方法。

学习古典文献学，既要了解典籍是如何聚集并保存到今天的，也要了解历史上重大的典籍散佚事件，分析典籍散佚的原因，从而增强我们的古籍保护意识。这堂课作为辑佚学的第一节，共 1 学时，授课时间 50 分钟。课程计划分"古代典籍的聚集""古代典籍的散佚"两个板块进行讲解，围绕"聚""散"两条线索展开。

图 3　典籍的聚散教学思路

4.1.3 教学目标

①知识层面：了解古典文献散佚消亡的历史，把握历史上几次较为严重的古籍散佚史实；了解古籍散佚的几大原因；了解不同文献形态古籍散佚的类型化特点。

②能力层面：初步建立起中华经典古籍聚合、散佚的系统历史观念，并能利用历史经验，解读当下文化现象及对策；通过学习、实践，使学生认识到即便是一页千金的典籍，也有消亡的可能，掌握与防止古籍散佚有关的古籍保护方法。

③价值层面：通过认识珍贵古籍亡佚的历史，激发学生对古典文献研究的兴趣，培养学生爱护古籍、保护古籍的良好习惯，增进学生对国家大力推进古籍保护工程的理解，增强学生对中华优秀传统文化的认同感，增强文化自信。

4.2 学情分析与应对策略

4.2.1 学情分析

本课程授课对象为汉语言文学专业三年级本科生，学生的典型特点是：通过前期学习，学生已初步了解古籍载体的主要类型及其流传方式，学习了古籍鉴定的基本方法以及古籍电子资源的获取途径，接触到了一定数量的古籍原件和复制件、图像。但学生并不知道课堂上接触到的古籍背后的故事，不知道这些古籍是如何历经磨难流传至今的，因此难以从情感上真正珍惜、爱护这些宝贵的文化遗产。

4.2.2 应对策略

①本单元专门展开古籍收藏、散佚专题讲授，使学生认识古籍聚散的全过程，增强学生爱护书籍、尊重文化的意识。②注意重点讲授八国联军火烧圆明园、侵华日军轰炸上海东方图书馆等近现代由于外敌入侵导致的惨重典籍散佚事件，令学生真切感受到古代典籍散佚之痛，明白一个衰弱的国家没有能力保护自己的文化遗产，只有自强不息，才能守护中华文脉。

4.3 教学重点、难点及应对策略

4.3.1 教学重点

本堂课的授课重点集中在介绍历史上几次重大的"书厄"，分析其背后的原因。

古籍承载着中国文化，承载着民族记忆，是一个民族自立自强的精神源泉。任何国家、民族都非常注意保护其基本典籍，而古籍的集中散佚是一个国家、民族的巨大损失、惨痛记忆。讲授历史上重大的古籍散佚事件，有助于学生理解古籍传承的艰难，倍加珍视存世古籍，并唤醒学生的文化责任感和威望意识，是本单元的讲授重点。

4.3.2 教学难点

本堂课讲授难点集中在如何让学生理解造成古籍散佚的除了天灾人祸，还有自然淘汰。

古籍是中国传统文化、古代文明的载体，承载着民族精神、民族记忆，是国家宝藏。但是，在这样的总体认识下，学生会自然而然地认为除了天灾人祸，古籍应该全部流传下来。其实，古籍散佚还有一个重要原因，即自然淘汰。古代典籍和当今图书一样，良莠不齐，质量有好有坏。无论在古代还是今天，高质量的古籍往往可以持续不断地流传，低质量的古籍则会很快被社会淘汰、消亡。对于这一点，学生可能需要思维上的"转弯"，接受起来有一定难度。

4.3.3 应对策略

①在课堂讲授中，介绍古代公私藏书机构、藏书家收藏古籍事迹之余，投入较多时间与教学资源讲解历史上重大的古籍散佚事件，激发学生的古籍保护意识。

②通过大量历史案例帮助学生理解古籍的自然淘汰现象，如古籍中有《左传》《诗经》《史记》等优秀著作，也有讲述怪力乱神的低劣读物；古诗词中既有李杜诗、东坡词，亦有很多市井文人创作的俗词艳曲，好的古代典籍、文学作品自然会流传下来，不好的则会自然消亡，难以被今人见到。

4.4 教学过程

设计意图	教学内容	教学形式	时长
采用情境导入法，诱发学生探究心理，引起解决问题的欲望和兴趣，促使学生思维积极活动。	【情景导入】 从2020年12月2日北京四季酒店的一场拍卖会引入，请学生猜测现场拍卖古籍的成交价格。	模拟拍卖	2分钟
通过北京拍卖会的真实案例，引出世界上最昂贵的古籍善本。		设置提问 现场拍卖的王安石文集残卷最终的成交价格是？	
递进提问，引导学生思考宋版书稀有、珍贵的原因。	【分析案例】 结合王安石的历史地位及其文集在宋朝的编纂情况，引出典籍散佚之严重。	师生互动 为什么残缺的王安石文集竟有如此高的价值？	1分钟
承上启下过渡，让授课环节更加紧凑，使学生明确本堂课的授课内容。	课程将从典籍聚集谈起，结合历史上几次重大的典籍散佚事件分析典籍散佚的原因。	展示大纲	1分钟
层级分明、逻辑清晰地引出课程重点——典籍聚集。	【新授知识点一：典籍的聚集】 分官府藏书和民间藏书两个方面，讲述古代典籍的汇聚方式。	分类讲授 典籍的聚集由国家主导，新朝代藏书基本建立在继承前代旧藏的基础之上。	2分钟
通过案例讲授法，明确古人早已有古籍保护意识。	举明代范钦"天一阁"的案例介绍古人为防止古籍散佚所做出的努力。	讲授案例一"天一阁"选址	2分钟
案例教学法与讲授法相结合，梳理古籍保护的有效措施，增强学生的古籍保护意识。	除了上述外部措施，更有效的保护措施是分别保存、制作副本、流通传抄。	讲授案例二"四库全书"收藏	2分钟
通过案例讲授法，明确私人藏书家强烈的古籍保护意识。		讲授案例三曹溶制定《流通古书约》	2分钟
承上启下过渡，衔接新授知识点二。	无论怎样预防，典籍的散佚都是不可避免的，文献的聚集与散佚始终相伴。	分析讨论	1分钟
结合南宋史学家郑樵的理论，推导古籍散佚的第一个原因。	【新授知识点二：典籍散佚的原因】 本身的质量原因被同类著作取代——"优胜劣汰"。	理论分析	3分钟
案例教学法，明确自然灾害是导致典籍散佚的原因之一。	自然灾害 国家藏书：天禄琳琅失火 私人藏书：钱谦益绛云楼火灾	案例分析	3分钟

设计意图	教学内容	教学形式	时长
采用师生互动的形式，引出典籍散佚的第三大原因——人为原因。	分析典籍散佚的人为原因。	互动问答	1分钟
采用分类的方式，多角度、多层面剖析典籍散佚的人为原因。	1. 出于政治原因的大规模禁毁：以乾隆纂修《四库全书》"寓禁于征"为例。	案例讲授	3分钟
	2. 因战火而毁：以英法联军火烧圆明园造成文渊阁《四库全书》焚毁、《永乐大典》嘉靖重抄本大量毁于庚子事变为例。	案例讲授	3分钟
承上启下，通过总结典籍聚散的规律，为讲解典籍聚散与国运的联系作铺垫。	【知识点小结：典籍聚散规律】	总结规律	1分钟
结合古代史、近代史知识引导学生回顾与反思。	【新授知识点三：中国古书遭遇的重大"厄运"】以"五厄""后五厄""续五厄"为线索，梳理从秦始皇焚书至庚子事变中国古代典籍遭遇的重大劫难。	史实回顾	4分钟
通过举1907年发生的两个历史事件，说明典籍与国运的关系。激发学生的爱国意识。	1. 江浙著名藏书家陆心源皕宋楼、十万卷楼所藏四万卷珍贵古籍被日本三菱财团购买。	案例讲授	3分钟
	2. 甘肃敦煌，英国人斯坦因将12箱中国国宝掳掠至英国。	案例讲授	3分钟
将典籍聚散与国家命运相联系，通过案例教学法，带领学生回顾近代史上重大的图书破坏事件。以古为镜，激发学生对古籍的敬畏心和责任心。	3. 日本侵华战争对中国古籍的破坏——轰炸上海商务印书馆、焚烧东方图书馆此前，张元济曾将500多部善本寄存在租借金城银行保险库内，从而幸免于难。但数万种古籍仅余500种，造成了中国近代史上不可挽回的重大损失。	案例讲授	4分钟
通过提问引导学生反思。	古籍散佚非常严重，但我们民族最重要的典籍基本得以传承，这又是什么原因呢？	互动问答	1分钟
总结危急时期，古籍保护的经典案例，明确经典延续至今离不开无数仁人志士的舍命守护，使学生认识到古籍来之不易，我们在使用时要倍加珍惜。	秦始皇焚书坑儒时山东大儒伏生冒死将《尚书》藏于墙壁夹层中。	案例讲授	2分钟
	抗日战争时期，浙江图书馆馆长陈训慈组织人手转运《四库全书》。	案例讲授	2分钟
回顾本堂课知识点，再总结提升，激发学生责任心，树立古籍保护意识，帮助学生建立正确的价值观、人生观。	总结认识 1. 古书的生命无比脆弱，古籍保护非常重要。 2. 现存古籍资料仅是历史总量的少部分，正因如此，透过古书看到的只是历史冰山一角，在认识、描述历史时要保持客观、谨慎的态度。	课堂总结	3分钟

设计意图	教学内容	教学形式	时长
课后巩固知识	除了今天课堂上总结典籍散佚的三种原因外，你还能想到哪些？中华人民共和国成立以来，国家大力推动古籍保护、整理与研究工作，你知道的有哪些？请结合古书散佚的原因，谈谈新时期如何做好古籍工作，形成不少于500字的报告。	布置作业	1分钟

4.5 教学创新点

4.5.1 将知识传授与情感塑造紧密结合

"睹乔木而思故宅，考文献而爱旧邦"，古籍是中国古代先哲的智慧结晶，是民族经验与记忆的载体，是家国情怀汇聚之处，珍爱古籍本身就是爱国爱家的表现。本单元课程通过讲述历代古籍散佚的惨痛过往及无数仁人志士牺牲自我保护古籍的感人事迹，能够深刻激发学生的责任感、使命感，自然地将知识传授和情感塑造融为一体，是一堂知识传授、思政引导兼备的专业课。

4.5.2 本堂课广泛使用对比教学法

古代典籍聚集、散佚的原因与今日图书著作的兴盛、消亡也有相似之处。本单元通过古今对比式讲授，不仅可以帮助学生理解古书聚散的原因，还可以帮助学生打通古今壁垒，寻找到学习古代典籍聚散的现实意义。

希腊和塞浦路斯概况

阙建容[1]

1. 课程背景

1.1 课程简介

"希腊和塞浦路斯概况"是希腊语专业本科二年级第一学期的专业核心课程（必修），是希腊语专业基础阶段非常重要的一门外语知识课。通过希腊语、汉语双语教学，本课旨在系统教授希腊和塞浦路斯的基本国情，包括自然地理、人文环境、政治经济、社会文化、历史记忆等知识，培养学生的综合素养，为提高阶段深入具体学科领域打下基础；培养学生的"文化中介者"意识，在充分了解对象国国情的同时学习"讲好中国故事"。

本课坚持立德树人，基于内容为主、应用导向的教学理念，采用启发式教学和任务型教学方法，借助图片、视频、线上 3D 演示等多种媒介调动学生兴趣，通过多种类型的任务设置强化学生对国情知识的理解与运用。通过学习，学生将：①掌握国情方面的基本知识，掌握相关主题的希腊语表达；②具备就某一主题进行深入自学的能力，能够运用国情知识分析实际案例或进行实践活动；③能够正确认识对象国的特色，对其国民性格和文化气质具有初步的感知；④具备中希、中西文化比较的意识，进一步提高跨文化交流的能力。

1.2 学情分析

本课程授课对象为希腊语专业二年级上学期的本科生，人数 15 人左右。

1　阙建容，北京外国语大学欧洲语言文化学院讲师，研究方向为近现代希腊史、巴尔干史、希腊语教学等。

1.2.1 优势：语言基础扎实、知识储备较好

学生通过希腊语精读、视听、会话等课程，已经具备了较为扎实的语言基础，在精读等基础课程中已经接触到希腊和塞浦路斯国情的基本常识，例如教育制度、古代遗迹等。在一年级修读了中文讲授的"希腊历史文化"等课程，掌握了古代希腊的历史分期、重大历史事件和现象，以及各个时期的文化特点。相关知识储备良好，为进一步用希腊语学习相关知识打下了基础。

1.2.2 思维特点：兴趣阈值高

在获取信息越发便捷的今天，学生们的兴趣阈值越来越高，简单的知识很难再吸引他们的注意力，但他们对真问题、好内容仍极度渴求。同时，学生具有较强的联想能力、探究能力，在内、外驱动力作用下具备自主学习和自我提升的强大潜力。

1.2.3 不足：系统性认知缺乏、文明比较意识薄弱

学生过去主要关注的是琐碎的知识细节，很少从整体上思考希腊文明的核心特征，也无法用希腊语扼要地描述对这一文明形态的基本理解。因此，本课的主要任务不是传授具体的历史知识，而是要提纲挈领地帮助学生把握希腊文明发展脉络和核心线索，加深对希腊文明的根本认识。同时，由于学生对希腊文明核心线索认知不足，在学习遥远的外国知识时很难正确地将其与中华文明进行对比。因此，本课的任务是提升文明互鉴意识，增强学生进行跨文化沟通的能力。

根据上述特点，本课程主要采取以下三个应对方法：

课前预习语言知识。由于学生已经具备了较为扎实的语言基础和较好的知识储备，因此要求学生预习希腊语材料并思考问题，通过阅读材料、查阅图书馆和网络资料，提前熟悉和掌握相关的希腊语表达方式，以便课堂上更快地进入运用语言和文化知识的环节。

课堂启发式输入。针对学生思维活跃、兴趣阈值高的特点，课堂上更多采用启发式教学方法，用问题来驱动思考，引入授课内容。例如，示例一课程开始时先提问对古希腊文明的印象，调动起学生的兴趣。虽然我们时常提到古希腊文明，但是对于它具体指的是什么却未必能脱口而出。授课过程中，围绕"古代希腊文明的载体是什么"这个问题，引导学生发现"城邦"和"城邦

文明"的概念，从物质特征到抽象内涵，再到城邦之间的联系，逐步理解"城邦"对于古代希腊文明形态的意义。授课的最后，提示学生思考，在同一时期的中国，古代中华文明的形态是什么样的。这种"以问题为导向"的教学方式能够有效地牵引学生的注意力，保持学习积极性，共同参与发现知识的过程。

课后辩证式输出。课后要求学生阅读扩展文献，结合课上的讲解，学习如何正确地看待希腊文明，思考文明互鉴的意义。例如，示例一课后思考题是：①如何看待所谓"轴心时代"的中希文明的异同？②古典时期的雅典得以繁荣的历史条件是什么？两个问题延伸到下节授课内容，分别提示学生采用平行对比和历时性视角去思考历史现象之间的联系，有助于学生批判性地看待古代希腊文明，树立"平等、互鉴、对话、包容"的文明观。

1.3 教学理念

1.3.1 坚持课程思政的教学理念

《高等学校课程思政建设指导纲要》强调"落实立德树人根本任务，必须将价值塑造、知识传授和能力培养三者融为一体、不可割裂"。本课程以立德树人为根本任务，在教授对象国文化以及展现世界多元文化的过程中，始终坚持跨文化比较与反思的教学思路，在外语知识的学习过程中，增强学生的人文素养、提高学生的文明互鉴意识、提升学生的文化自信，树立人类命运共同体意识。

1.3.2 以内容为基础的教学理念（CBI）

此教学理念强调将语言学习与学科知识学习完全结合起来，以学科知识为核心，使用真实的语言材料，满足不同学生群体的兴趣需要。本课程以希腊和塞浦路斯两国在社会诸层面的基本知识和时事热点为核心，选用社会生活中生动的语言材料，调动学生对对象国国情的兴趣，并且尝试在应用型场景中加深对国情知识的理解与运用。同时，强调历史学的史料意识和问题意识，将学科内容与语言学习相结合，不以纯知识性内容的传授为主，而以值得思考的问题为主，通过问题带动知识的抓取和整合。

1.3.3 应用导向的教学理念

本课程的设计坚持应用导向的教学理念，即强调对国情知识的深入理解和实践运用，能够运用国情知识分析对象国新闻中出现的相关现象，能够使用相关知识进行跨文化的沟通与交流，能够在文明互鉴中增强文化自信、传播本民族文化。例如，示例二的课后任务是写一篇穿越故事，要求学生综合运用课前和课上所学知识，锻炼外语表达能力，有助于锻造"讲好中国故事"的本领。

2. 示例一：古风时期与城邦的形成

2.1 授课内容

本节内容是"历史记忆"单元第一讲"古代希腊"第一节"古风时期与城邦的形成"，授课时长为50分钟。"历史记忆"单元是本课程主体内容的第三个单元。希腊语是一门历史悠久的语言，有文字的历史长达三千多年，辉煌灿烂的古代历史文化是希腊人引以为傲的文明遗产，对西方文明产生了深远的影响，因此"古代希腊"在"历史记忆"单元是授课的重点。

本节内容围绕"城邦"的概念展开，是"古代希腊"这一讲最为核心的内容。讲授古代希腊文明时，按照其形成、发展至巅峰、对外传播这样的线索来展开，覆盖了古代希腊文明的三个重要时期——古风时期、古典时期和希腊化时期。那么，古代希腊文明形成、发展和传播的标志又是什么呢？或者说古代希腊文明的核心是什么呢？那就是以"城邦"为中心的文明形态；"城邦"的形成、发展以及其生活方式的传播，是理解古代希腊文明发展的线索。在有限的课程时间里，必须抓住"城邦"这个核心，让学生理解"城邦"的概念以及围绕它所形成的生活方式和文明特色，以便更好地理解古希腊文明辉煌的原因。授课内容包括：古代希腊历史的分期及其特点；"城邦"和"城邦文明"的概念；城邦之间的相互关系，连接希腊城邦的文化纽带。

2.2 教学目标

2.2.1 知识目标

①掌握古代希腊历史发展的重要分期（几何时期、古风时期、古典时期、希腊化时期）及其特点、代表性成就；②掌握"城邦"的概念、特征及其相互联系；③了解雅典、斯巴达等城邦发展的历史脉络。

2.2.2 能力目标

①掌握古代希腊历史的希腊语术语，能够读懂关于古代希腊文明的希腊语文章；②能够识别古风时期的代表性文物和艺术风格，了解与几何时代、古

典时期的区别；③能够用希腊语简要讲述古风时期的特点，并进行相关主题的对话。

2.2.3 价值目标

①通过理解"城邦"的概念，深刻领会古代希腊文明的特点，了解其特殊性以及取得辉煌成就的原因；②辩证地看待古代希腊文明，体会其与同时期中华文明的区别；③树立正确的文明观，深入理解习近平总书记提出的"平等、互鉴、对话、包容"的文明观。

2.3 教学方法

2.3.1 任务型教学法

任务型教学法是以学生为中心、激发兴趣和内部动机的有效手段。本课课堂总结部分采用了填空的小任务，让学生在测试中完成对本节内容的总结，起到总结强化的作用。

2.3.2 多媒体教学法

运用多媒体演示、视频播放、动画、板书、线上 3D 资源、演示教具相结合的方式展开教学，抓住学生的注意力，加深学生对重点知识的记忆，提升学生的语言能力。

2.3.3 小组活动法

将学生分为若干小组，布置包括讨论在内的多种任务，能够大大提升课堂学习的活力和效率，提高学生的参与度和价值感。本节授课中将学生分为两个小组，要求分别观察不同时期的城邦布局图，将建筑的希腊语名称贴在相应位置，讨论不同建筑的功能，比较两个时期城邦的结构，回答教师提出的问题。

2.4 教学重点与难点

2.4.1 教学重点

①"城邦"的物质特征。即具有空间功能的建筑，例如城墙、卫城、市集等。要理解"城邦"作为古代希腊文明的"载体"，可以从两个方面入手，一是其物质特征，二是其抽象内涵。物质特征指一个典型的城邦具有相应空间功能的建筑，包括城墙、卫城、市集等。

解决方法：为了让学生产生直观的印象，教学中使用两个教具，分别是城邦形成以前的迈锡尼城结构图、典型城邦时期的雅典城结构图。通过对比这两个结构图，让学生形象地认知到"城邦"具有哪些必不可少的空间功能。

②"城邦"的抽象内涵。即满足公民安全、表达等多方面需求的公民共同体。从物质特征到抽象内涵，需要学生通过分析空间功能来提取抽象概念。

解决办法：教师在这个过程中通过提问来帮助学生提取有效信息、形成抽象认知。在对比上文提到的两个结构图时，教师就两个城邦的城墙位置和大小、民居位置、是否存在市集、是否存在王宫等问题进行提问，提示学生这些空间功能分别满足了什么需求、反映了什么样的政治形态。教学过程从具象到抽象，符合一般认知的规律，有助于锻炼和提升学生的抽象思维能力。

2.4.2 教学难点

从物质特征上升到对城邦抽象内涵的理解，不仅仅是本节教学重点，也是教学难点。虽然从具象到抽象符合一般认知规律，但是如何从具体的空间功能分析到达精准的抽象思维表达，是学生较为缺乏、需要反复操练的能力。

解决办法：如重点部分所述，教师用提问引导的方式帮助学生提炼，通过分析建筑的空间功能、将它与公民的具体需求联系在一起，来突破这个难点。除此以外，教师引用古希腊哲学家亚里士多德对城邦的重要论述，为学生提供标准化的、精辟的表达，进一步加深学生对这一重点知识的认知和理解。

2.5 教学流程与设计

2.5.1 教学工具

①课前：自编阅读资料（希腊语，附词汇表）。

②课堂：教具有公元前 11 世纪迈锡尼城图示板，以及公元前 5 世纪雅典城邦结构图示板；标记各种建筑物希腊语名称的标签牌；PPT；板书。

③课后：扩展阅读，如黄洋、晏绍祥《希腊史研究入门（第二版）》（北京大学出版社，2021 年）；顾准《希腊城邦制度：读希腊史笔记》（商务印书馆，2022 年）。角色扮演文本。

2.5.2 教学流程图

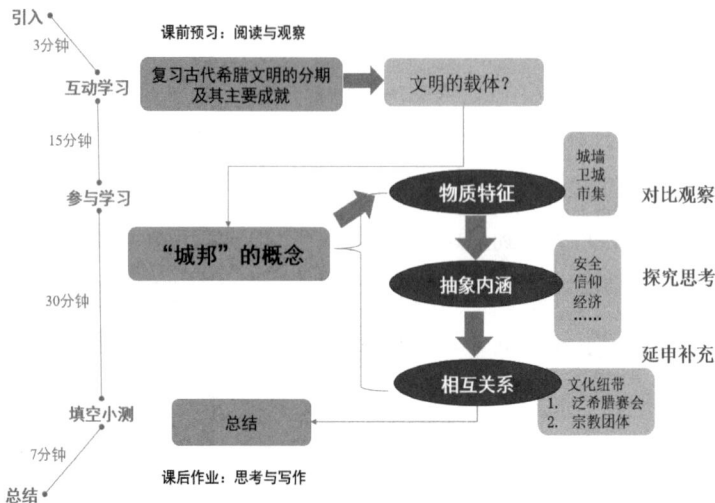

2.5.3 教学安排

步骤	教学设计	设计意图	时长
导入	【提问】展示习近平总书记署名文章《让古老文明的智慧照鉴未来》讲述自己访问希腊的文本段落，重点提及"古代希腊文明""希腊人民的勤劳和智慧"，提问学生对"古代希腊文明"的印象。	激活现有知识，从个人印象引入	3分钟
互动学习	古代希腊文明的分期、特点及主要成就 【活动】给出历史时间轴，让学生将希腊语分期名词与正确的历史分期配对。 一些名词对学生来说有困难，例如 Γεωμετρικά Χρόνια, 教师可以用 Γεωμετρικά σχήματα 来提示，并画出"几何"图形。 提问：每个历史时期有何特点？让学生将展现每个时期成就的图片一一放入正确的历史时期。 【讲解】强调古代希腊文明形成、发展和传播的历史脉络：大体而言，古风时期是希腊文化逐渐形成的时期，古典时期是其蓬勃发展的时期，希腊化时期是其广泛传播的时期。	中希文对应，学习历史专有名词强化系统性认知	10分钟

步骤	教学设计	设计意图	时长
参与学习	"城邦"的概念 【提问】为什么我们说古风时期形成了典型的古代希腊文明呢？我们衡量的标准是什么？ 如果学生不理解，进一步提问：当我们在谈论古代希腊文明时，我们经常在谈论什么？什么是古代希腊文明的载体？学生在教师的引导下回答出"城邦"。 【活动】展示两个图示板，分别为约公元前 13 世纪的迈锡尼城考古复原图与公元前 5 世纪的雅典城考古复原图。 讨论两者空间上的区别：分别有哪些空间建筑？两座城市在大小、民居的位置、布局上有何不同？ 在学生讨论时加以指导。	对比发现城邦的空间特点	25 分钟
	【探究】展示雅典城的 3D 图像 提问：我们在雅典复原图中看到了什么元素？（城墙、卫城、市集等）为什么必须有围绕城邦的城墙？出于什么目的？在市集里雅典人能够做些什么事情？引导学生理解物质空间是权力结构的具体反映。 提炼出"城邦"的三个空间要素：城墙、卫城、市集，总结其政治含义。 	从描述空间功能入手，思考空间的功能 从具体到抽象	
	【引用】引入并讲解亚里士多德对城邦的定义：满足生存需要的城市；具有一定政体的公民共同体。 	理论总结，加深理解	
	【延伸】简要演示政体从王政到民主制的发展历程，理解不同政体名词的简单意义。 教师可讲解单词的具体意思，帮助学生记忆。	了解即可，学习词汇	
	"城邦"之间的联系 【提问】当希腊人通过殖民活动在整个地中海地区都建立城邦时，希腊人靠什么联系彼此呢？他们用什么方式确认自己是一个共同文化的成员？ 联系已经预习的阅读材料，得出答案：泛希腊赛会、地方宗教团体。	初步理解古代希腊文明的整体性	

步骤	教学设计	设计意图	时长
升华	【互鉴】提问：大约同一个历史时期是中国的春秋战国时期，两者都是精神文化成就斐然的时代。如何理解和看待同一时期中希文明的形态？	培养文化比较意识	5分钟
总结检查	通过关键词填空练习，总结本节的主要内容。 	课堂内容后测，检查学生对重要概念名词的掌握程度	5分钟
布置作业	1. 思考题：古典时期的雅典蓬勃发展的前提条件是什么？ 2. 准备下节课的角色扮演：不同身份的城邦居民（雅典男性公民、女性、儿童、奴隶、异邦人）过着怎样的生活？	培养自学能力，促使学生思考	2分钟

2.6 教学评价

为了检验本节课教学的效果，本课在最后设计了后测环节，即希腊语的填空练习，内容如下：

Στα αρχαϊκά χρόνια, ο πολιτισμός των πόλεων-κράτων＿＿＿＿＿＿＿. Μια πόλη-κράτος έχει＿＿＿＿＿，＿＿＿＿＿＿，＿＿＿＿＿＿ και τα άλλα δημόσια κτίρια. Είναι ουσιαστικά μια πόλη με συγκεκριμένο＿＿＿＿＿. Όταν οι πόλεις-κράτη αναπτύχθηκαν και δεν χωρούσαν τον πληθυσμό, μερικοί άνθρωποι έφυγαν για να ζήσουν αλλού και έτσι δημιούργησαν τις ＿＿＿＿＿. Ήταν σκορπισμένες γύρω στα παράλια της ＿＿＿＿και του＿＿＿＿.

填空内容即是本课的重点内容，一一对应板书上的关键词，同时这一段也是对于本节课线索的流畅描述，学生也可以通过填空再次回忆如何用希腊语流畅表达本节课的核心内容。从学生填空的效果来看，大部分同学能够立刻给出正确的答案，这说明他们对本节关键内容掌握程度良好。

3. 示例二：古典时期的雅典

3.1 授课内容

本节内容是"历史记忆"单元第一讲"古代希腊"第二节"古典时期的

雅典"，授课时长为 50 分钟。本节以公元前 5 世纪的雅典城邦为例，说明城邦的特点，并学习古典时期希腊文明的辉煌成就。在本单元的第一节已经详细分析了"城邦"作为古代希腊文明载体的重要意义，那么这一节是一个案例研究。就古代希腊文明的发展脉络而言，古典时期的雅典是其巅峰，也是其最具代表性的案例。我们通过雅典这样一个代表性的案例，来说明古典时期希腊文明的辉煌成就。因此，本节内容与上一节紧密联系，既是对上节课内容的复习，也是通过具体案例加深对城邦的理解。授课内容包括：希波战争的历史意义；古典时期雅典城邦的政治制度和社会生活；古典时期雅典的物质和精神文明成就。

3.2 教学目标

3.2.1 知识目标

①掌握古典时期雅典城邦繁荣的原因和表现。②掌握古典时期雅典城邦的政治制度、不同社会阶层的政治地位和权利，了解雅典城邦生活的特点。③了解古典时期雅典的物质和精神成就，包括建筑、艺术、思想、文学等方面。

3.2.2 能力目标

①掌握古典时期相关术语，能够读懂关于古代雅典城邦的希腊语文章。②能够对雅典城邦崛起的原因进行分析，理解希波战争和伯罗奔尼撒战争对希腊世界的深远影响。③能够用希腊语简要描述雅典的风貌，进行相关主题的对话，能够用希腊语对比介绍中国同时代的文化特点。

3.2.3 价值目标

①深刻体会古代希腊文明的历史高度，增强学习希腊语的价值感和使命感。②正确看待古代希腊文明取得辉煌成就的原因，批判性地认识文明背后的历史代价。③能够体会中希文明的异同，树立"平等、互鉴、对话、包容"的文明观，建立人类命运共同体意识。

3.3 教学方法

3.3.1 任务型教学法

本节内容设计了课后写作任务。现在很多学生喜欢看穿越小说，古代历史知识学以致用，可以以此为主题写一篇穿越故事。任务要求学生假想自己穿越到了伯里克利时代的雅典，穿越成不同的身份，用希腊语描述一天中的所见所闻。这个任务激发学生的想象力，考验他们灵活运用历史细节知识的能力，并锻炼外语输出的能力。

3.3.2 多媒体教学法

本节授课用游戏视频《刺客信条：奥德赛》选段进行引入。该游戏在全球颇为流行，画面效果精良、史实考据扎实，能够以最有冲击力的方式、有代入感地、直观迅速地让学生感知到公元前五世纪雅典城的风貌。

3.3.3 情景教学法

本节授课中将生活在雅典城中的居民分为雅典男性公民、女性、奴隶、外乡人、儿童等几类，让学生抽签扮演不同的角色，根据课前预习材料的内容，学生需通过角色的身份来讲述自己的生活，在城邦中有哪些权利、必须履行哪些义务。通过这项任务，让学生切身感受古典时期城邦生活的生动特点，更深入的、有代入感地体会到历史的真实面貌。

3.4 教学重点与难点

3.4.1 教学重点

①希波战争获胜对古典时期希腊城邦繁荣的重要意义。希腊人成功抵御波斯人的入侵，为古典时期希腊城邦的繁荣创造了条件，一方面为希腊人赢得了和平和自由发展的外部环境；另一方面希腊人在御敌中增强了自我认同和文化自信。因此，希波战争也是古风时期和古典时期的分水岭，希波战争胜利带来的影响使得古代希腊文明发展到一个全新的高度。理解这一点对于掌握古代希腊文明发展脉络非常重要，但较为抽象，学生理解存在困难。

解决方法：教师在课堂上讲解希波战争若干次重要的战役，介绍古代作家对这些历史事件的记载和阐释，让学生设身处地地理解历史时空中希波战争对希腊世界的意义。

②黄金时代雅典城邦的制度，包括公民大会、五百人议事会和公民法庭制度，以及宗教、经济、政治和文化方面的公共生活。黄金时代雅典城邦的制度和社会生活，一方面是古典时期城邦精神文明成就的表现；另一方面也为雅典人创造物质和精神文明成就提供了基础。学生已经对这部分知识有所了解，但

对于希腊语术语和表述尚不熟悉。

解决方法：教师通过演示线上 3D 动画，用希腊语对学生提问，学生在课前预习的基础上，用希腊语回答不同建筑的空间功能以及制度详情，让学生练习使用希腊语进行空间描述和制度介绍。

3.4.2 教学难点

本节教学的难点在于理解城邦生活中不同居民的权利和义务，从而理解城邦文明是多面性的，要留意不同人群参与城邦生活的不同程度，也需要从这个案例树立正确的历史观，在当时的情景下去看待当时的文明成就，不能一味地以当下的角度去苛责古人。

解决方法：本节采用情景式教学法和任务型教学法，一是让学生课前预习阅读材料，其中包含对不同人群的论述（希腊语）；二是在课堂上让学生进行角色扮演，让角色自己说话，在这个过程中也锻炼他们转述材料内容的语言能力（转换人称、时态、情景等）。

3.5 教学流程与设计

3.5.1 教学工具

①课前：自编阅读资料（希腊语，附词汇表）。

②课堂：游戏《刺客信条：奥德赛》雅典掠影视频选段；演示公元前 5 世纪雅典城邦的 3D 动画，可以放大缩小、旋转，多角度观察不同建筑的位置和外观，甚至可以查看其内部结构；板书；PPT。

③课后：扩展阅读，如（英）J. W. 罗伯兹：《苏格拉底之称：古典时代的雅典》第二版（李月、陈恒译，格致出版社，2014 年）；（英）安东尼·艾福瑞特：《雅典的胜利：文明的奠基》（杨彬译，中信出版社，2019 年）。

3.5.2 教学流程图

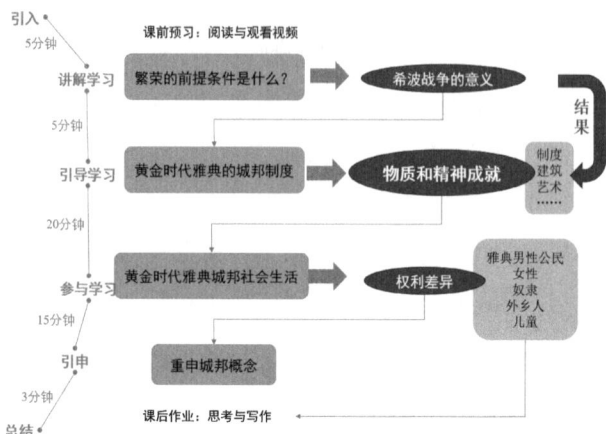

引入
5分钟

课前预习：阅读与观看视频

讲解学习
5分钟

繁荣的前提条件是什么？ → 希波战争的意义

结果

引导学习
20分钟

黄金时代雅典的城邦制度 → 物质和精神成就

制度 建筑 艺术 ……

参与学习
15分钟

黄金时代雅典城邦社会生活 → 权利差异

雅典男性公民 女性 奴隶 外乡人 儿童

引申
3分钟

重申城邦概念

总结

课后作业：思考与写作

3.5.3 教学内容

步骤时间	教学设计	设计意图	时长
引入	【播放视频】视频《刺客信条：奥德赛》选段：公元前5世纪雅典城掠影。	身临其境，激发兴趣	5分钟
提问并检查预习作业	希波战争的历史意义 【提问】公元前五世纪雅典得以繁荣发展的前提条件是什么？什么历史事件为繁荣提供了基础？学生根据预习作业回答出"希波战争"，并且能在进一步回答出希腊人战胜波斯人的历史意义：自由、和平、对希腊文化的自我意识、自豪感。	检查学生预习效果，引入本节内容	5分钟
引导学习	黄金时代雅典城邦的制度 【展示】雅典城3D动画 【讲解】黄金时代雅典的城邦公共生活，演示几个重要的地点：卫城（宗教生活中心）、市集（公共生活和经济生活中心）、战神山（法庭所在地）、普尼克斯山（公民大会所在地）。跟随教师的演示，根据预习内容，积极指出空间名称和功能，例如指出卫城上的重要建筑（帕特农神庙、雅典娜青铜像等），回答出卫城是 θρησκευτικό κέντρο（信仰中心）。	加深印象，学习词汇	20分钟
参与学习	黄金时代雅典城邦的社会生活 【角色扮演】将生活在雅典城中的居民分为几类：雅典男性公民、女性、儿童、奴隶、外乡人等，要求学生进行角色扮演。学生抽取角色，用第一人称进行描述。学生需要特别注意动词人称和数的转换；漏掉的要点，教师可以根据阅读材料进行提问，加以补充。	练习语言的人称转换；了解不同身份的权利义务	15分钟
总结引申	【讲解】教师进行总结，呼应上节课城邦的概念：城邦的政治制度、共同信仰、共同生活等均为了城邦的共同福祉而存在。点到以下内容：雅典的强盛引起斯巴达的恐惧，古典时代的尾声是伯罗奔尼撒战争以及双方长年战争后的衰落。	案例说明城邦概念加深学生的理解为下节课做铺垫	3分钟
布置作业	【写作】在角色扮演的基础上，结合课堂演示的城邦生活诸层面，合理发挥想象力，完成以下故事：假如你穿越到了伯里克利时代的雅典，请描述你的所见所闻以及一天的生活。身份自选，也可以选择伯里克利、希罗多德这样的历史人物。学生除了运用阅读材料中的知识，也可自行学习更多的知识，综合运用已经学过的各种时态，在本单元授课之后完成即可。	拓展任务要求，激发学生的兴趣和想象力，进行语言训练	2分钟

3.6 教学评价

本节课通过课后作业（写作穿越小故事）来进行后测，从学生写作的故事内容进行判断：学生是否理解了雅典城不同居民的权利与义务，并且将这一知识融入故事情节；学生是否在写作中融入了雅典城的物质和生活成就，例如卫城建筑、港口设施等；是否融入了对历史人物的了解，例如对伯里克利生平成就以及人物性格的刻画；学生是否能够正确地使用相关时态和表达方式来写作富有想象力的故事。通过考察这些内容，可以有效地检测学生对本课内容的掌握程度。

4. 示例三：希腊化时期

4.1 授课内容

本节内容是"历史记忆"单元第一讲"古代希腊"第三节"希腊化时期"，授课时长为 50 分钟。

本节内容是"古代希腊"部分的最后一节，讲授希腊化时期希腊文明的传播及其与中国文明的联系。相比古典时期，希腊化时期在学术上受到的关注较少，在大众知名度上也略显逊色，但是其重要性却不亚于古风时期和古典时期。希腊化时期是古代希腊文明得以传播的时代。亚历山大大帝东征建立了庞大的希腊人和马其顿人的帝国，尽管他去世后的希腊化世界在政治上是分裂的，但是在军事征服、政治力量影响和商业贸易的促进下，希腊文化的因子——包括语言、器物、建筑、艺术、思想、生活方式得以广泛传播至整个地中海世界，到中亚乃至印度河流域，真正让希腊语成为世界语言，让希腊文化成为影响深远的文化形态，而这种影响间接地通过中亚和印度，也跟中国产生了联系。因此，理解希腊化时期能够帮助我们理解希腊文明为何会具有如此深刻的影响力，也让我们了解中希文明交流的早期形态，加深对文明互鉴的理解。授课内容主要包括：亚历山大大帝及其功绩；希腊化时期的文明特点；希腊文化传播的促进因素与表现形式；中国与希腊进行文明交流的方式及早期例证。

4.2 教学目标

4.2.1 知识目标

①了解马其顿王国崛起的原因以及亚历山大东征的过程和结果。②掌握希

腊化时期的政治特点和文化特征，掌握哪些希腊文化要素在这一时期得到了广泛的传播。③理解中希文明之间产生间接文化交流的原因和方式。

4.2.2 能力目标

①掌握希腊化时期相关的历史术语，能够阅读希腊语历史文献，能够听懂相关主题的希腊语音视频。②通过中希两国早期文明交流的案例深入理解文化交流的特性。③能够用希腊语交流亚历山大大帝东征的故事，用希腊语举例说明中国与希腊早期的文化交流，讲述中国人对希腊化时期的史籍记载和对希腊文化的了解，提高跨文化交流能力。

4.2.3 价值目标

①思考希腊化时期促进希腊文化传播的因素，在练习讲述中希文化交流案例的过程中，锻造外语人"文化中介者"意识。②从希腊语广泛传播成为世界性语言的历史事实中，增强学习希腊语的价值感和使命感。③正确看待强势文化的流行对于文化生态的作用，理解文化多样性和文化融合的特点，树立"平等、互鉴、对话、包容"的文明观。

4.3 教学方法

4.3.1 任务型教学法

本节在"参与学习"环节设计了小组讨论任务，要求学生分为两组，分别以史料记载的若干选段为中心讨论两个问题，通过史料分析和讨论，共同找到问题的答案，强化学生自主思考和学习的能力。

4.3.2 多媒体教学法

运用多媒体演示、视频播放、动画、板书、线上 3D 资源、演示教具相结合的方式展开教学，始终抓住学生的注意力，加深学生对重点知识的记忆，同时提升学生的语言能力。

4.3.3 小组活动法

在本节的"参与学习"环节，将学生分为两组，根据课前阅读、课堂 PPT 和重点阅读的史料选段，学生就两个问题进行讨论：第一，马其顿王国与希腊文明是什么关系？第二，亚历山大的东征有何历史意义？用这些问题逐步引发学生的思考，牵引他们的思维，让学生自主地发现问题的答案或者线索，并加以陈述。这种以学生为中心的教学方式同时也锻炼了学生的语言能力和表达能力，教师只需要在学生讨论的基础上加以总结和补充。

4.4 教学重点与难点

4.4.1 教学重点

①促进希腊文化广泛传播的因素。希腊文化在亚历山大大帝建立庞大帝国后得到了广泛的传播，是综合因素作用下的结果，包括军事征服、政治力量的推动以及希腊城市的建立、商业贸易的繁荣。这个问题在课前预习材料中没有完整的论述，较为抽象，需要学生发挥综合分析的能力，但是对于理解希腊化时期的特点非常重要。

解决方法：在小组活动任务中要求学生就文献进行问题思考和讨论，厘清马其顿人和希腊文明的关系——马其顿人是希腊文明的一部分，亚历山大大帝视自己为希腊文明的传承人、希腊英雄的后代。因此，学生通过自主学习可以发现，亚历山大在军事征服过程中事实上传播了希腊文化，例如四处建立以自己名字命名的城市，将希腊人、马其顿人老兵安置在这些远离本土的希腊城市。

②希腊化时期文化特征的具体表现。希腊化时期既是希腊文化得到广泛传播的时代，也是具有高度文化多样性和文化融合度的时代。虽然学生可以得到希腊文化成为时代潮流的印象，但是对于其具体表现并不熟悉。

解决方法：本节在"总结学习"环节从语言、器物、思想、艺术、建筑、生活方式等几个方面对希腊文化的传播进行分析，重点分析希腊语和希腊式生活方式的传播，生动地使学生理解希腊化时期的文化特征。

4.4.2 教学难点

教学难点在于理解文化交流中多向和多样的特点。"希腊化"这个名称容易掩盖这一时期文化特征的另一个面向：尽管希腊文化作为一种强势的文化潮流在地中海世界、近东、中亚得到广泛传播，但这并不意味着当地语言和文化的消失，相反，当地文化在共存与融合中，呈现出多姿多彩的样貌。因此，这种文化交流是多向和多样的，而不是单向和唯一的。由于希腊化时期距离我们非常遥远，学生对于该时代的各地文化并不熟悉，因此很难理解这种抽象的知识。

解决办法：为了应对解决这个难点，本节讲解犍陀罗艺术的例证。希腊人在中亚建立政权后，希腊的造像风格影响了当地的佛教艺术，使得原本并不造像的佛教艺术也开始模仿希腊神像的刻画方式为佛陀造像，从而形成了包括犍陀罗艺术在内的早期佛教艺术。通过希腊文化和当地文化相结合的例证，学生能够更好地理解希腊化时期文化交流多向、多样的特点。

4.5 教学流程与设计

4.5.1 教学工具

①课前：自编阅读资料（希腊语，附词汇表）。

②课堂地图：亚历山大大帝东征路线；PPT；板书；希腊主流期刊《每日报》上发表的文章《中国与希腊：千百年的联系》。

③课后：学术论文扩展阅读，如张绪山《甘英西使大秦获闻希腊神话传说考》，张绪山《三世纪以前希腊–罗马世界与中国在欧亚草原之路上的交流》，徐晓旭、贾瑞霞《丝绸之路与希腊化城市》，邢义田《赫拉克利斯（Heracles）在东方——其形象在古代中亚、印度与中国造型艺术中的流播与变形》。

4.5.2 教学流程图

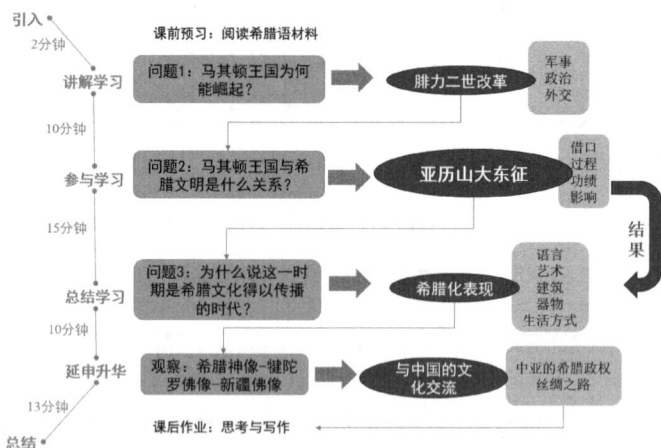

4.5.3 教学内容

教学形式	教学设计	设计意图	时长
复习引入	提问上节课所学内容——伯罗奔尼撒战争对雅典和斯巴达造成了怎样的影响？引入本节内容——希腊大陆城邦的衰落与北方马其顿王国的兴起。	联系上节知识，引入本节内容	2分钟

步骤	教学设计	设计意图	时长
讲解学习	问题1：马其顿王国为何能够崛起？ 【活动】请学生观察地图，考虑马其顿王国的地理位置对其崛起的重要性。 【讲解】根据地图和图片，讲解北方马其顿王国的兴起过程，重点介绍腓力二世在军事、政治方面的改革，以及通过外交手段控制南方希腊城邦的史实。	通过学生参与活动，提升课堂活跃度，加深学生对重点知识的印象	10分钟
	亚历山大东征 【活动】请学生观察亚历山大大帝东征的军事线路图，直观感受他所创建的帝国范围。 【讲解】根据地图，讲解亚历山大大帝东征的过程、路线以及他所达成的功绩。第一阶段：在伊索斯战役中击败大流士三世（公元前333年）、征服埃及。第二阶段：征服波斯核心地区，远至印度。	通过地图演示，强化学生记忆	
参与学习	问题2：如何理解马其顿人建立的帝国？ 【活动】将学生分为两个小组，分别就不同的扩展材料讨论两个问题。 小组1：阅读普鲁塔克和阿里安记载的两则关于亚历山大性格的文献记录（Πλούταρχος, Αλέξανδρος, 8. Αρριανός, Αλεξάνδρου Ανάβαση, B', 6-7），观察希腊化时期常见的亚历山大像银币，思考并讨论马其顿人与希腊文明是什么关系？ 小组2：阅读阿里安关于亚历山大返程决定的记载（Αρριανός, Αλεξάνδρου Ανάβαση, E', 28-29）以及狄奥多罗斯关于亚历山大临终场景的记载（Διόδωρος Σικελιώτης, Ιστορική Βιβλιοθήκη, IΗ', 1-2），思考并讨论亚历山大大帝的东征有何历史意义？ 学生分组讨论时，确定问题的关键词（希腊语），选出一人提交关键词并用中文对关键词简要地进行展开。教师对学生的回答进行点评和补充。	通过小组讨论，加强学生的思辨能力和表达能力	15分钟
总结学习	问题3：为什么说这一时期是希腊文化得以传播的时代？ 【讲解】从语言、文化、城邦的生活方式、科学知识、艺术风格等方面总结希腊化时期的特点，并展示相关图片。什么是希腊式生活方式的传播，这一点较难理解，教师展示一个典型的希腊式城市的布局，说明希腊式生活方式的公共属性。	总结重点内容，形成系统知识	8分钟

步骤	教学设计	设计意图	时长
延伸升华	【观察】希腊神像、犍陀罗佛像、新疆佛像之间有何共性？给出三幅图片，分别是公元前330~320年阿波罗青铜像的罗马仿作（Museo Pio Clementino）、公元1世纪犍陀罗地区佛像以及中国新疆出土的公元3~7世纪的佛像，引导学生观察三者造型艺术在头发、面目轮廓和衣褶上的表现方式，发现古希腊艺术经由中亚（例如犍陀罗地区）影响了中国艺术。 【讲解】带领学生阅读希腊语文章《中国与希腊：千百年的联系》的关键段落，了解希腊艺术经由中亚的希腊化政权对中国产生的影响。	融入思政内容，从文明交流的角度促进学生思考，初步建立文明比较的意识	10分钟
布置作业	根据课上所学，阅读张绪山《甘英西使大秦获闻希腊神话传说考》等几篇学术文章，思考以下问题并写作中文短文：联系习近平总书记提出的"平等、互鉴、对话、包容"的文明观，我们应如何看待古代文明之间的相互交流与联系？	培养学科意识、提高学术兴趣	3分钟

4.6 教学评价

本节课通过课后思考题的反馈来检验学生对本课所学内容的理解。根据学生提交的思考题回答，从以下几个方面判断学生的掌握情况：是否掌握了希腊化时期的基本特征；是否正确理解了希腊化时期中国和希腊相互联系的"间接性"特征；是否进行了探索性学习，了解中希文明交流的更多细节。

法语语音学（汉法对比）

王　凝[1]

1. 课程概述

1.1 课程基本信息

课程名称：法语语音学（汉法对比）

授课对象：本科一年级

适用专业：法语专业

总学时数：32 学时

总学分数：2 学分

1.2 课程简介

　　"法语语音学（汉法对比）"课程设计理念创新，从实验语音和音系学视角切入，采用多媒体与机器纠音[2]相结合的多模态方法，启发式的课堂讲授，互动式的听辨纠音，沉浸式的机器辅助，通过"三位一体"的教学法梳理和对比法语和汉语语音系统的异同，多维度呈现生理发音细节和听辨过程，因地制宜地纠正多语背景下学习者的语音语调，蓄能培养具备法语运用能力、文学鉴赏能力、跨文化能力、思辨与创新能力、自主学习能力、实践能力、信息技术应用能力以及一定的学术研究能力的法语专业人才，并注重将立德树人贯彻课堂教学全过程、全方位、全员之中，关心学生的身心健康，培养一批专业知识过

---

1 王凝，北京外国语大学法语语言文化学院讲师，一年级教研室主任，研究方向为语音学、音系学、词汇学、语义学等。

2 课程使用 Praat 声学软件（Paul Boersma & David Weenink，2024）辅助听辨纠音和声谱读图。

硬，具有正确的世界观、人生观和价值观，以及良好道德品质、中国情怀和国际视野的青年学子，助力他们站上国际舞台，字正腔圆地讲好中国故事。

表 1　课程六大内容板块及核心知识点

国际音标	元音和辅音		分析和感知	声学特征
发音生理				声学模型
发音部位				声源特征
拼读规则	拼读和音节	法语语音学	音义和书写	音位对立
复合音节				音位变体
音段特征				语音文字
音韵声调	重音和语调		演变和展望	印欧语系
语调特征				汉藏语系
重音语言				演变规律

1.3 学情分析

本课程面向法语专业一年级本科生。教师根据学生的以下特点进行教学设计。

求知欲强烈。这些学生高中成绩普遍优秀，并且多以第一志愿填报法语专业，对对象国语言文化具有浓厚的兴趣，并有强烈意愿善用学校丰富的外语教学资源，乐于学习也急于学习。因此，教师在教授读音之余，深入浅出地讲解语音学基础知识并讲述和语音研究相关的名人轶事，提高学生知识体系的深度和广度。

逻辑性较强。这些学生在之前已较好习得方言、普通话、英语等语言，具有多语模式和较完善的逻辑思辨能力。这就要求教师在语音学习阶段，跳脱出单一机械的"耳听口摹"，用清晰有序的科学方式讲解语音学基础理论和前沿研究成果，阐释发声原理，巧用多模态教学资源，使学习者以更加开阔的视野，总结和归纳人类纷繁复杂的语音演化规律，从而加深对自身母语和外语的认识。

表达欲中等。这些学生初来乍到，接触新环境和新语言，可能产生畏难情绪；加之多数学生受中学传统外语学习模式影响，重视书面练习，惧怕或忽略口头表达。面对这种现象，教师应该积极引导、鼓励学生勇于开口，同时创造具体情景和多维度、多模态的刺激形式，让学生在实操中夯实课本所学，提高实践能力，最终在不断突破中增强个人自信心和集体凝聚力。

1.4 教学理念和模式

1.4.1 遵循课程思政的教学理念

在外语专业课中运用课程思政的教学理念，既是实现育人目标的重要途径，也是教学改革的大势所趋。"在外语课程中进行课程思政具有得天独厚的优势，因为其所包含的大量有关对象国文化以及世界多元文化的信息输入，为跨文化比较与反思提供了丰富的资源。当外语教学从跨文化视角展开，外语学习便成为培养人文素质、价值取向、国际视野、文化自信乃至人类命运共同体意识的课程思政过程。"（孙有中，2020）本设计从对比语音学视角切入，通过介绍中法历代语音学家孜孜不倦的奋斗，让学生深刻体会前人在探究音韵之学上的大智慧，理解不同语言演化过程中的"各美其美，美美与共"，从而在完成传统外语教学目标的同时，探索挖掘课程内容的深层价值，力图实现"立德树人"的育人目标。

1.4.2 依据"后方法"外语教学理论的基本理念及宏观原则

"超越不同教学方法的局限性，主张开放、动态的外语教学思想"，强调"教学中的透明度，以行动、内容、任务及互动为导向，培养与促进学生自主学习的能力、合作式学习的能力及交际能力，将语言和文化教学结合起来，重视本国语言和文化，重视学生的个性化和差异化，强调反思性。"（胡峰，2020）

本教案设计并非从某一教学方法出发，而是遵循上述宏观原则、基于具体教学目标对语音教学做出综合性尝试。

1.4.3 借鉴"基于问题式的学习（PBL）"的教学模式

本教案设计通过尝试在语音学起步阶段让学生思考中法语音的发音异同点，从而引出语音学上针对不同语言特点而产生发声方法差异的深入思考。依据 PBL 教学模式下探究、推理及反思的三个核心要素，教学流程基本划分为课前准备、课上实践与评价、课后反思三个环节。（杨鑫，2021）

教师在每个板块充分发挥"脚手架"作用，对必要的专业知识进行深入浅出的讲解，最大程度激发学生的独立研究能力，鼓励学生通过积极思辨和集体讨论等方式解决对应的语音学任务。此外，课程中还创新性引入 Praat 声学分析软件，集纠音、听辨测评和声谱图分析为一体，让学生"小试牛刀"，感受智慧学习的魅力。

1.5 教学创新点

汉法对比视域下的法语语音学课程在两个层面实现了创新。

1.5.1 语音学理论

每节课中，教师根据法语语音主题讲解相应的理论知识，一方面展示语音学的研究历史和研究成果，使学习者能够了解人类对自身语音探索的全貌，分享前人在语音实践中积累的无穷智慧和经验，并充分认识现代语音科学的性质及其价值；另一方面，构建一个全面的知识体系和宽广的实践平台，使学习者能够跳出自身语种的局限，以普遍的眼光观察和学习人类丰富多样的语音及其规律，在法语学习的初期感受到人类对自身作为"会说话的动物"的无限惊喜并为此孜孜不倦探究的动人过程，在理论思考和发音实践两方面同时获得提高。诚然，将语音学知识融入课堂并不容易，但作为人类最古老、也是最现代的学问之一，教师希望通过丰富的图片和影音资源，结合机器辅助技术，以深入浅出的方式，使大学生深入理解语音科学的趣味和内涵。

1.5.2 多模态教学

纵观当前法语教学，尽管全国近 200 所高等院校的法语在校生已突破三万人且在持续增长中，但学习者总体口语水平仍然较低。这是因为当前学生具有多语特征，与新语言产生复杂交互迁移，但"语音－音位"维度课时少，胜任语音教学的教师资源匮乏。长期以来，全国外语语音教学更重视"耳听口摹"的实践，缺乏科学系统的语音研究，导致教师无法准确指出学生语音偏误类型和原因并提出正音方案，从而加重中国学生南腔北调的"中国腔""方言味"，甚至"英语范"，导致在交流中产生语义偏差，闹出"礼物 /kado/""蛋糕 /gɑto/"分不清，"鱼肉 /pwasõ/""毒药 /pwazõ/"吓坏人的笑话。这一现实要求我们坚持科学创新，探索具有中国特色的当代语音教学法。于是，课程从实验语音和音系学视角切入，试图突破教学中"轻语音""重感觉"的瓶颈，分析每位学生学习法语前已习得"南腔北调"的方言、普通话、英语及其他语言的音段及超音段特征对法语语音学习的影响，在教师主导、学生为主体的课堂基础上，辅以机器智能程序，制定个性化纠音，准确指出偏误类型和原因，在保障语音教学科学性、针对性的同时兼具科技感和趣味性，达到"鱼渔并授"、泛化学习的目标。

1.6 课程资源

1.6.1 教材与主要参考书目

《你好！法语1》（外语教学与研究出版社，2024年），《习近平谈治国理政》（第四卷）（外文出版社，2022年），《法语1修订版》（外语教学与研究出版社，2007年），《法语发音与纠音》（北京大学出版社，2000年）。

1.6.2 多媒体软件

Praat声学分析软件：学生可通过软件录制或导入音频并分析声谱，也可使用语音训练包进行听辨实验并导出数据。

2. 示例一：法语元音的前世今生

2.1 基本内容

本教案对应"元音与辅音"板块第一讲，授课时间为50分钟。本课主要教学内容为法语元音的定义、特点和意义。通过结合理论和声谱图，明确元音基频、共振峰、"高顶出位"、国际音标等概念，掌握法语元音发音要素，并了解汉法元音的发音异同和演化规律。

2.2 教学目标

本节课通过教授语音学基本知识、法语元音音素和中法元音对比等相关知识，达成以下三个目标。

2.2.1 知识目标

系统了解语音学的科学性和实用性，知晓中外语音学史发展进程及语音学的研究成果，明确发音的生理基础，掌握法语元音发音的定义、特点及生理上对应的发音位置及类别维度，充分认识到语音学和人种学、生物学、地理学的密切关联，感悟现代语音科学的价值及意义。

2.2.2 能力目标

在跨文化视域下理解汉藏语系和印欧语系的异同，以及汉语和法语发音演化的不同方式，辩证客观地看待不同语音模式在人类社会生活中所起到的作用，理解语音学在推动自然科学发展和人文艺术学科的重要作用。此外，通过对语音的比较，使学习者能够跳出自身语种的局限，以普遍的眼光，观察和学习人类丰富多样的语音及其规律，从而加深对自身母语和外语的认识，并提高实践能力。

2.2.3 素质目标

在学习法语的过程中初步感受中法语音差异带来的冲突，理解中国唐诗宋词、法语诗歌中通过元音的发音特性描绘的心理图景和情感色彩，在"各美其美"的震撼中感受不同语言"美美与共"的文化认同。并在此后的跨文化交流中，将中国语言文字和文化介绍给外国友人，搭建文化交流的桥梁，让语言在文化交流互鉴中焕发新的生命力。

2.3 教学分析

2.3.1 教学重点

语音学的研究方法、国际音标的由来及功能；法语元音的读音特点、元音定位以及运用声学软件辅助机器纠音的基础知识。

2.3.2 教学难点

从语音学视角切入，以跨语言习得模式和产出导向法为依据的语音教学对于学生来说可能比较陌生。因此教师需要通过简单易懂的方式讲解发音规则，做好发音示范，引导学生观察、感受、产出并分析实际发音。学生对 Praat 声学可视化分析软件的使用还存在技术和心理上的陌生感。因此，教师需在详细讲解软件操作的基础上，呈现其科学之处，以充分调动学生探索该软件的热情；同时指导学生在课下"小试牛刀"独立录入目标语音，通过可视化声谱图自查发音问题，科学解读个性化纠音反馈意见并进行改正。

2.3.3 教学策略

①引导启发。教师启迪学生探索发音的奥妙。比如，从《窈窕淑女》电影中希金斯教授对卖花女伊莉莎进行语音矫正的轶事引入纠音的重要性，用齐桓公与管仲密谋伐莒轶事中的语音元素鼓励学生从历时性角度思考元音演变，用"高速公路畅通无阻"的生活经历对应元音发音模式，用可视化声波让发声过程变得清晰生动。②实验展示。教师引导学生通过图例、镜子成像等方式观察

学生嘴型变化、感受肌肉发力位置；通过蜡烛吹气，气球爆破等简易空气动力学实验解释发音原理，多维促学。③机器辅助。学生在 Praat 软件录制目标音并生成声谱图，探讨发音细节，明确发音位置，循序渐进地开展个性化纠音。④课下跟进。学生利用小程序打卡、教师纠音反馈、同学互纠、早读跟进和机器纠音结合，获得教师反馈，巩固学习成果。

2.4 教学流程与内容

2.4.1 教学流程

以下是针对本节 50 分钟课程设计的流程图，具体上课可以根据进度和学生反应进行必要的调整。

表 2 "法语元音的前世今生"教学流程

教学形式	教学设计	时长
观察导入	电影《窈窕淑女》中的卖花女发音存在哪些问题？ 语音学究竟研究什么？	5 分钟
案例讨论	齐桓公和管仲密谋伐莒的例子反映了元音的哪些特点？ 先有语音学家这只鸡还是语音学这枚蛋？	10 分钟
互动学习	如何精确定义法语元音？ 法语元音和辅音有什么区别？	15 分钟
智能助学	Praat 声谱图展示哪些声学要素？ 如何进行声学测量并定位元音？ 法语元音频率和发音位置有什么关联？	15 分钟
探究学习	思考：汉法音系中的元音有什么异同？ 总结：守正创新，文化自信，科学纠音，字正腔圆。	5 分钟

2.4.2 教学安排（1 课时）

表 3 "法语元音的前世今生"教学安排

教学环节	教学手段	具体设计	教学目的	时长
话题引入	启发教学	引导学生讨论预习视频《窈窕淑女》中奥黛丽·赫本饰演的卖花女接受纠音前后的区别，引出语音纯正的重要性和纠音的科学性。 提出问题："全世界语言的元音一致吗？"以此讲述国际音标的创立者法国人保罗·帕西（Paul Passy）的事迹，以及中国语音学家刘半农、赵元任等对推动中国语音事业的卓越贡献。	了解本课位置 互鉴中法文化 激发学习兴趣 明确学习目标	5 分钟

教学环节	教学手段	具体设计	教学目的	时长
深入展开	教师讲解 学生讨论	教师让学生结合自身所学语言背景，大胆预测法语读音。 教师讲述齐桓公与管仲密谋伐莒但因嘴型被识破的语音故事和古诗韵尾的变化表达不同情感的故事。 最后，教师讲解元音音素相关概念。	教师积极促学 学生自我探索 了解发音特点 尝试总结规律	10分钟
字母学习	教师讲解 学生模仿	教师通过嘴部肌肉变化展示法语基本元音的发音方式，并让学生对着镜子或同桌互助模仿发音，听辨读音差别。 教师利用日常物品做空气动力学实验让学生感受送气、声带振动等特点。 教师讲解元音的演化过程。	多模深入浅出 实例加深理解 理性深化认知 感性促进听辨	15分钟
发音练习	互动练习	教师给出挑战任务，比如模拟游泳憋气和声乐练唱时发元音。 学生通过嘴型图竞猜元音，并根据开合度、圆扁唇和收缩点在梯形图上定位元音并与辅音比较。	互动激发兴趣 讲练夯实细节 科研激发探索	15分钟
本课总结	教师总结 学生讨论	教师总结元音发音特点，介绍元音前沿研究成果。 教师简要介绍 Praat 声学软件的基本功能，鼓励学生分享学习心得和课堂体验。 引导学生思考中法元音发音异同。 鼓励学生认识到现代语音科学蕴藏的无穷智慧及其价值，并体悟不同语言的各美其美，美美与共。	总结梳理结构 反馈优化内容 沟通了解学情 思辨深化价值	5分钟

2.4.3 板书设计

在讲授元音发音特点时设计板书，能够帮助学生聚焦本课重点，深化记忆，形成结构性的知识。

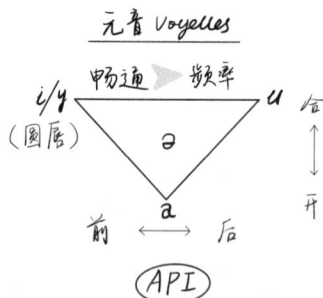

2.4.4 预习任务与课后作业

课前学生填写在线问卷，以便教师了解学生语言习得情况和对法语的初步认识。此外，教师鼓励学生观看《窈窕淑女》视频中的纠音片段，对语音学习产生好奇，形成初步感性认识。

课后针对性引入"机器辅助、教师促成"的教学模式，通过微信小程序读音打卡和 Praat 声学可视化软件录制目标音并简要分析声谱，检测学生学习成果，达到泛化学习的目标。

2.5 教学评价

教师采用课上即时评价（问答、朗读、模仿等）和课下延时评价（机器训练、可视化数据解读、小程序语音打卡和反馈等），双管齐下，积极促成产出，并监督产出质量。此外，教师通过多媒体平台的小程序，针对本课元音的授课方式和内容设计评价问卷，邀请学生反馈，了解他们的课堂感受和接触机器辅助纠音软件的初步感受，并根据反馈意见，调整下节课的难度和授课方式，撰写教学反思日志。

3. 示例二：法语清浊音的前世今生

3.1 基本内容

本教案对应"元音与辅音"板块第四讲，授课时间为 50 分钟。本课主要教学内容为法语清浊辅音的定义、分类和发音难点。通过多模态教学方式，分辨清浊音发音生理基础、声带振动机制、声谱图表现形式的异同，掌握声带振动时间、浊化率等声学概念，并通过中古汉语、现代吴语方言和法语对比，梳理清浊对立的演化规律，并在多语背景下探究习得中的迁移模式。

3.2 教学目标

本节课通过教授法语"音位 – 语音"维度的清浊对立、汉语方言浊音表现等相关知识，达成以下三个目标。

3.2.1 知识目标

系统了解语音中清浊对立的演变路径，及其在爆破、摩擦等不同发音模式下的表现形式，掌握清浊塞音的声谱图、国际音标含义、并明确法语音素和汉语拼音间的对应关系。此外，通过二语习得模式预测听辨和产出过程中母语对法语语音习得的迁移影响。

3.2.2 能力目标

在跨文化视域和二语习得视域下探究发音偏误和语音、文字和感知的关联性，理解"音位筛子"在二语语音习得中的影响，避免在与对象国成员交流时出现"面包 /pɛ̃/""洗澡 /bɛ̃/"分不清,"温柔 /du/""全部 /tu/"道不明的窘迫。深入理解此类问题产生的根源,并从社会语言学角度规避类似问题。

3.2.3 素质目标

在学习法语的过程中理解语音学习的严密逻辑,通过观察和掌握丰富的语音及其规律,理解中法悠久的语音学研究在推动自然科学和人文艺术学科的重要作用,正视中法语音差异带来的冲突并思考解决方案,深刻体悟历时背景下多语语音系统的殊途同归和同频共振,在"各美其美"的震撼中感受不同语言"美美与共"的文化认同。并在之后和对象国成员沟通时成为汉语和中国文化的传播者,搭建文化互通的桥梁,让语言在文化交流互鉴中焕发新的生命力。

3.3 教学分析

3.3.1 教学重点

法语和中文清浊塞音的发音机制及历史演变。两种语言中清浊演化路径的梳理和比较。

3.3.2 教学难点

①在之前几节课的基础上,本课聚焦不同语音环境下的法语清浊塞音辨析。这就要求学生聚精会神地通过一系列听辨测试和互动问答对清浊概念、中法塞音的发音方式进行多维思考,加深感性和理性认识。因此,教师需要在课堂上把控测试节奏,并增加趣味性,以免学生疲乏懈怠。②使用 Praat 声学分析软件机器纠音辅助语音学习,系统理解声波形成的"浊音条",直观感受声带振动的声谱图,要求学生熟练掌握软件的基本功能。鉴于此,教师需善于发现学生使用的不当之处,予以指导并鼓励学生探索科学纠音的更多可能,最终达到泛化学习的目标。

3.3.3 教学策略

①引导启发。教师启迪学生探索发音的奥妙。比如,通过介绍陆法言及《切韵》引出中古汉语中保留的古代清浊音,并引导学生将其与法语清浊音做对比,理解汉语中声调和清浊的协同关系,并理解非声调语言法语的清浊发音特点。②实验展示。教师引导学生进行清浊音听辨、识别和产出实验,计算识别错误比例,总结偏误类型,并引导学生给出纠音方案。③机器辅助。学生录

制目标音并生成声谱图，观察"浊音条"，还原发音过程，交互听辨测试，智能高效促学。④课下跟进。学生利用小程序打卡、教师纠音反馈、同学互纠、早读跟进和机器纠音结合，获得教师反馈，巩固学习成果。

3.4 教学流程与内容

3.4.1 教学流程

以下是针对本节 50 分钟课程设计的流程图，具体上课可以根据进度和学生反应进行必要的调整。

表 4 "法语清浊音的前世今生"教学流程

教学形式	教学设计	时长
温故知新	系统检测已学音素和单词的读音准确性。 师生反馈并分析读音偏误类型，制定正音策略。	5 分钟
观察导入	"败""倒""该"在不同方言中怎么发音？ "清""浊"描绘的听感是什么？	5 分钟
深入展开	法语清浊音的发音机制是什么？ 汉法中清和浊语音含义一致吗？	15 分钟
智能助学	Praat 声学软件如何设计清浊测试？ Praat 如何呈现"浊音条"？	听辨 10 分钟 产出 10 分钟
探究学习	思考：汉法音系中的清浊有什么异同？如何习得浊音？ 总结：守正创新，字正腔圆，文化自信，深入交流。	5 分钟

3.4.2 教学安排（1 课时）

表 5 "法语清浊音的前世今生"教学安排

教学环节	教学手段	具体设计	教学目的	时长
复习	学生产出 师生点评	学生依次背诵所有法语字母和已学单词，其他人反馈后教师汇总，指出偏误类型，提出个性化纠音策略。	检验复习成效 互评简便高效 听辨促成产出	5 分钟
主题导入	启发教学	教师用《切韵》中"吴楚清浅，燕赵重浊"的记载引导学生思考清浊概念；用"礼物 /kado/""蛋糕 /gato/"的发音笑话引导学生重视清浊音区别。 学生根据预习任务，朗读方言中清浊对立单词，并描述发音过程。	了解本课位置 实例生动促学 引导文化互鉴 聚焦学习目标	5 分钟
深入展开	教师讲解 学生模仿	教师播放吴方言区中包含 b、p、d、t、g、k 字母的单词发音，引导学生比较它们和法语发音的异同。 教师引导学生找出汉语中浊音和声调的关系，并比较中法清浊的特点。 教师结合声谱图讲解法语"浊音条"，并分析其成因。	多模深入浅出 实验深化理解 机器辅助提效 智能课堂促学	15 分钟

教学环节	教学手段	具体设计	教学目的	时长
听辨训练	教师辅导 学生练习 集体讨论	教师引导学生运用听辨程序辨音并即时反馈； 学生结合 Praat 声谱图 /b//d//g/ 分析语音包中"浊音条"成像。 教师引导学生通过触摸喉咙感受浊辅音振动的频率和强度等，慢慢形成肌肉记忆。	多模全链促学 机器辅助智教 实操针对讲练 科学辅助理解	10分钟
产出训练	教师辅导 学生练习 集体讨论	教师邀请学生根据屏幕提示录制目标音（词汇），聚焦"清浊对立"特点，并引导其他学生根据听感给出反馈意见。 教师邀请学生"小试牛刀"，从 Praat 软件中生成声谱图，并解析实际发音中的"浊音条"成像特点。 教师引导学生思考普通话、方言和法语中清浊音的联系和差异。	活动趣味促学 讲练夯实细节 多语深化对比 科研助力教学	10分钟
总结	教师总结 学生讨论	教师总结清浊辅音的发音规则，鼓励学生分享机器纠音的感受。 引导学生课下运用软件录音，并诠释声谱图的重要信息。	总结梳理结构 反馈优化内容 沟通了解学情 思辨深化价值	5分钟

3.4.3 板书设计

在讲授法语清浊对立时设计板书，能够帮助学生聚焦本课重点，深化记忆，形成结构性的知识。

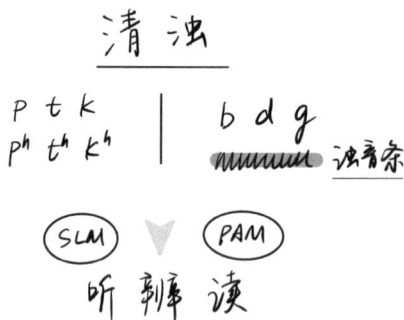

3.4.4 预习任务与课后作业

课前学生列出自己方言中声母包含 b、p、d、t、g、k 的单字，并将目标字放在词头和词中分别组词并朗读，感受读音异同。此外，学生试着读出法语音素 /b//p//d//t//g//k/，并写出包含六个目标音素的单词。

课后针对性引入"机器辅助、教师促成"的教学模式，通过微信小程序读音打卡和 Praat 声学可视化软件录制目标音并简要分析声谱，检测学生学习成果，达到泛化学习的目标。

3.5 教学评价

教师采用课上即时评价（问答、朗读、模仿等）和课下延时评价（机器训练、可视化数据解读、小程序语音打卡和反馈等），双管齐下，积极促成产出，并监督产出质量。此外，教师通过多媒体平台的小程序，针对本课清浊音的授课方式和内容设计评价问卷，邀请学生反馈，了解他们的课堂感受和接触机器辅助纠音软件的感受，并根据反馈意见，调整下节课的难度和授课方式，撰写教学反思日志。

4. 示例三：法语拼读的前世今生

4.1 基本内容

本教案对应"拼读和音节"板块第一讲，授课时间为 50 分钟。本课主要教学内容为法语的自然拼读规则、辅音群发音机制以及拼读中特殊的音变现象。通过多模态教学方式，明晰法语中的音节概念，了解辅元及辅辅组合的发音特点，并将其与中国古人的"反切"拼读法做对比，从历时和共时语言学的角度感悟不同语言演化的规律及语音学家的不懈探索。

4.2 教学目标

本节课通过教授法语自然拼读规则及中文拼读策略等相关知识，达成以下三个目标。

4.2.1 知识目标

在巩固辅音和元音的发音基础上，学习法语的自然拼读规则，介绍《韵书》及"反切"拼读法，并与法语拼读策略进行对比。了解辅音和高位元音 /i/ 拼读时"高顶出位"现象，清浊带音规律，笑肌（苹果肌）对拼读发音的影响，并了解语音和人种、地域的关联性。

4.2.2 能力目标

在跨文化视域和社会语言学视域下理解语言背后的潜在规律。理解人种、社会、气候等各类因素对语言形成的影响，理解"感知－产出"维度中二语语音习得的迁移效应，深入理解因语音问题产生多语交流中的误会，并从语音学和社会语言学角度寻找解决问题的有效策略。

4.2.3 素质目标

理解语言学习的严密逻辑，领悟字正腔圆对讲好中国故事的重要意义。通过对比普通话、方言和法语拼读特点，深刻感受方言和民族语言在文化根的层次上的存古作用，国家通用语言在国家和整个大华语圈的认同作用，外语在传递中国声音上的信使作用，从而深刻体悟多语语音系统的殊途同归和同频共振，在"各美其美"的震撼中感受不同语言"美美与共"的文化认同。并在之后和对象国成员沟通时成为汉语和中国文化的传播者，搭建文化交流的桥梁，讲好中国故事。

4.3 教学分析

4.3.1 教学重点

法语辅元及辅辅组合的拼读规则。汉语和法语的拼读策略对比及法语习得过程中的偏误类型分析。

4.3.2 教学难点

①拼读过程中，针对"高顶出位""清浊对立""辅音群""央元音"等现象以及其背后的语音和人种、气候的相关性分析，牵涉物理学、地理学知识。此部分需要教师深入讲解。②利用 Praat 声学可视化分析软件辅助语音学习，需要借助对基频、气声、添音等声学现象的准确理解，综合性强，这就要求教师有针对性地给予技术和理论指导，并督促学生认真复习之前课程的知识点，为之后的实操练习做准备。

4.3.3 教学策略

针对以上重难点，本教学设计拟采用以下策略进行教学：①引导启发。教师通过问题引导学生思考"古人在没有录音设备的情况人怎么记录发音？"这一问题，从而引出《切韵》和反切法；通过对比北方人嗓音粗犷，南方人嘎裂声频繁等现象引导学生思考地域、气候对语音的影响。②实验展示。运用适当教具让学生参与其中展示发音过程。比如，运用纸张、拼图等文具搭建简易实验，理解自然拼读规则和辅音群发音时长分配；运用吹纸巾、吹蜡烛的方式感受高位元音 /i/ 的"高顶出位"现象。③机器辅助。学生运用 Praat 语音分析软件和语料包录制声音并绘制声谱图，探讨拼读规律，还原发音过程，并进行交互听辨测试。④课下跟进。学生利用小程序打卡、教师纠音反馈、同学互纠、早读跟进和机器纠音结合，获得教师反馈，巩固学习成果。

4.4 教学流程与内容

4.4.1 教学流程

以下是针对本节 50 分钟课程设计的流程图，具体上课可以根据进度和学生反应进行必要的调整。

表 6 "法语拼读的前世今生"教学流程

教学形式	教学设计	时长
温故知新	系统检测已学音素和单词的读音准确性。师生反馈并分析读音偏误类型，制定正音策略。	5 分钟
观察导入	古代没有录音设备，如何记音？ 汉语"反切"和法语拼读法有什么异同？	5 分钟
深入展开	法语"辅音 + 元音"的拼读规则是什么？ 法语"辅音 + 辅音"的拼读规则是什么？	15 分钟
智能助学	Praat 声学软件如何设计拼读测试？ Praat 如何协同二语习得纠音？	听辨 10 分钟 产出 10 分钟
探究学习	思考：汉法音系中的拼读有什么异同？如何看待口音问题？ 总结：守正创新，字正腔圆，文化自信，深入交流。	5 分钟

4.4.2 教学安排（1 课时）

表 7 "法语拼读的前世今生"教学安排

教学环节	教学手段	具体设计	教学目的	时长
复习	学生产出 师生点评	每位学生根据图片说出对应法语缩略词，并用法语拼写自己的名字。随后教师和其他学生进行点评和个性化纠音建议。	检验复习成效 互评简便高效 蓄能新知学习	5 分钟
主题导入	启发教学	教师提出问题："中国古代人们没有语音设备和拼音，如何记音？"引导学生展开讨论。 教师介绍《韵书》和反切法，并对比引出法语的拼读法。	了解本课位置 问题生动促学 引导文化互鉴 聚焦学习目标	5 分钟
深入展开	教师讲解 学生模仿	教师讲解辅音 + 元音组合，让学生结合学习拼音的经验模拟法语发音。 教师讲解辅音 + 辅音组合，利用拼图直观展示双辅音时间分配，并解释气化性、辅音 +/i/"高顶出位"等难点。 教师引导学生深入思考发音与人种、气候、地理环境的关联。	多模深入浅出 中法语言互鉴 跨科盘活思维 教具生动促学	15 分钟

教学环节	教学手段	具体设计	教学目的	时长
听辨训练	教师辅导 学生练习 集体讨论	教师引导学生运用听辨程序辨音并导出结果，进行简单量化分析并解释听辨结果产生的原因。 学生总结错误原因并进行对应的声谱图分析。 教师讲解声谱图上和声学相关的概念，激发学生进行相关讨论，并进行进一步的发声练习。	实验深化理解 机器辅助提效 智能课堂促学	10分钟
产出训练	教师辅导 学生练习 集体讨论	教师邀请学生录制辅音群和清浊音。 教师导出声谱图，让学生结合图像分析发音特点并针对偏误给出纠音方案。 教师针对辅音群发音过程中添加"央元音"的现象，鼓励学生解释原因并介绍前沿研究成果。 对于清浊现象，鼓励学生解析声谱图"浊音条"的特点。	多模全链促学 机器激活产出 实操增强记忆 科学巩固新知	10分钟
总结	教师总结 学生讨论	教师系统总结法语各音素和拼读规则，并对比中法语音上的不同。 引导学生课下运用软件完成辅元、辅辅结构下单词的语音录制并导出声谱图，运用所学语音学知识分析自己的发音特点，归纳发音偏误类型。	总结梳理结构 反馈优化内容 沟通了解学情 思辨深化价值	5分钟

4.4.3 板书设计

在讲授法语拼读时设计板书，能够帮助学生聚焦本课重点，深化记忆，形成结构性的知识。

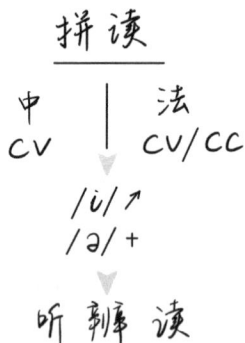

$$
\begin{array}{c}
\underline{\text{拼读}} \\[4pt]
\text{中} \quad | \quad \text{法} \\
CV \quad\quad CV/CC \\[4pt]
/i/ \nearrow \\
/\partial/ + \\[4pt]
\downarrow \\
\text{听 辨 读}
\end{array}
$$

4.4.4 预习任务与课后作业

课前学生根据教师给出的材料录制以下三组音，并着重感受辅元组合和辅辅组合中第一个辅音的发音特点：

baba,dada,gaga,papa,tata,kaka.

bba,dda,gga,ppa,tta,kka.

bla,dla,gla,pla,tla,kla.

课后针对性引入"机器辅助、教师促成"的教学模式，通过微信小程序读音打卡和 Praat 声学可视化软件录制目标音并简要分析声谱，检测学生学习成果，达到泛化学习的目标。

4.5 教学评价

教师采用课上即时评价（问答、朗读、模仿等）和课下延时评价（机器训练、可视化数据解读、小程序语音打卡和反馈等），双管齐下，积极促成产出，并监督产出质量。此外，教师通过多媒体平台的小程序，针对本课拼读规则的授课方式和内容设计评价问卷，邀请学生反馈，了解他们的课堂感受和机器辅助纠音软件的使用感受，并根据反馈意见，调整下节课的难度和授课方式，撰写教学反思日志。

参考文献

胡峰，2020. 外语教学法的"后方法"时代视域下的德语教学 [J]. 教育教学论坛（6）：327-329.

教育部高等学校外国语言文学类专业教学指导委员会，2022. 普通高等学校本科外国语言文学类专业教学指南 [M]. 北京：外语教学与研究出版社.

孙有中，2020. 课程思政视角下的高校外语教材设计 [J]. 外语电化教育（6）：46-51.

杨鑫，2021. 英语辩论课 PBL 教学模式研究——问题－思辨－探究路径 [J]. 外语学刊（3）：70-74.

朱晓农，焦磊，2013. 教我如何不想她——语音的故事 [M]. 北京：商务印书馆.

德语综合课（4）[1]

孙嘉惠[2]

1. 课程概述

1.1 课程基本信息

课程名称：德语综合课（4）

总学时数：144 学时

课程班型：小班教学（24 人）

课程对象：本科二年级

适用专业：德语专业

使用教材：《当代大学德语》（第 3 册、第 4 册）

1.2 课程简介

本课程为德语专业基础阶段的专业必修课，授课语言以德语为主，在必要时使用汉语辅助讲解。学生通过系统的课程学习，巩固现有知识基础，并进一步掌握德语词汇、语法及表达形式（约为欧标 B2 ～ C1 水平）。同时，学生能够借助学习资料开阔眼界，更高效地从听力、阅读材料中快速、准确地获取信息，提高语言的综合运用能力。课程力求摒弃"哑巴外语"，全面提升德语口头表达和书面表达水平，增强学生的思考和分析能力，使其表达内容更丰富、逻辑更清晰。

根据《普通高等学校本课德语专业教学指南》的要求，本课程教学致力

---

1 北京外国语大学本科教育教学改革与研究项目资助。

2 孙嘉惠，北京外国语大学德语学院讲师，研究方向为德语教学、德国政治、德国外交。

于综合培养学生对德语语言的运用能力、中德之间的跨文化交际能力、语言自主学习能力、思辨与创新及团队协作能力。旨在通过润物无声的教学过程，培养学生正确的世界观、人生观和价值观，使其成为具备专业本领、家国情怀及国际视野的复合型高素质人才。课程侧重将语法知识的传授融入语言技能的训练中，循序渐进地让学生掌握各种生活场景及工作学习实践中的跨文化交际内容，力图将立德树人贯穿教学过程的始终，引导学生将所学知识和技能转化为内在德行和素养。

1.3 教学理念

结合本课程的特点与教学目标，本课程的教学设计基于以下教学理念。

1.3.1 在外语教学中进行课程思政

在外语专业课中运用课程思政的教学理念，既是实现育人目标的重要途径，也是教学改革的大势所趋。外语课程包含大量有关对象国文化以及世界多元文化的信息输入，为跨文化比较与反思提供了丰富的资源，因此在其中进行课程思政具有得天独厚的优势。"当外语教学从跨文化视角展开，外语学习便成为培养人文素质、价值取向、国际视野、文化自信乃至人类命运共同体意识的课程思政过程。"（孙有中，2020）因此，本课程力图在完成传统的外语教学目标同时探索挖掘课程内容的深层价值，以实现"立德树人"的育人目标；在对对象国概况知识进行介绍的同时，有意引导并激发外语专业学生对中国现实发展情况的分析与思考，同时培养学生用对象国语言来"讲好中国故事"的意识与能力。

1.3.2 "内容语言融合"（CLI）教育理念

在内容依托式教学（CBI）基础上提出的本土化教育理念——内容语言融合（Content Language Integration，CLI）是"将外语用于教授或学习内容和语言，以达到多种目的的教育理念"（常俊跃，等，2020），其核心是内容与语言在教育教学中的有机融合，不只关注语言教学及语言技能，更是超越语言教学，触及学生知识结构的构建及能力素质的培养，体现了语言教育的整体观。遵循这一教学理念的教学实践具有以下特征：以语言为媒介，基于有意义的内容进行教与学；语言教学和内容教学的动态侧重；教学活动多样性；教学测评多维性；课堂互动双向性；母语使用灵活性等。

1.3.3 借鉴基于问题式学习（PBL）的教学模式

深受建构主义影响的基于问题学习（Problem-Based Learning，PBL）是一种强调"问题驱动"的教学理念，重视问题在学习中的作用，主张学生是学习的中心和主体，课堂应创造条件让学生通过合作积极参与分析问题，回顾已有知识，鉴别相关事实，在此基础上建构新知识从而解决特定问题。（支永碧，2009）

2. 示例一：人工智能与人类未来

2.1 教学目标

本教学设计为《当代大学德语》（第 3 册）第 8 课"未来会怎样"（Mal sehen, was werden wird）中的 1 课时。整个单元共 10 课时，教学内容包含三个版块：①课文 1、词汇 1 与语法点 1。②课文 2 与词汇 2。③课文 3、语法点 2 与语法点 3。本课时为第 8 学时，涉及的内容为巩固练习语法点 1 及讨论课文 3，其教学目标是培养学生在以下三个层面的素质与能力。

2.1.1 知识目标层面

练习德语中的"第一将来时"（Futur Ⅰ），系统总结和比较动词 werden 的不同用法；能用本单元所学词汇、"第一将来时"及课文中所学到的表达讨论关于未来的预测、计划、打算等；了解德语辩论的简单形式及流程，能根据教师提供的材料加工论据，并简单用德语进行辩论。

2.1.2 能力目标层面

结合对过去与现实的观察，对未来社会发展的趋势有所了解与思考；能就"人工智能与人类未来"这一话题进行多层次、多角度的思考；能够整合思考内容，对其进行有逻辑、有深度、思路清晰的阐述。

2.1.3 素质目标层面

引导学生深入思考未来社会的发展以及人工智能这一热门话题对未来可能产生的影响与作用；通过小组协作、互动参与、有针对性的准备从而解决问题，克服口头表达时的恐惧心理；培养自主学习和跨文化交际的能力，增强其通过交流沟通及互相合作来解决问题的意识；锻炼提取要点、梳理观点、形成论点、选择论据及展开辩论等思辨能力。

2.2 学情分析

本课程授课对象为德语专业的二年级本科生，具有以下几方面的特点。

2.2.1 知识基础

学生此时已完成大约 680 学时的德语学习，词汇量在 2500 词左右。经过前三个学期的学习，学生已掌握最基础的德语表达，养成了良好的语言学习习惯，对进一步学习更高级德语知识的意愿强烈。班级学习氛围浓厚，学生态度认真。本单元的主题为"未来"，主要语法知识为德语中的"将来时"及对重要动词 werden 的用法总结，词汇为表示对未来的预测、想象的动词及有关未来的预言、科学研究等相关主题的名词。在本单元的之前课时中，学生已对"将来时"这一时态的使用场景及结构有所了解，仍待通过练习巩固加强。

2.2.2 能力水平

不同于初高中、甚至小学时就接触到英语学习，本班学生绝大多数从本科起刚刚接触德语。作为零起点的成年外语学习者，学生在外语学习中普遍面临认知水平与语言能力不匹配的矛盾，即想表达的思想比其能够表达出的内容要复杂。与此同时，大部分学生仍未摆脱传统的应试型外语学习方式影响，在口头表达意愿和能力方面稍显欠缺，敢于大胆尝试的学生相对较少。

2.2.3 思维特点

二年级下学期是德语专业承上启下的阶段，学生语言学习的基础阶段即将结束，大三将迎来专业方向课的学习。而在学生德语水平逐渐得到提高的同时，外语专业常常面临"思辨缺席"的质疑。因此，在全面提高语言水平的同时培养外语专业学生的思辨能力显得尤其必要、迫切，而将这种思考的过程进行逻辑清晰地口头或书面表达，也是教学亟须解决的重点问题。

2.3 教学内容

本学时教学旨在将语法学习、重点词的词义辨析与主题讨论有机结合，在不同环节之间建立逐步深入、层层递进的过渡；引导学生深入开展对"未来"这一主题的思考，正确使用"第一将来时"表示对未来的计划、预测等；在循序渐进的学习过程中锻炼学生全面思考、逻辑清晰地表达观点的能力。

2.3.1 教学重点

练习并巩固本单元之前课时中所学到的"第一将来时"。本单元新学的作为第一将来时助动词的用法本身难度不大，但应加强巩固帮助学生习惯这一时态的使用。

总结和区分动词 werden 的三类用法（实义动词、构成被动式的助动词、构成将来式的助动词）。通过练习的设计，使学生能在具体的语境中辨析三种不同的用法。

结合之前课时学到的词汇与表达形式，就"人工智能与人类未来"这一主题展开讨论。引导学生对这一问题的深入思考，帮助其树立科学清晰的判断、积极审慎面向未来的态度，是本课深层的教学目标所在。

2.3.2 教学难点及对策思路

如何让学生区分 werden 的不同用法，并将语法学习与词汇巩固相结合。学生此前已经学过 werden 作为实义动词及被动式助动词的用法，教师将提供与"未来"这一主题相关的语言材料（包含 werden 的不同功能），让学生进行自主辨析并总结其用法。这一环节产出的句子也可为下一环节进行铺垫，降低准备难度。

如何引导学生在练习语言表达的同时深入思考"人工智能与人类未来"，树立科学合理的态度。人工智能几乎意味着新一轮的技术革命，它将如何影响人类的未来？从 AlphaGo 的一鸣惊人到 ChatGPT 的横空出世，身处人工智能迅速成长与发展过程中的我们应对其持怎样的态度？于是，本教学课时设计了准备和组织辩论的形式。

如何层层深入引导学生为开展辩论进行准备。德语专业的大二学生已具备成年人的思维能力，能够循序渐进就复杂话题进行思考并权衡利弊。大一时学生简单接触过德语辩论并有所尝试，对于形式本身不算陌生。然而，如何能通过这种形式层层深入引发学生对于"金钱与幸福的关系"这一永恒的话题展开深入、多角度的思考？如何运用刚刚掌握的词汇表达自己的想法？如何高效整理论点，理顺逻辑，表达观点？这些恰是难点所在。对此，本课设计了以下几个环环相扣的步骤：①小组讨论，观察图片＋回答提示问题，进行判断（这是支持正方还是反方观点的论据？），并简单总结。②教师启发、小组协作寻找支持己方观点的论据、例子与驳斥对方观点的问题与反例。③选出代表进行辩论。④观众评价，教师总结。

2.4 教学方法

2.4.1 教师启发，引导学生自主探索

在语法学习环节充分发挥学生的主观能动性。教师提供包含 werden 多种用法、与本课主题相关的语言材料，引导学生观察对比，自己总结其不同用法与要点，加深印象，增强学习探索的成就感。

2.4.2 集体合作与小组分工

采取课前作业的形式可激励学生主动查阅信息、提前准备的同时又留有悬念；提炼卡片信息时通过小组讨论可集思广益互相补充；在准备环节将学生分成两组，从而合理分工提高效率、降低任务难度；每个观点方内推选出 2 名学生代表进行辩论，避免参与人数过多影响效果。（每学期每位同学都至少有一次作为小组代表发言的机会）

2.4.3 观众观察进行评价

所有不参与辩论的同学有观察和记录辩论过程的任务，并有针对性地进行总结评价，不仅可以保障所有同学的参与度，也使其从这一任务中换位思考、互相学习。

2.5 教学安排

2.5.1 教学步骤

教学环节	手段与媒体	具体设计	教学目的	时长
上节回顾	单元结构图、PPT	回顾本单元结构，简要总结已学过的内容。	回忆所学知识了解本课内容明确学习目标	2分钟
热身环节	师生互动、PPT	教师提供包含 werden 三种不同用法的语言材料（关于未来与人工智能），学生观察对比，判断其不同用法与语法特点。教师讲解（不同颜色标记 werden 的不同用法），学生翻译带有将来时的句子。	提供主题相关语料语法辨析强化对比句子翻译进行铺垫降低之后练习难度	6分钟

教学环节	手段与媒体	具体设计	教学目的	时长
主题导入 深入主题	PPT、视频	根据课文内容提问，引导学生结合自己的认知和经历，思考"与 AI 共存"的含义。 学生根据提示观看（关于 ChatGPT）的德语新闻视频并回答问题，（不要求全部听懂，仅要求了解大意），引出"ChatGPT 引发关于人类未来的担忧"这一主题。	图片唤起已有认知 头脑风暴激发思考 真实音频练习听力 锻炼提取关键信息 深入主题提出问题	5 分钟
过渡环节	PPT、流程图	教师提问"人工智能是否会让未来更美好？"预告辩论流程，提示学生需准备论据、例子、问题等，从而形成辩词。	预习材料启发思路 辩论形式促成讨论	2 分钟
讨论准备	ABCD 四张卡片	教师提示各小组用德语讨论卡片内容，判断其支持正方还是反方立场。	提取关键信息 学习德语表达 准备下一环节	7 分钟
展开环节	PPT、板书	各组派一名代表用德语简单描述和解释内容卡片及判断立场；教师补充，通过提示引导学生提炼论据与观点，同时在黑板上写出关键词，作为对下一环节的提示。 卡片 A（正方）：人工智能在各领域的广泛应用可以提高效率，简化人类劳动，让生活更便捷。教师提问学生除图片上信息还有哪些例子。 卡片 B（反方）：学生根据图片解释"Automation is blind to the color of your collar"这句英文的含义，学生能够想到人工智能可能会取代人类劳动，进而造成广泛的失业。 卡片 C（正方）：根据提示，通过查阅学生可知漫画展示的是卢德运动，即第一次工业革命前期工人为抗议而组织的砸毁机器行为。而"新卢德主义"指当今因担心被机器取代而反对一切机械化、智能化的人类态度（负面概念）。学生可知人工智能或许会是促进生产力发展的新技术革命。 卡片 D（反方）：以 ChatGPT 为代表的人工智能存在"有智无慧"、制造虚假信息、无节制滥用等问题，其隐患大于贡献。	直接展开辩论对学生而言尚有难度，需层层深入地进行准备。	10 分钟

教学环节	手段与媒体	具体设计	教学目的	时长
准备环节	小组发言 PPT、板书、纸笔	AC 组合作代表正方，BD 组合作代表反方，整合并补充论据、问题、例子。（板书内容作为提示） 提示学生使用之前发过的语言模板。 各组选出 2 名代表，其余学生观察记录。	集思广益，梳理思路 形成论据，找到例子 提出问题，代表总结	5 分钟
深入环节	代表辩论 PPT、计时器	辩论赛按照如下流程进行： 1. 正方开场陈词（1.5 分钟） 2. 反方开场陈词（1.5 分钟） 3. 双方自由辩论（3 分钟） 4. 反方总结陈词（1.5 分钟） 5. 正方总结陈词（1.5 分钟） 除辩论队员和 1 位记录员外，其余学生成为评委，观察、记录和评价正方双方在论据质量、问题回应、恰当举例、语言质量几方面的表现。	代表辩论，观众记录 思维碰撞，促进表达 评委打分，问卷反馈	10 分钟
辩论小结		对辩论进行简单点评 布置作业：Protokoll（辩论记录）或小作文	给出学生拓展课堂所学内容拓展的可能性，布置相应的输出任务。	4 分钟
本课总结		思考人工智能所不能取代的人类价值，领悟以终身学习对抗未知带来的焦虑的必要性。	引发思考，帮助学生树立正确的人生观。	2 分钟

2.5.2 课后作业（二选一）

①请根据课堂笔记，用德语为今天的辩论撰写记录（Protokoll）。

②在今天的辩论之后，请以"是否应该禁止大学生使用 ChatGPT 完成作业"为话题，用德语撰写一篇 150～200 词的作文。

2.6 教学评价

即时评价与延时评价相结合：课上教师讲授的过程将会伴随师生互动提问，教师对提问后学生的回答进行即时反馈或纠正偏误；本课所学的内容将通过布置课后作业、翻译练习等形式得到巩固，教师对其进行书面评价及讲解。

3. 示例二：隐形冠军

3.1 教学目标

本教学设计为《当代大学德语》（第 4 册）第 8 课"经济与生态"（Ökonomie und Ökologie）中的 1 课时，教学目标为培养学生以下三个层面素质与能力。

3.1.1 认知层面

语言知识。继续学习与德国经济这一话题相关的德语词汇；用德语了解占德国企业绝大多数份额的中小企业发展情况与特点，并能用德语对其进行描述。

国情知识。了解作为德国企业发展主力的"隐形冠军"（Unbekannte Weltmarktführer）的概念及特点，引发学生思考。

3.1.2 能力层面

能够用德语理解德国的"隐形冠军"企业对德国经济的贡献及其特点；在此基础上，在教师引导下总结其成功因素，提高在学习对象国文化时的思辨意识与能力；培养透过现象看本质、总结归纳的思维能力与习惯，并学习用历史发展的眼光去观察分析事物。

3.1.3 态度层面

学习与感悟德国工业企业届脚踏实地、精益求精的工匠精神；联系德国"隐形冠军"企业的特质及成功原因，深入理解我国支持"专精特新"中小企业高质量发展的政策。

3.2 学情分析

本课程授课对象为德语专业二年级本科生，在本课教学时，其学习具有以下几方面特点。

3.2.1 知识基础

本科入学时德语零基础的学生在此时已完成大约 820 学时的学习，德语词汇量约为 3500 词；经过前三个学期的学习，学生已掌握最基础的德语表达，养成了良好的语言学习习惯。本单元的主题为经济与生态，主要语法知识为"名词化短语"的构成及名词化文体，词汇重点为关于经济领域及环保话题相关的专有词汇。在本单元之前的课时中，学生已学习了有关德国经济的基本概念及"德国制造"崛起的历史，对德国知名品牌较为了解，但对实际上占比超过 99% 的德国中小企业发展情况了解甚少。

3.2.2 能力水平

通过德语综合课（1）（2）（3）及二年级上学期的德语阅读、听力及说写课，学生对德国民众的日常生活及习惯已有基本了解，对其政治、经济、文化等各方面国情学习兴趣浓厚，但理解尚不够深入。因此，学生需要在强化语言训练的同时对这部分知识进行学习和掌握，否则将难以适应大三较为深入的专业理论知识学习。具体到本课而言，学生了解德国优势产业的概念表述，但是对于中小企业（Kleine und Mittlere Unternehmen）这一德国经济的主要贡献群体的具体情况了解有限。

3.2.3 思维特点

二年级下学期是德语专业承上启下的阶段，学生语言学习的基础阶段即将结束，大三将迎来专业方向课的学习。而在学生德语水平逐渐得到提高的同时，外语专业常常面临"思辨缺席"的质疑。因此，在全面提高语言水平的同时培养外语专业学生的思辨能力显得尤其必要、迫切，而将这种思考的过程进行逻辑清晰地口头或书面表达，也是教学亟须解决的重点问题。

3.3 教学内容

本单元（共 12 学时）的教学重点及难点为经济领域专业词汇的理解、记忆与运用，还有对国情知识的深入理解。截至本课前，学生已完成本单元约 1/3 内容的学习，本课时为整个单元的第 5 学时。本教学课时的主要教学内容为巩固与德国制造业发展相关的词汇，在了解"德国制造"崛起历史的基础上深入理解"隐形冠军"这一重要概念、对德国经济所发挥的重要作用及其成功因素。

3.3.1 教学重点

了解"隐形冠军"这一概念的来源及所指。"隐形冠军"（英语 Hidden Champions，德语 heimliche gewinner/unbekannte Weltmarktführer）指具有全球性或区域性市场领袖地位的中小型企业。它们的产品不易被察觉，且行事风格低调、社会知名度低，却是全球范围内各自细分领域最优秀的企业。根据这一概念的提出者赫尔曼－西蒙的定义，得此称谓的企业需满足三个标准：①位居同行业全球前三。②企业年营业额不超过 50 亿欧元。③品牌通常并不为最终消费者所熟知。

了解"隐形冠军"在德国的分布情况及其对德国经济的贡献。虽然大家对德国诸多知名品牌耳熟能详，但与大众所想象不同的是，德国经济的主体并非大型跨国公司，而是占比约为99.6%的中小企业（Kleine und Mittlere Unternehmen），他们为德国贡献了60%～70%出口总额。约1300余家、占全球46%的"隐形冠军"企业位于德国。

了解德国"隐形冠军"企业的特点及成功因素。首先，教师对这部分内容的讲解使用到学生刚刚学过的关于德国经济概况的基本概念（供给、需求、生产、消费、成本等）；其次，课件中的视频材料难度虽大，但借助影像素材及上下文，学生可较好地理解内容，然后根据中德文关键词进行德语句子输出的练习建立在学生对所学知识进行简单总结梳理的基础上，虽有难度但并非不可完成。

3.3.2 教学难点

如何将语言教学与全面深入进行对象国知识的教授相结合。本课程的特色之一在于国情知识与语言技能学习的结合与融入。除教师的讲解、师生互动以对词汇、句子等语言知识的巩固练习为载体之外，教师根据教学素材的内容与形式具体设计难度适宜的小练习，一方面可以使学生践行"在用中学"的学习理念；另一方面也可以保证其学习的投入程度与教学效果。

如何在进行知识教学的同时融入对跨文化力及思辨力的培养。对对象国国情和文化的探究不止于此，在核心问题得到回答后，继续启发学生对本国的现实问题进行思考：对德国"隐形冠军"企业背后的成功因素进行探索，有助于深入理解由我国工信部提出的"专精特新"中小企业高质量发展策略，引导学生思考中德发展所面临的共同点与不同点，有助于深入理解建成"中国式现代化"的意义及其挑战。在此基础上，学生可以逐步具备用对象国语言"讲好中国故事"的意识与能力。

3.4 教学方法

3.4.1 问题引导，层层深入

在引入环节结束后，教师提出"为何德国被称为'隐形冠军'之国？"这一核心问题，引发学生兴趣与思考。然后，教师从概念及标准位置优势、地缘挑战、欧盟支持者三个关键词展开分析。在此过程中，教师展示不同时期的欧洲或德国地图，并穿插问答、根据中德文关键词进行描述等小型练习任务，不断激发学生进行积极思考，根据现有认知水平进行合理推测、即时用德语进行信息加工与输出。

3.4.2 词汇入手、深入探索

基于本课语言基础课的性质及学生水平，本课的分析不可能依据严谨的经济学理论展开。因此，在第三环节对"隐形冠军"的成功之道进行分析时，选择了几个德语关键词汇和概念作为切入点，便于学生在理解掌握知识的同时引起深入探索的兴趣。

3.5 教学安排

3.5.1 教学流程

①导入。回顾单元结构，明确本课目标；复习所学、师生互动、提出问题——为何德国被称为"隐形冠军"之国？

②展开。

环节一："隐形冠军"的概念与标准；

环节二：德国"隐形冠军"企业的特点及贡献；

环节三：德国"隐形冠军"企业的成功之道。

③总结。本课所学的启示；拓展阅读与作业。

3.5.2 教学步骤

教学环节	手段与媒体	具体设计	教学目的	时长
上节回顾	展示单元结构PPT	回顾本单元前几课时内容，介绍本课学习目标。	了解本课在单元中所处阶段，激活已学知识。	2分钟
热身环节	师生互动PPT	上一课时已学"德国制造"的历史，让学生大致估计知名大型跨国企业对德国经济的贡献率，进而引出"隐形冠军"的概念与主题。	建立与已学知识的联系；颠覆直观印象，引起对本课主题的兴趣。	3分钟

教学环节	手段与媒体	具体设计	教学目的	时长
展开环节 1	概念解读 PPT 企业产品图片	"隐形冠军": 概念与标准 heimliche gewinner/unbekannte Weltmarktführer 等德语概念与对应的英语表述 Hidden Champions 对比理解, 由德国管理学家赫尔曼－西蒙于 1990 年提出, 指具有全球性或区域性市场领袖地位的中小型企业, 其行事风格低调、产品不易被察觉、社会知名度低。 需满足三个标准: 1. 位居同行业全球前三。2. 企业年营业额不超过 50 亿欧元。3. 品牌通常并不为最终消费者所熟知。	从语言和词汇入手, 根据合成词的构成形式逐步理解概念所指; 在此基础上介绍这一概念的提出学者、学术定义与标准; 借助例子、展示图片, 帮助学生充分理解满足这一标准的企业特点。	12 分钟
展开环节 2	关键词、图表 口头练习 辅助讲解	"隐形冠军"企业在德国的分布及贡献率 【小练习】展示图表及关键词, 学生用德语句子描述全球近一半的"隐形冠军"企业位于德国; "隐形冠军"企业不仅涵盖德国优势制造业的各个领域, 也包括服务企业; 德国中小企业 (Kleine und Mittlere Unternehmen) 占比约为 99.6% 的, 贡献了 60%~70% 的德国出口总额; 德国中小企业的规模。 【提问】为什么"隐形冠军"能够取得成功? 为什么是在德国?	学生自己观察图表、提取关键信息并输出德语句子。 引出下一环节。	10 分钟
展开环节 3	视频 PPT	"隐形冠军"企业的取胜之道 1. 追求"利基战略" (Nischenstrategie), 专攻狭小的细分市场, 并通过专门化把工作流程优化至最佳。 2. 德国特殊的"双元制" (Duales Syestem) 教育体系使技术类职业在全社会得到重视 (播放动画视频以材料简化理解)。 3. 与目标客户的密切联络 (enger Kundenkontakt)。 4. 持续不断的创新 (Innovationsfähigkeit)。 5. 员工工作的忠诚度 (Loyalität) 及"工匠精神" (Tüftlergeist)。 举例: 德语"职业" (Beruf) 一词的由来及与"天职" (berufen/Berufung) 的关系。	以词汇概念为核心, 通过对词的讲解加深学生对"隐形冠军"企业成功因素的理解, 锻炼其总结归纳能力。	15 分钟
总结拓展	教师讲解	学习和感悟脚踏实地、精益求精的工匠精神; 联系德国"隐形冠军"企业的特质及成功原因, 深入理解我国支持"专精特新"中小企业高质量发展的政策。	对象国现象和文化的探究不止于此, 培养学生进行跨文化思考的意识, 使其逐步具备用对象国语言"讲好中国故事"的能力。	5 分钟

教学环节	手段与媒体	具体设计	教学目的	时长
布置作业		思考："专精特新"的特点对应的德语翻译是什么？ 介绍中文拓展阅读资料及德语网站资源，小组合作制作一份以"隐形冠军之国"为主题的手抄报。	给出学生拓展课堂所学内容拓展的可能性，布置相应的输出任务。	3分钟

3.5.3 课后作业

①拓展阅读：中国网，《专访：中德合作前景极具潜力——访"隐形冠军"之父赫尔曼·西蒙》。

②每 6 人为一小组，合作制作一份以"隐形冠军之国"为主题的手抄报。

3.6 教学评价

3.6.1 即时评价与延时评价相结合

课上教师讲授的过程将会伴随师生互动提问，教师对提问后学生的回答进行即时反馈或纠正偏误；本课所学的内容将通过布置小作文的作业形式得到巩固，教师将对其进行书面评价及讲解。

3.6.2 教师评价与同学评价相结合

在较为开放性的课后作业中，学生不仅可以讲课堂所学内容应用于手抄报的制作过程，也可以借助拓展阅读材料及广泛的互联网信息资源，充分发挥主观能动性，在小组协作中进行德语的输出。在此后的课堂展示环节，邀请另外一组的同学来进行点评，学生可以从他组的作品中获得新知识、学到别人输出表达的正负经验，真正使课堂内容延续至课堂之外。

4. 示例三：名词化文体

4.1 教学目标

本教学设计为《当代大学德语》（第 4 册）第 8 课"经济与生态"中的 1 课时，具体教学目标为培养学生在以下三个层面的素质与能力。

4.1.1 认知层面

①语言知识。学习名词化文体这一德语中的修辞风格，掌握构成名词化短语的几种形式及构成方式；区分名词化不同形式之间的意义及各自的使用情况。

②国情知识。了解中德文在正式用语中对名词化文体和动词化文体不同的使用场景及倾向。

4.1.2 能力层面

引导学生在学习具体语言使用的同时考虑不同场景、语境、文体的区别，思考名词化概念背后蕴含的不同含义，提高学习对象国文化时的思辨意识与能力。

4.1.3 态度层面

通过学习名词文体、辨析其与动词文体的区别，了解外语学习严谨性的重要意义，进一步领悟自己作为外语专业的复合人才在向世界讲好中国故事方面所扮演的重要角色及所肩负的责任，树立好厚植家国情怀、拥有国际视野、掌握专业本领的个人发展信念与目标。

4.2 学情分析

本课程授课对象为德语专业二年级本科生，在本课教学时，其学习具有以下几方面特点。

4.2.1 知识基础

入学时德语零基础的学生在此时已完成大约 820 学时的学习，德语词汇量约为 3500 词；经过基础阶段前三个学期的学习，学生已掌握最基础的德语表达，养成了良好的语言学习习惯。本单元的主题为经济与生态，主要语法知识为"名词化短语"的构成及名词文体，词汇重点为关于经济领域及环保话题相关的专有词汇。在前一单元中学生已经学习了名词化短语的构成形式。在本课时教学前，学生已学习以德国经济和生态保护为主题的两篇课文，在其中接触较多名词化短语，对这一语言现象有感性认识。然而，对于其应用目的、场景及其所代表的名词文体并没有系统性了解。此外，此前的德语学习也多以句子为重心，学生了解动词配价对于德语句子的核心意义，但并不明确这种动词文体与名词文体的区别。

4.2.2 能力水平

通过德语综合课（1）（2）（3）及二年级上学期的德语阅读、听力及说写课，学生对对象国民众的日常生活及习惯已有基本了解，对其政治、经济、文化等各方面国情知识的学习兴趣浓厚，但理解尚不够深入。因此，学生需要在强化语言训练的同时对这部分知识进行学习和掌握，否则将难以适应三年级时较为深入的专业理论知识学习。此外，学生目前的德语阅读水平高于其口头、笔头等输出类表达能力，尤其在对正式的文体和内容或相对复杂的语句进行规范的德语表达方面仍存在较大欠缺。

4.2.3 思维特点

二年级下学期是德语专业承上启下的阶段，学生语言学习的基础阶段即将结束，大三将迎来专业方向课的学习。而在学生德语水平逐渐得到提高的同时，外语专业常常面临"思辨缺席"的质疑。因此，在全面提高语言水平的同时培养外语专业学生的思辨能力显得尤其必要、迫切，而将这种思考的过程进行逻辑清晰地口头或书面表达，也是教学亟须解决的重点问题。

作为外语专业的学生，对对象国文化和现实的关注理所当然。然而，这种关注和投入某种程度上可能会导致客观上忽视深入理解本国文化与现实问题的重要性。因此，在本课教学中应注意启发学生在进行德语表达时深入思考相应中文概念、精准掌握其真正内涵，从而逐渐习得真正助力跨文化交流、用对象国语言讲好"中国故事"的意识与能力。

4.3 教学内容

本单元（共 12 学时）的主题为经济与生态，主要语法点为"名词化短语"的构成及名词化文体，词汇重点为关于经济领域及环保话题相关的专有词汇。截至本课时，学生已完成本单元约 2/3 内容的学习，本课时为整个单元的第 7 学时。主要教学内容为德语中名词文体的形式、特点、应用场景及其与动词文体的区别。

4.3.1 教学重点

学习德语名词化的不同形式。在前一单元学习名词词组的构成形式——二格之后，本单元学习第二类形式——介词定语所构成的名词词组，包括以下几大规则：介词定语为后置定语；有些名词搭配的介词与其对应的动词或形容词介词相同；有些名词可以同时搭配不同介词；有些名词可以搭配不同介词，但这些介词并不同时出现。

了解德语中名词化文体的特点、应用场景及其与动词化文体的区别。在德语中，以名词化（Nominalisierung）及名词词组（Nominalphrase）的广泛使用为特征的文体称为名词化文体（Nominalstil），其常见于学术、官方、政治用语及日常生活中信息报道的标题中。相对于动词化文体而言，名词化文体通常较多使用单句而非主从复合句，词组结构较为复杂，从风格上而言更显中立、严谨及准确。

掌握对动词及定语从句进行名词化的方式。对动词进行名词化，需根据其类型进行区分；对定语从句进行名词化，需根据从句的意思分别使用二格或介词来进行变化。

4.3.2 教学难点

如何让学生明确德文中名词化文体与动词化文体的不同使用方式。转换练习的应用可以帮助学生更具体直观地体会表达同样意思的两种文体的不同特点及使用场景，也可以同时强化对动词及定语从句进行名词化的方法。在对德文中两种不同文体进行讲解时引入汉语句子进行举例，学生在观察总结后可知：在正式文体中，汉语更多使用动词，而德语则更倾向于使用较长的名词，以体现用词的严谨、准确及客观性。

如何将语言教学与跨文化知识的教授相结合。本课程的特色之一在于国情知识与语言技能学习的结合与融入。语法知识的学习过程本身相对枯燥，但生动的例子不仅有助于知识的传授，也有助于学生保持学习的兴趣。此外，本课注重选取学生在平时新闻、学习、阅读中所遇见的与我国政治、经济、社会、文化相关的概念作为例子，并以《习近平谈治国理政》（德文版）中的官方译法为讲授对象，深刻剖析概念的内涵及译法的选择，将语言学习与对国情知识的深入了解及跨文化交流的意识相结合。

4.4 教学方法

4.4.1 真实语料，思政融入

在举例时选择《党的二十大报告》官方译文及《理解当代中国》德语教材中选自《习近平谈治国理政》（德文版）中的表述和句子，例如"中国特色社会主义"（Sozialismus chinesischer Prägung）等，在分析语法词汇结构的同时结合对中文概念的深入分析，不仅能让学生了解名词化文体使用的情况，也能明确意识到在进行中德互译时注意分析概念的深刻内涵。

4.4.2 对比举例，观察总结

在讲述德语名词化文体的特点时，选择中文的新闻报道或政治文本，引导学生观察中文句式的特点，意识到不同语言在文体习惯上的区别。不仅有助于更好地体会到文体的区别，也有助于增强在进行中德互译时选择更符合目的语使用习惯的风格。

4.4.3 问题引导，讲练结合

在对"名词化文体"的概念及特点进行学习时，让学生带着"'名词化文体'有怎样的特征？"这一问题进行练习。在此基础上，学生在教师引导下通过自己的观察、实践从而总结与感悟其特点，发挥主体意识与主观能动性，教师适时进行补充与纠误。这样不仅可以加深对知识点的理解和记忆，也能够锻炼归纳总结的学习能力。

4.5 教学安排

4.5.1 教学流程

①导入。回顾单元结构及主题；简单回顾上一单元此前所学过的名词词组构成形式－Ⅰ：第二格；引出本课主题，明确学习目标。

②展开。

环节一：名词词组的构成－Ⅱ：介词词组；

环节二：名词化文体的定语、特点及与动词化文体的区别；

环节三：名词化的构成形式（动词与定语从句的名词化）。

③总结。总结本课所学启示；布置作业与预习任务。

4.5.2 教学步骤

教学环节	手段与媒体	具体设计	教学目的	时长
上节回顾	单元结构图 PPT	回顾本单元结构及主题。	了解本课在单元中所处阶段，激活已学知识。	2分钟
热身环节	师生互动 PPT	简单回顾此前所学的名词词组构成－Ⅰ—二格，进而引出本课应学内容1：名词词组构成－Ⅱ—介词，以及名词化文体的特点与用法。	建立前学知识与本课内容的联系，让学生系统性地了解学习目标。	8分钟

教学环节	手段与媒体	具体设计	教学目的	时长
展开环节1	WAS（名词化文体是什么？）PPT	名词词组的构成 - Ⅱ：介词定语（Nominalphrasen- Ⅱ：Präpositionale Attribute） 1. 通过填空练习，学生首先自己尝试选择合适的介词，教师即时讲解并纠正偏误。 2. 教师提问，学生观察，可总结出介词词组构成的规则1：介词定语为后置定语。 3. 在此基础上，教师引导学生根据介词使用的不同情况将句子按照以下三类情况分组： 有些名词搭配的介词与其对应的动词或形容词的介词相同； 有些名词可以同时搭配不同介词； 有些可以搭配不同介词，但这些介词并不同时出现。 4. 小结：由二格和介词定语组成的名词词组的频繁使用，使句子看上去有何特点？	问题导向，学生自主探索与教师讲解结合；分析与归纳相结合；通过实践加深学生对语法规则的印象；引出下一环节。	10分钟
展开环节2	WARUM（为什么、何时需要使用名词化文体？）	名词化文体（Nominalstil）的定义与特点 名词化文体与动词化语体的区别（举例说明）： 中文：发展社会主义，建成小康社会，贯彻二十大会议精神、坚持社会主义道路…… 中国特色社会主义 - Sozilialismus chinesischer Prägung（第二格） 全面建成小康社会 - umfassender Aufbau einer Gesellschaft mit bescheidenem Wohlstand（二格、介词）	中文的书面文体多使用动词，而德语的书面文体多使用名词。 中文政治术语的德译例子能让学生了解名词化文体使用的情况，并明确意识到在进行中德互译时注意分析概念的深刻内涵。	10分钟
展开环节3	WIE（如何对动词和定语从句进行名词化？）	名词化的构成形式（动词与定语从句的名词化） 1. 动词的名词化：根据其不同配价分为不带四格补足语；带四格补足语；带三格补足语、介词补足语或带介词说明语三组。 2. 定语从句的名词化：定语从句转化为名词第二格及带介词词组的名词	将对语法规则的理解与练习相结合。	15分钟
总结拓展	教师讲解	启示：作为外语专业的学生应厚植家国情怀、拥有国际视野、掌握专业本领，通过自己的知识与素养承担好跨文化交流的任务，讲好中国故事。	通过本讲内容真切意识到精准掌握专业知识的重要性。	3分钟
布置作业		拓展阅读：Prinzipien beim verstärkten Aufbau einer ökoloigischen Zivilisation（《加强生态文明建设的原则》） 完成填空练习，并为所填名词词组找到中文译文。	文章与本单元主题相关，并使用名词化文体，可以在拓展阅读的同时加强对语法的练习。	2分钟

4.5.3 课后作业

阅读文章 *Prinzipien beim verstärkten Aufbau einer ökoloigischen Zivilisation*（中文原文节选自习近平总书记于 2018 年 5 月 18 日全国生态环境保护大会上的讲话，此处选自《理解当代中国·德语读写教程》第 27-33 页。完成填空练习（《理解当代中国·德语读写教程》第 34 页），并为所填名词词组找到中文译文。

4.6 教学评价

即时评价与延时评价相结合：课上教师讲授的过程伴随师生互动提问，教师对提问后学生的回答进行即时反馈或纠正偏误；本课所学的内容将通过布置小作文的作业形式得到巩固，教师将对其进行书面评价及讲解。

参考文献

常俊跃, 赵永青, 2020. 内容语言融合教育理念 (CLI) 的提出、内涵及意义——从内容依托教学到内容语言融合教育 [J]. 外语教学（5）：49-54.

教育部高等学校外国语言文学类专业教学指导委员会，2021. 普通高等学校本科外国语言文学类专业教学指南（下）[M]. 北京：外语教学与研究出版社.

孔德明，2022. 理解当代中国·德语读写教程 [M]. 北京：外语教学与研究出版社.

孙有中，2020. 课程思政视角下的高校外语教材设计 [J]. 外语电化教育（6）：46-51.

杨鑫, 2021. 英语辩论课 PBL 教学模式研究——问题 - 思辨 - 探究路径 [J]. 外语学刊（3）：70-74.

支永碧, 2009. PBL 在中国外语教育中的应用——意义、困境与出路 [J]. 外语与外语教学（7）：33-37.